国家社会科学基金项目:"政府、工会与劳资问题——以1927—1937年的上海邮务工会为中心的考察"最终成果(资助编号12CZS034)

1927—1937年
上海邮务工会研究

RESEARCH ON SHANGHAI
POSTAL TRADE UNION

田 明 著

中国社会科学出版社

图书在版编目（CIP）数据

1927—1937年上海邮务工会研究／田明著.—北京：中国社会科学出版社，2017.12

ISBN 978-7-5203-1792-4

Ⅰ.①1… Ⅱ.①田… Ⅲ.①邮政—职业工会—研究—上海—1927-1937 Ⅳ.①D412.4

中国版本图书馆CIP数据核字（2017）第316853号

出 版 人	赵剑英
责任编辑	吴丽平
责任校对	杨　林
责任印制	李寡寡

出　　版	中国社会科学出版社
社　　址	北京鼓楼西大街甲158号
邮　　编	100720
网　　址	http://www.csspw.cn
发 行 部	010-84083685
门 市 部	010-84029450
经　　销	新华书店及其他书店
印刷装订	环球东方（北京）印务有限公司
版　　次	2017年12月第1版
印　　次	2017年12月第1次印刷
开　　本	710×1000　1/16
印　　张	17
插　　页	2
字　　数	255千字
定　　价	75.00元

凡购买中国社会科学出版社图书，如有质量问题请与本社营销中心联系调换

电话：010-84083683

版权所有　侵权必究

目 录

引 言 …………………………………………………………… (1)
  一 问题缘起 ………………………………………………… (1)
  二 学术史回顾 ……………………………………………… (5)
  三 主要思路及研究框架 …………………………………… (10)

第一章 "反动"抑或"革命":政治转型中南北国民政府的劳工政策与实践 …………………………………… (12)
  第一节 北京政府时期的劳工立法与工人组织 ………… (13)
  第二节 国民革命时期国民党的劳工政策 ……………… (27)
  小 结 ……………………………………………………… (45)

第二章 上海邮务工会与南京国民政府建立之初劳工政策的转变 ……………………………………………… (47)
  第一节 上海邮务工会的发轫 …………………………… (48)
  第二节 南京国民政府的"劳资合作"与1928年上海邮务罢工 …………………………………………………… (59)
  小 结 ……………………………………………………… (77)

第三章 南京国民政府国家建构中的上海邮务工会 ……… (81)
  第一节 政治冲击与现代组织系统的"缺憾":中华邮政"超然"地位的丧失 ……………………………… (82)
  第二节 回归传统:青帮与上海邮务工会 ……………… (96)
  第三节 1932年"巩固邮基运动"中的政治角逐与工人运动 …… (113)

小　结 …………………………………………………………（137）

第四章　南京国民政府劳工立法与工会合法性 ………………（141）
　　第一节　邮务工会的"合法性"危机 ……………………（142）
　　第二节　有法不依到有法难依：南京国民政府的劳工
　　　　　　立法与实践 ………………………………………（157）
　　小　结 …………………………………………………………（185）

第五章　关于上海邮务工会性质的反思 ………………………（188）
　　第一节　中国共产党话语体系下的"黄色工会" ………（189）
　　第二节　上海邮务工会——典型"黄色工会"的再研究 …（216）
　　小　结 …………………………………………………………（235）

结　语 ………………………………………………………………（237）

参考文献 …………………………………………………………（242）

后　记 ………………………………………………………………（265）

引　言

一　问题缘起

现代意义上的劳资关系产生于工业革命时代，通过资本主义生产关系的建立，"把劳动条件的所有者和工人之间的关系本身变成新的买卖关系……显然，在生产关系本身之中，包含着来自资本对并入资本的劳动拥有所有权和来自劳动过程中本身性质的统治和从属关系"[①]。这意味着在马克思看来，劳资关系是在资本主义生产方式下的一种契约关系，同时这种契约关系又隐含着明显的对抗。对于此，孙中山认为解决劳资矛盾的关键不是通过劳资双方的对立，并最终推翻资本家的统治，而是要使分配社会化，即"消灭商人的垄断，多征资本家的所得税和遗产税，增加国家的财富，更用这种财富，来把运输和交通收归公有，以及改良工人的教育、卫生和工厂的设备，来增加社会上的生产力。……这是资本家和工人的利益相协调，不是相冲突"[②]。实际上，上述两种理论基本上代表了对劳资关系的不同理解——冲突与合作。当然，无论是冲突还是合作，马克思和孙中山都不得不承认在这一过程中出现了两个力量悬殊的利益关系方，一为资方，二为劳方。资方是指雇用劳动的资本所有者，往往会以资本家的面目示人。而劳方指"一切以体力劳动或智力劳动而获取工资和报酬之人"[③]。二者之间的不平等催生了相关的劳资问题，

[①]　[德]卡尔·马克思:《资本的生产过程》，中共中央马克思恩格斯列宁斯大林著作编译局《马克思恩格斯全集》（第48卷），人民出版社2007年版，第14页。

[②]　孙中山:《民生主义》，《三民主义》，岳麓书社2000年版，第180页。

[③]　丁幼泉:《劳资关系概论》，中华企业管理发展中心1977年版，第21页。

正因如此，劳资双方的冲突与合作往往会相互交织在一起，构成了劳资问题的主线。在这一问题中，资方对生产资料的绝对控制使其在与工人的交往中占据了强势，而工人要在实际工作中体现自己的权益，就需要"工人明确地拓展自己的集体权力以抵抗更为强大的雇主力量"，[①] 于是，以维护工人利益为基本宗旨的工会应运而生并"自然地"成为工人的代表。然而，在实际过程中，劳资双方的关系却不完全由自己决定，因为任何的现代政府都不可能放任资方与劳方无限制地实现自我利益，因此，在现代社会中，政府通过立法、行政等方式成为解决劳资问题的"第三方"。

三方的纠结构成了现代劳资关系的普遍理路，但对于复杂的现代社会，不仅存在以个人资本为主导力量的劳资问题，而且还有以国家资本为主要形式的经营模式。这就意味着在国营企业中，政府会取代资本家成为与工人发生直接联系的另一方，这样，在劳资问题中，政府既是资方，又是劳资问题的仲裁者、监督者与协调者。一般看来，政府在对待劳资问题上，会表现出某种"中立"，但这些功能却是为了稳定生产模式的持续存在。[②] 因此，当政府成为资方后，政府与工人之间亦会构建起不同的劳资理念，一方尽量希望维持生产，而另一方则希冀通过各种方式来表达自己的诉求。如此，双方的冲突一定会在"合作"中有所体现。而且，由于双方角色的特殊性，劳资问题不仅会牵涉到劳方的自身利益，而且还会涉及资方的行政措置等方面。

正因如此，在审视多方资料后，本书将视角投向了中华邮政。中华邮政脱胎于大清邮政，而自大清邮政开办以来，一直奉行"官办"的经营模式，政府成为邮政体系中唯一的资方。与此同时，中国的邮政职工也在经历着由"自发"向"自觉"的转变。1911年，北京十数名邮差发动了第一次罢工，然而，"个人的，没有组织的行动或者根本无力增进那一共同利益，或者不能充分地增进那一利益。因此当存在共同或集团利益时，组织就能一显身手，而且尽管组织经常也能服务于纯粹的私人、

[①] [英]理查德·海曼：《劳资关系——一种马克思主义的分析框架》，黑启明译，中国劳动社会保障出版社2008年版，第18页。

[②] 同上书，第93页。

个人利益，它们特有的和主要的功能是增进由个人组成的集团的共同利益。"① 1912年，"中华全国邮政协会"成为中国邮工组织之滥觞。随着国民革命的展开，"重要各地已有邮务工会之组织"。迨国民革命军北伐之际，"邮务工会之设立已遍全国"。② 而在众多的邮务工会中，上海邮务工会逐渐脱颖而出，不仅在实践中完成了自我组织的新陈代谢，而且还完成了全国邮工组织核心角色的塑造。虽然，出于意识形态的缘故，上海邮务工会在中国共产党的有关文献中被称作典型的"黄色工会"。而正因如此，"剖析上海邮务工会，对了解中国'黄色工会'的产生和特点，对研究国民党统治区域的工人运动，都是很有意义的"。③

事实上，劳资关系是劳动者与资方在劳动过程中所发生的权利义务关系。④ 就此而言，劳资问题不过是劳资双方在经济活动中相互联系，究其实质是劳工的待遇问题，"如果工人待遇能够提高，工作条件能够改善，一切劳资纠纷，自可迎刃而解"。⑤ 虽然在政治因子渗透到社会各个层面的近代中国，劳资问题往往会演化成一次次的工人运动，会被"泛政治化"，这在某种程度会掩盖劳资问题的本旨。然而，完全撇清劳资问题与工人运动的关系是不现实的。这也就意味着对劳资问题的研究不可回避地牵涉到工人运动的问题，而"劳工运动不能与中国政治分离，而是隶属于政治运动，为政治运动中的一个主要环节"。⑥ 由此推演开来，以劳资问题为轴心可以全面辐射当时工人运动乃至相关政治活动的全貌了。

虽然，对劳资问题的研究需要关照其他因素，但更为重要的是对时代背景的选择。本书之所以选取相对常态的1927—1937年作为研究的时

---

① [美]曼瑟尔·奥尔森：《集体行动的逻辑》，陈郁等译，上海三联书店、上海人民出版社2007年版，第6—7页。

② 张樑任：《中国邮政》（上），周谷城《民国丛书》第二编（40），上海书店出版社1989年版，第209页。

③ 饶景英：《关于"上海邮务工会"——中国"黄色工会"的一个剖析》，《史林》1998年第2期。

④ 王大庆、焦建国：《劳资关系的理论与西方发达国家的实践》，《经济研究参考》2003年第51期。

⑤ 骆传华：《今日中国劳工问题》，上海青年协会书局1933年版，第185—186页。

⑥ 朱邦兴等：《上海产业与上海职工》，上海人民出版社1984年版，第6页。

间维度有以下考量。第一，这十年中，南京国民政府似已稳操政权，"从而出现了自1915年以来政治上从未有过的稳定。经济正在好转；政府正在大力推进种种运输及工业计划；货币比以前更统一了"。① 因此，对此阶段劳资关系的研究具有普遍意义。第二，此时，国民党正处于由"革命党"向"执政党"的转型过程中，为了将原本"革命"的劳工运动纳入"正轨"，国民政府不仅通过国家力量压制工人组织的"勃兴"，而且还出台了针对劳资问题的诸多法律、法规，而对此时劳工实践的分析以及对文本的解读不仅可以透视国民政府的相关制度建构，而且还可以从中审视法律文本与实际操作的异同。第三，虽然在这一阶段仍存在着政治意识形态的分歧与争斗，但由于中国共产党在工人运动中的"左倾"与国民政府的"白色恐怖"，使中国共产党领导的赤色工会力量损失殆尽，甚至全国总工会都迁到苏区。② 这意味着幸存的工会组织总体上必须在当时的体制内运行。因而对此阶段劳资问题的研究可以尽可能减少政治意识形态对该问题的干扰，从而在相对正常的状态下厘清劳资问题的本意。

当然，在对劳资问题的探讨中，我们不仅要关注政府与工会之间的"合作"，而且更要研究公开的反抗。"正是因为其影响面广的特征，罢工之类的对抗，比起旷工、偷窃、怠工或毁坏机器等'小打小闹'，具有更为直接的政治效果。"③ 而在这一阶段，上海邮务工会与行政当局不仅在事关邮工本身利益等问题上发生了冲突，而且在邮政行政乃至劳工运动等问题上也多有纠葛。因此，在关注宏观制度、政策等层面的建构的同时，本书还将视角投入到具体的事件中，从而通过微观分析以点带面地映射邮务工会的自我诉求与当时的社会、政治态势。

正是基于以上考量，本书以上海邮务工会为切入点，创建一个政府与工会之间的微观模型，通过双方的互动关系勾勒当时劳资问题的基本面相。

---

① 《南京十年时期的国民党中国，1927—1937年》，[美]费正清《剑桥中华民国史（1912—1949年）》（下卷），刘敬坤等译，中国社会科学出版社1993年版，第184页。
② 王永玺等：《简明中国工会史》，中国工人出版社2005年版，第36页。
③ [美]裴宜理：《上海罢工——中国工人政治研究》，刘平译，江苏人民出版社2001年版，第7页。

二　学术史回顾

正如前文所言，劳资问题是与资本主义生产方式相伴而生的，而中国理论界对劳资问题的研究大约起始于20世纪20年代。此际，社会主义思潮激荡中国社会，阶级斗争成为研究劳资问题的重要理路。1920年5月，《新青年》出版了劳动节纪念专号，以马克思的阶级斗争理论阐释劳资问题。对此，以孙中山为代表的国民党人却认为"社会之所以有进化，是由于社会上大多数的经济利益相协调，不是由于社会上大多的经济利益有冲突"。① 这无疑是国民党人"劳资合作"的理论基础。此后，各界对劳资问题的讨论基本沿袭了这两个旨趣相异的理路。

由于理论基础的不同，因此，对由此相关的问题也有不同的认识。对于近代中国劳资问题产生的原因，马克思主义者认为中国存在资产阶级与无产阶级的对立，而阶级的不可调和性是催生劳资矛盾的根源。而以马超俊为代表的国民党人则认为帝国主义的经济侵略是引发中国劳资问题的主要原因。正是因为中国民族资本陷入国际资本主义的经济侵略，不得不将压缩生产成本转嫁到劳动者身上，促使双方矛盾加剧。与此同时，外国在华资本也利用中国廉价劳动力榨取利润，引发了对抗。② 实际上，此时的国民党人极力避免用阶级观念来解释中国的劳资问题，甚至主观认为民族主义可以抵消劳资对立的消极影响，并通过劳资合作来抵抗外国资本主义的经济侵略，从而避免中国误入资本主义的歧途中。③

正是基于这样的理论构建，南京国民政府建立后，着手限制曾经被推崇为"革命"的工人运动，试图将其纳入"正轨"中。1928年，在解决了上海邮务工人罢工后，蒋介石发表宣言明确了国民政府调节劳资问题的基调——劳资合作。与此同时，各种涉及劳资问题的理论研究纷纷

---

① 孙中山：《民生主义》，《三民主义》，岳麓书社2000年版，第180页。
② 马超俊：《中国劳工运动史》（上），商务印书馆1942年版；张廷灏：《中国国民党的劳工政策的研究》，大东书局1930年版；朱子爽：《中国国民党劳工政策》，国民图书出版社1941年版。
③ 潘公展：《中国国民党的劳工政策的研究序》，张廷灏《中国国民党的劳工政策的研究》，大东书局1930年版。

问世,其中,三民公司编辑的《劳资冲突问题》、骆传华的《今日中国劳工问题》、高廷梓的《调剂劳资纠纷方法》、刘星晨的《劳工问题》、陈振鹭的《劳动问题大纲》、何德明编著的《中国劳工问题》等著作都不同程度上涉及政府如何建立有效劳资调节机制的问题,并在很大程度上肯定了政府在调节劳资纠纷中的作用。以此为基础,南京国民政府先后颁布了《劳资争议处理法》《工会法》《工厂法》等法律条文,这些条文进一步明确了政府、劳方、资方的权利与义务,并将政府置于一个比较强势的地位。虽然,一系列的理论研究和法律条文都在不断强调着政府在调节劳资冲突中的主导地位,但却有意无意地弱化了劳工组织——工会的协调作用。

事实上,此时的各种文献大多将工会作为国民党控制劳工运动的重要基础,并以此作为提高工人福利与实现三民主义的一种方式。① 这意味着,工会被视为一个经济与政治混合的组织,并成为国民党与工人之间联系的媒介,工会被赋予了太多的政治意义,而在无形中弱化了其经济作用。但在大多数情况下,劳资问题不是具体的个体与个体之间的矛盾,而是组织与组织间的冲突。因此,在很多时候,工会是劳资间的重要一方,它的态度往往会影响劳资问题的走向。

当然,工会协调作用被忽视的重要原因之一是劳资问题的政治化。劳资问题被纳入劳工运动之中,成为后者不可缺少的一部分。但不容否认的是,劳资问题在更大程度上是一个经济问题,而劳工运动则更多地牵涉政治因素。虽然,劳工问题在很多时候都会包含劳资问题,但中国的劳工运动并不是单纯的经济问题。无论是国民党还是中国共产党都将中国劳工运动兴起的重要原因归结为帝国主义对中国的经济侵略。而经济侵略所包含的政治"阴谋"则推动了劳工运动的勃兴,并成为当时劳工运动的主要面相。② 因此,在国民党看来,劳资问题是应当有所区别的,劳资合作是针对民族资本家与其所属工人的,而劳资问题的解决是

---

① 张廷灏:《中国国民党劳工政策的研究》,大东书局1930年版;朱子爽:《中国国民党劳工政策》,国民图书出版社1941年版。
② 中央民众运动指导委员会工人科:《中国国民党之工人运动今昔观》,三民印务局1934年版;中国国民党民众运动指导委员会:《上海工人运动史》,本会印制1935年版;朱邦兴等:《上海产业与上海职工》,远东出版社1929年版。

需要双方在合作中促使民族资本的增加并最终抵制帝国主义的经济入侵。更有甚者认为：劳资合作可以促使中国劳资双方角色的转变，最终消灭阶级差异。[①] 就此看来，此时的劳资问题被"泛政治化"与民族化了，然而，民族主义所激发的劳工运动并不能完全涵盖引发劳资纠纷的全部因素。对于中国共产党而言，工人运动是工人体现阶级先进性及革命性的最佳载体，阶级斗争是实现工人阶级利益的不二法门。但随着国内政治形势的变化，中国共产党逐渐丧失了在工人运动中的"话语权"。中国共产党的有关理念更多出现在文件中，而不是在工人运动实践中。

1949年，中华人民共和国成立后，中国共产党对国民党的"劳资合作"政策进行了较彻底的批判，认为其以改良主义来消释劳资间的阶级矛盾，并以阶级斗争的理路构建了劳工运动的基本路径。改革开放之后，虽然关于劳资问题的研究范式不断丰富，研究视野也随之拓展。但以工运史为视角的大批著作仍将阶级关系作为解释劳资关系的主要理论基础，并由此将劳资关系定义为一种剥削与被剥削的不平等关系。而国民政府试图以劳资合作来掩盖现实存在的劳资冲突，非但不能消解劳资矛盾，反而是劳资关系恶化的重要根源，其实质是为了维护国民党的反动统治。[②] 而田彤更认为国民党的劳资合作无视劳资间的阶级差异，逐渐使工人疏离其统治形成了自我意识，并在实际中认同中国共产党阶级斗争的理念，从而使整个的劳资关系脱离劳资合作转向阶级斗争了。[③]

当然，上述论著从宏观上厘清了国民政府与国民党在劳资问题上的基本态度，但如果从微观上具体审视一些个案的处理过程，就会发现如此的认识并不能得到较为准确的解释。因此，许多学人开始将视角投入具体个案中，希冀以小见大，全面梳理当时的劳资问题。这其中，徐思彦、陈光认为劳资争议的出现应与当时的社会、政治甚至是行业环境的

[①] 马寅初：《中国之劳资问题》，《马寅初演讲集》（4），商务印书馆1928年版。
[②] 沈以行等：《上海工人运动史》，辽宁人民出版社1991年版；王永玺：《中国工会史》，中共党史出版社1992年版；刘明逵、唐玉良：《中国工人运动史》（全六卷），广东人民出版社1998年版；梁玉魁：《早期中国工人运动史》，吉林科学技术出版社2000年版。
[③] 田彤：《目的与结果两歧：从劳资合作到阶级斗争（1927—1937）》，《学术月刊》2009年第9期。

变化有关，是一种内生性矛盾与外部环境叠加的过程。① 而霍新宾及王奇生皆认为国民党所崇尚的劳资协调等政策在实际的调处过程中使其陷入了两难的境地——国民党既需要顾及工人的利益，又需维持正常的生产秩序，因此，希望在两者兼顾中寻求最佳结合点，但这样的愿望往往在具体的操作中很难奏效，而此也造成了相关法律、法规的不断摇摆。② 而魏文享、徐思彦、冯筱才等则注意到在劳资关系中的资方，虽然各文的切入点有所不同，但却不同程度上反映了劳资之间的某种"合作"、党部与资方间争夺等复杂关系。③

可以说，有关劳资问题的研究蔚为大观，但不难发现其中仍有许多尚待深入探讨之处。

第一，劳资关系的范围问题，此问题牵涉两方面的内容。其一是劳资关系的核心内容的认定。在大多数论著中，基本采用狭义的劳资关系定义，将其确定为一种经济关系或者是阶级关系，但事实上，引发劳资冲突的因子绝非如此简单，因此，所谓的劳资关系应当是广义的，是涉及劳资双方的一切关系。其二是劳资双方的具体范围。在上述的论著中基本上都是一般意义上的资本家和工人，而国有资本下的劳资关系被忽视了。但不可否认的是如此的劳资纠纷可能对社会乃至国民政府劳资政策具有更大影响力。

第二，对工人尤其是工会组织的研究不够。工人作为劳资关系中的重要一方，对其研究往往局限于劳工运动中，将其作为阶级意识诞生、发展的重要表现。而事实上，工人阶级意识的出现是一个长时段的过程，正如汤普森在其《英国工人阶级的形成》中提到的，在探讨工人阶级与阶级觉悟中会出现一种"误区"，即当工人阶级适时地了解到自己的地位

---

① 徐思彦：《20 世纪 20 年代劳资纠纷问题初探》，《历史研究》1992 年第 5 期；陈光：《1926—1931 年上海缫丝业劳资关系述评》，《探索与争鸣》2003 年第 12 期。

② 王奇生：《工人、资本家与国民党——20 世纪 30 年代一例劳资纠纷的个案分析》，《历史研究》2001 年第 5 期；霍新宾：《"无情鸡"事件：国民革命后期劳资纠纷的实证考察》，《近代史研究》2007 年第 1 期。

③ 冯筱才：《劳资冲突与"四·一二"前后江浙地区的党商关系》，《史林》2005 年第 1 期；魏文享：《雇主团体与劳资关系——近代工商同业公会与劳资纠纷的处理》，《安徽史学》2005 年第 5 期；徐思彦：《合作与冲突：劳资纠纷中的资本家阶级》，《安徽史学》2007 年第 6 期。

和真实的利益，那么工人阶级就应当有阶级觉悟了，但实际上却很少有。因为，觉悟是一个文化上的上层建筑，人们是极缓慢地意识到这一点。虽然会有这样或者那样的"觉悟"，"但这种觉悟并非现实中的觉悟，而是理论上应该如何如何的觉悟"。①

而对于工会的研究也尚显薄弱，王奇生就曾在其《工人、资本家与国民党——20 世纪 30 年代一例劳资纠纷的个案分析》一文中指出，三友厂工会在此次劳资纠纷中的作用有待研究。② 而在众多的研究中，工会基本上是作为阶级斗争工具的面目示人，因此，研究的重心也基本上集中于中国共产党领导的"赤色工会"。但事实上，当时存在着大量的被中国共产党称为黄色工会的"体制内工会"，其特性是值得深入探讨的。③ 而正是由于这些工会的存在，也使当时劳资纠纷中的劳方不是作为具体的个体出现，而是有组织的颜颃，并且工会的意见及态度往往会影响劳资解决的过程。因此，对工会尤其是"体制内工会"的研究有助于全面了解当时劳资关系的基本脉络。

第三，对帮会与工人运动关系的认识尚待挖掘。帮会作为一种封建、落后的组织系统历来受到社会的批判，但"从鸦片战争到中国共产党成立之前，行帮、会党是这一时期工人唯一或至少是主要选择的组织形式"。而且，直到中华人民共和国成立前，"中国的工会活动总是直接间接地与行帮、会党发生关联，并受其不同程度的作用和影响"。④ 20 世纪 90 年代以来，对帮会与工人运动的关系有了初步探索，其基本态度认为帮会是南京国民政府控制劳工运动的主要工具，而工人之所以参加帮会实为当时的经济恶化与政治恐怖，于是不得不选择帮会作为保护自己的

---

① [英] E. P. 汤普森：《英国工人阶级的形成》（上），钱乘旦等译，凤凰出版传媒集团、译林出版社 2001 年版，"前言"，第 2 页。
② 王奇生：《工人、资本家与国民党——20 世纪 30 年代一例劳资纠纷的个案分析》，《历史研究》2001 年第 5 期。
③ 沈以行：《工运史鸣辨录》，上海社会科学院出版社 1987 年版，第 154 页；饶景英：《关于"上海邮务工会"——中国"黄色工会"的一个剖析》，《史林》1988 年第 2 期。
④ 王永玺：《浅析行帮、会党与中国工会活动——也评六卷本〈中国工人运动史〉与此有关部分》，《工会理论与实践》2000 年第 3 期。

工具。① 但事实上，帮会与政府之间的"结盟"并不是牢不可破的，正如裴宜理指出的："由于将青帮作为主要的工人组织者，这个分裂的政府实际上给自己的统治制造了一个有力的对手。"② 正因如此，对帮会在解决劳资问题以及劳工运动中的作用不应简单化，应从国民政府的劳工政策及工人实际利益需求中寻找更为合理的答案。

三 主要思路及研究框架

正是基于对以上问题的思考，这本书以1927—1937年的上海邮务工会为典型，从中审视国民政府十年间的劳资政策与实践，其主要思路如下。

1927年4月，南京国民政府成立，国民党开始着手调整其作为"革命党"时期的劳工政策，试图通过"清党"、改组工会、成立官办工会以及重新颁布劳工政策等手段将原本"革命"的劳工运动纳入"正轨"之中，并由此确立了解决劳资问题的基本理念——劳资合作。虽然，种种努力在一定程度上打压了工会等工人组织的生存空间，但仍难以完全解决劳资问题，而1927—1937年的劳资问题也经历了激烈—相对稳定—激烈的发展变化。与此同时，各种因素作用下的官办工会一度失去了工人的支持，客观上促使了以上海邮务工会为代表的"七大工会"的联合及对工人的领导。因此，在一段时间内，相对独立的工会组织成为解决劳资纠纷的重要力量。

当然，邮务工会及邮务工人所面对的是更为宽泛的"劳资问题"，因为，他们所面对的不是一般意义上的资本家，而是国家行政部门甚至是国民政府，因此，这种"非典型"的劳资问题就使邮务工会不得不在政府、工人间有所取舍，这种取舍不仅反映了邮务工会与政府间的对抗或者是合作，还映射了工人对工会的某种态度。也就是说，邮务工会需要

---

① 陈卫民：《解放前的帮会与上海工人运动》，《史林》1993年第2期；饶景英：《三十年代上海的帮会与工会》，《史林》1993年第3期。
② [美] 裴宜理：《上海罢工——中国工人政治研究》，刘平译，江苏人民出版社2001年版，第139页。

在政策层面与工人的实际需求中寻找一种平衡,这成为邮务工会协调政府、工人间矛盾的重要主线。这样的选择反映到多次的以政府、邮务工会、邮务工人为主角的邮工运动中,成为解决三者矛盾的关键常量。但事实上,事态的发生与解决并不仅仅依靠常量的增减变化,诸多变量甚至会主导事态的发生、发展与结果。因此,在对不同时期的不同相关事件的具体考察中,诸如国共双方意识形态的争斗、青帮势力对工会组织的渗透与控制、国民党内部的党派纷争等都成为影响事态发展的重要变量,并在一定程度左右了事态的演进过程。

虽然,作为邮务工会一直试图摆脱政治等外来因素的影响,以相对"超然"的形式尽可能地避免陷入这些纷争中,但在当时的情境中,工会的存在必须得到国家与工人的同时认同。而国家劳工政策与劳工实际利益的纠结又使邮务工会不得不在二者之间作出"艰难"选择,而且这种选择是当时所有"体制内"工会所必须面对的。就此而言,在实际的操作过程中,工会的主体性往往表现为一种对相对强势一方的妥协甚至是依附,而此又会弱化工会"独立性"的诉求。

第一章

"反动"抑或"革命"：政治转型中南北国民政府的劳工政策与实践

有关中国工会法律地位的讨论源于北京政府时期。"一战"前后，世界劳工运动的勃兴也波及中国，北京政府在内外压力下，不得不开始有关劳工立法的工作，希冀以此将劳工运动纳入法律可控的范围内。然而，北京政府的劳工立法更多的是一种理论探讨，因此，直到南京国民政府成立，北京政府的劳工立法工作大多仍停留在纸面上。客观来说，北京政府在劳工立法上的"拖沓"甚至是"无为"造成了当时劳工运动的"无序"，并使劳资纠纷在表面上呈现出某种"激荡"，在此过程中，本应占据主动的政府却在历史中无奈地沦为"配角"。不仅如此，鉴于北京政府的"滞后"，其在广大劳工组织眼里成为"反动"的代名词。

与当时中国"合法"政府——北京国民政府不同的是，国民革命初期，国民党在国共双方尤其是中国共产党的推动下，积极推动了"革命的破坏"，工农组织的风起云涌以及激烈的劳资纠纷都成为"革命"的象征。然而，随着国民革命的顺利推进，国民党急于构建一个巩固、安定的革命大后方，因此开始逐渐调整原有的劳工政策。此时的中国共产党在共产国际要求维护国共合作的指示下，也希望将劳工组织以及劳资纠纷掌握在自己手中，但中国共产党却不得不面对与国民党同样的问题，就是面对急促的政治鼓噪却缺乏充分阶级启蒙的劳工运动，其政治意图难以深入的问题。激烈的劳资纠纷成为国民党"清党"的借口，而中国共产党对劳工组织有限的控制力亦成为国民党政变成功的条件。

第一节　北京政府时期的劳工立法与工人组织

可以说，现代意义上的中国立法问题应该源于近代，因为在封建社会中，君主的意愿往往会凌驾于所谓的"法律"之上。"除君主之诏令外别无法律，自无立法问题之可言。"① 而在封建的农业社会中，劳工立法更无从谈起。直到清预备立宪运动中，才颁布了《钦定宪法大纲》，并规定臣民于法律范围内，所有言论、著作、出版及集会、结社等事，均准其自由。随后，又相继颁布了《大清新刑律》《结社集会律》《违警律》等单行法规。在这些条例中，雇工与奴婢具有相同的法律地位，② 这意味着当时的法律仍强调雇工对雇主有一定的人身依附关系，实际上是将雇工与雇主置于不对等的地位了，因而，对雇工有违雇主的行为责罚更为严厉。

虽然，此时的中国劳工仍然不具有独立的法律意义，然而，随着各国劳资矛盾的频仍，许多人已然开始注意此一问题。康有为在其《大同书》中指出："近年工人联党之事，挟制业主，腾跃于欧美，今不过萌蘖耳。又工党之结联，后此必愈甚，恐或酿铁血之祸，其争不在强弱之国，而在贫富之群矣，从此百年，全地注目者必在于此。"③ 随后，中国最早的无政府主义者就成为中国工人运动的拓荒者了，其创办《天义》《新世纪》等刊物都以宣扬工人罢工革命及报道各国工人罢工斗争为主。④

民国肇始，中华民国临时政府颁布了《中华民国临时约法》，再次宣布中华民国人民一律平等，人民享有言论、刊行及集会结社等自由。⑤ 虽然，民国政府赋予了每个人平等的法律地位，但此时的劳工是以地缘、帮口、秘密社会为主的松散群体，仍处于自发的状态。而自身的缺憾亦

---

① 杨幼炯：《中国近代立法史》，周谷城《民国丛书》第一编（29），上海书店1989年版，第1页。
② 《核订现行刑律》，《大清法规大全》，考正出版社1972年版，第3442页。
③ 康有为：《大同书》，辽宁人民出版社1994年版，第275页。
④ 参见常凯《中国工运史辞典》，劳动人事出版社1990年版，第467—468页；刘勇《试述无政府主义对中国现代工人运动的积极作用》，《党史研究与教学》1996年第2期。
⑤ 《中华民国临时约法》，《东方杂志》1912年第8卷第10号。

使民国政府"轻视"了这一群体的权利。1912年4月，临时政府颁布了《中华民国暂行新刑律》，其中第224条规定：从事同一业务之工人，同盟罢工者，首谋处四等以下有期徒刑、拘役或300元以下罚金，余人处拘役或30元以下罚金。聚众为强暴胁迫或为首者，依骚扰罪处断。① 1914年3月，北京政府又颁布了《治安警察条例》，其中第22条规定，"警察官吏对于劳动工人之聚集认为有左列情形之一者得禁止之：一、同盟解雇之诱惑及煽动；二、同盟罢业之诱惑及煽动；三、强索报酬之诱惑及煽动；四、扰乱安宁秩序之诱惑及煽动；五、妨害善良风俗之诱惑及煽动。违者处以五个月以下徒刑或五元以上、五十元以下之罚金。"②

这样的法律条文无疑是禁绝工人争取自身权益的正常渠道。然而，如此严厉的处置却并没有真正杜绝罢工的发生，从1914年到1919年五四运动爆发前，各地工人举行经济性质的罢工达185次。③ 这样的变化无疑契合了中国社会对保障劳工权益问题的讨论。1911年11月，工商部召集临时工商会议，有代表指出："此次工商会议所提出之议案，均系为资本家之设施，而于劳动家不甚注意。兄弟特为劳动家请命，务求资本家设法免除困苦。"④ 与此同时，随着民国初年政党政治的勃兴，各色政党纷纷成立，而其中更有无政府主义者成立的自称代表中国工人阶级利益的政党，如刘师复组织的"无政府党"、江亢虎成立的"中国社会党"、陈其美组织的"共进会"等。虽然，这些党派在宣扬无产阶级革命、工人运动等方面起到了一定作用，但不可否认的是他们在组织、发动工人之时，始终将劳工看作一群需要社会精英或者知识分子领导的"乌合之众"。刘师复就曾指出：中国工运不发达的原因是工人知识低下、组织不善，工人运动应以"结团体，求知识"为方针，把建立组织与发行工人报纸为当时工运工作的首务。只要工人有组织、有思想，那么势力必盛，

---

① 《中华民国立法全书》，上海广益书局1918年版，第23页。

② 《治安警察条例》，中国第二历史档案馆《政府公报》（第24册）第653号，上海书店出版社1998年版，第78—79页。

③ 刘明逵：《中国工人阶级历史状况》第1卷第2册，中共中央党校出版社1985年版，第34页。

④ 《工商会议报告录》（第1编），工商部1912年编印，第40页。

"资本制度之死命,将由工团操之矣"。① 即使是当时的国民党亦认为:"无组织、无教育、无训练,没有准备的罢工",确实是极大的危险。为此,需要有知识、有学问的人去研究这个问题,并在精神上、物质上去领导劳工。而从事工人运动的主要目的就是要免除种种阶级冲突、阶级竞争的苦恼。② 这也就是说,虽然,无政府主义者与国民党人在工人运动的理念有些许不同,但其立论的基础都是要通过知识分子或精英来领导劳工,而这种预设在一定程度上使其主观上忽视了工人本身的主动性。尤其是国民党更是希冀通过有组织的劳资合作来对抗无组织的罢工,进而消弭有组织的阶级斗争了。而这样的思想成为国民党从事工人运动的基本理念,即使是在国民党由"革命党"转变为"执政党"之后,仍然是其组织劳工运动的核心思想。然而,如此的立论却带来一个严重的问题,即大多政党不能与民众发生关系,"都成了水上无根的浮萍,在势都没有成功的希望"。③

当然,无政府主义及国民党对工人运动的瞩目客观上促进了工人运动的发展,各种工会开始成立。然而,这些工会大多为劳资混合的团体,由于其缺乏真正的民众基础,因而被称为"招牌工会"。虽然,这些工会既带有明显的封建行会特质,又有了现代工会的影子。但却顺应了历史发展的潮流,尤为重要的是,"它们是对中国封建统治者长期以来禁止工人结社、集会、言论和出版自由的挑战与冲击,孕育了真正意义上的现代工会的诞生"。④

真正对中国工人运动产生深远影响的是五四运动,虽然其更像是一场政治运动,但大量工人的参与其中却迎合了当时国际的"潮流"。随着第一次世界大战的结束,经济的低迷及大量的失业工人使西方主要国家纷纷爆发了严重的劳资问题,巴黎和会不得不将劳动问题列入和会的议案中,法国总理及英国首相更认为劳动界之善后问题为急务,须当慎重

---

① 刘师复:《答悟尘》,葛懋春等《无政府主义思想资料选》(上),北京大学出版社1984年版,第329页。
② 胡汉民:《总理全集》(第2集),上海民智书店1930年版,第11页。
③ 李剑农:《中国近百年政治史》,复旦大学出版社2002年版,第328页。
④ 王永玺等:《简明中国工会史》,中国工人出版社2005年版,第7页。

对待。① 1919年6月，国际劳工组织正式宣告成立，国际劳工大会为其最高权力机关，凡国际联盟会员均为劳工大会会员国，该会每年开常会一次，系由各会员国派代表组成，其中须有政府代表两人、资方代表一人、劳方代表一人。虽然，劳资双方代表由本国政府选派，但如该政府任意选派，大会可否决其代表资格。该会主要讨论各国劳工立法问题，但该组织并无权力强迫各会员国采取何种劳工法，只能议决各种国际劳工法规以公约草案的形式去督促各会员国批准。②

虽然，该组织的成立对中国的劳工立法并无强制作用，但仍然使当时的中国政府倍感压力。1919年9月，国际劳工第一次大会召开前夕，中国政府的代表顾维钧电请北京政府派劳资代表参会，而这无疑令北京政府甚为难堪，因此不得不紧急召开会议讨论劳资代表问题，会议基本赞成资方代表可由全国商会推定代表，然劳方代表唯有就工会及各工厂派选代表来京组织工界联合会后，再投票选定。③ 但此时工会并未有相当的法律地位，因此，推选劳方代表实难以办到。④ 然而，此次大会对于中国政府而言，实关涉到中国的国际地位及国际权利等问题，甚至是吴佩孚也电请政府速派代表参会。⑤ 北京政府驻美使馆代办容揆亦称："国际劳工大会，各国均派定资本、劳方、工种代表，只缺中国及南美两小国。该大会动议，对于不派劳资代表之国，颇示自外之意，将来恐不能有平等之待遇……宜从速派遣劳资双方代表来美。"⑥ 但北京政府终以未得合适人选为名暂不命派，⑦ 因此，第一次劳工大会中，中国只有政府代表而已。

实际上，北京政府即使这样，劳工大会仍然对中国的劳工问题有相当讨论。其中关涉中国的决议有五点：劳动时间以每日十小时，每周六十小时为限，未满十五岁之劳工，每日工作八小时，每周工作四十八小时；每周休息一日；凡工厂之工人有百人以上者，即得适用工厂法；外

---

① 《法政治家之罢工风潮谈片》，《申报》1919年7月18日，第6版。
② 陈宗城：《国际劳工组织与中国》，《东方杂志》1928年第25卷第19号。
③ 《顾使来电》，《申报》1919年9月23日，第3版。
④ 《国际劳动会推选代表问题》，《申报》1919年9月24日，第6版。
⑤ 《北京电》，《申报》1919年12月11日，第2版。
⑥ 戴月芳：《20世纪中国全记录》（下），锦绣出版事业股份有限公司1990年版，第133页。
⑦ 《北京电》，《申报》1919年12月14日，第6版。

国租界内之工厂的工作时间亦同；速行制定工厂法。但中国参会之政府代表认为此事为中国之事，须由中国政府自行解决。而北京政府决定命农商部依照印度、日本等国之工厂法处理。①

由此看来，当时的北京政府只是把劳工大会作为中国争取国际地位的一种渠道罢了，并未将劳工问题纳入国家计划之中，此种敷衍态度实与国际形势有相当的背离。然随着各国工潮的勃兴，当时的国际舆论清楚意识到劳工问题已成为"一战"后世界最显著的问题。虽然，其地位未确定，但其在世界问题上已有极大之势力，且在造成新世界中占有重要地位。而劳工问题不仅是经济问题，更是政治问题，因此，要真正解决劳工问题，不仅要从经济着眼，更要从政治入手。如一味以高压控制，不予以法律之权益，只能使劳工趋于"革命化"。②

很快，北京政府对劳工问题的拖沓就使其陷入内外交困的境地。1920年5月1日，上海工界计划举行中国有史以来的第一次劳动节纪念活动，当时的淞沪警察厅发布公告，以时值戒严期间，禁止一切游行集会为由要求取消纪念活动。③ 当日，由于警厅的再三阻扰，开会地点不得不三易其址。④ 对于政府屡以戒严为名禁止民众集会等情事，有人就评论曰：政府之命令难收防制之效果，"人民有心，故民心如此，则即无会无社，民尤是心也，即灭文字、监偶语，民尤是心也。若之何其可防制也？知其不可防制而有是令，是无处事之知识矣"。⑤

事实上，所谓的民心不过是对当时政治纷乱的一种厌恶以及对人民自由、民主的一种期许，而劳工问题只是其中的关注点之一罢了。此时中国社会各界早已喊出了"劳工神圣"的口号。蔡元培于1918年的《新青年》中，提出了"劳工神圣"。然而，他们对劳工力量的认识大多来源于西方社会的劳工运动以及俄国十月革命。因此，劳工为何物？如何实现劳工的神圣都成为讨论的问题。蔡元培就将"工"定义为一切从事脑力及体力劳动的人，因此，他的"劳工神圣"的主体包括了农民、工人、

---

① 《京华短简》，《申报》1919年12月9日，第6版。
② 《世界政治上之劳工问题大观》，《申报》1920年1月18日，第2版。
③ 《照录淞沪警厅布告两则》，《申报》1920年4月29日，第10版。
④ 《世界劳动纪念日纪事》，《申报》1920年5月2日，第10版。
⑤ 《防民之口》，《申报》1919年7月5日，第11版。

商人、教职员等。这些人为社会的进步做出了贡献,而纨绔子弟、卖国私营的官僚、克扣军饷的军阀、操纵票价的商人、出售选举票的议员不过是行尸走肉罢了。① 这样的定义在当时具有一定的代表性,更有人称劳工就是有正当职业的人。"劳工神圣"的提出就是要使人认识到劳动是天赋的人格、是人生存的心理需要。因此,人不分贫富、工不分高低都应自食其力,为己、为社会而劳动。② 而陈独秀却认为所谓的劳动者是以农、以工为生的体力劳动者,并指出社会的台柱正是这些劳动者,而非皇帝、总统、读书人。③

虽然,论者对劳工的认识有所相异,但这些讨论不仅反映了时人对劳工问题的瞩目,更是对特权阶层的厌憎。在上述论者看来,劳工之所以神圣是因为他们是可以自食其力的"食力者",其对立面则是高高在上的军阀、官僚等"食利者"。由此看来,"劳工神圣"的初意并不只是针对资本家的,它更多的是一种政治关怀。换言之,在他们看来,提倡"劳工神圣"不仅是顺应了世界潮流,而且还可以以此推进中国政治的清明以及人民权益的获得。而实际上,"劳工神圣"在当时的象征意义远比实际意义要大。因为,劳动本是谋取生活的一种方式,实为一件生活苦事。而"劳动神圣"则是依据社会平等、人类互助为原则,试图以人不分贫富、贵贱而尽一己之力为社会劳动。因此,所谓劳动与"劳动神圣"实为两种不同性质的东西。但今世之劳动者大多为不能生活之人,何谈"劳动神圣"?劳工必须依靠资本家来生活,因而由生活自然引发劳资纠纷了。④ 也正因如此,"劳工神圣"的提法并不能引起工人的共鸣,即使是当时倾向于中国劳动书记部的工会领袖亦称:自由平等的劳动才是神圣的,如果是受剥削的劳动,不自由的劳动,何谈神圣?⑤

然而,中国社会对劳工问题的关注以及劳工运动的实践却并没有使北京政府对赋予劳动者以及劳工团体法律地位一事有所松动。陈独秀就称:"现在的国家不是工人的国家,是资本家的国家,政治法律以及种种

---

① 蔡元培:《劳工神圣》,《新青年》1918年第5卷第5号。
② 杜芝良:《劳工神圣》,《申报》1920年7月15日,第15版。
③ 陈独秀:《劳动者底觉悟》,《新青年》1920年第7卷第6号。
④ 马世燧:《说劳动神圣与劳动生活之别》,《申报》1921年1月26日,第16版。
⑤ 罗章龙:《亢斋文存·罗章龙回忆录》(上),美国溪流出版社2005年版,第90页。

设施，概为少数资本家而设的，与工人没有丝毫关系。……我们现在说消极的爱国，就是打倒少数资本家底国家，建设劳动工人底国家。但这事也不是少数人所能做到的，所望诸君，要有自觉、有团结，将来以无数小工会，联合成一大工会，那时我们劳动的国家，就不难于实现了。"①可以说，陈独秀此言带有很强烈的理想主义，但却基本反映了当时劳工力量的现状，即此时的劳工力量仍不足以使北京政府改弦易张的。然而，随着劳工运动的发展，中国的劳工立法的时机逐渐成熟了。

1920年，北京政府仍未派代表参加第二次国际劳工大会。但为了应对第三次国际劳工大会，北京政府农商部拟定在大会召开之前颁布工厂条例。② 而对于中国未能派遣劳资代表参会，国际劳工大会颇为不满，北京政府不得不以"国内产业团体未甚发达为辞"，而使中国沦为少数不完全的代表团了。③ 1922年底，驻瑞典公使陆征祥称：国际劳工大会各会员国认为中国没有专管劳动事务的机关，因此特别国家只能以特别待遇处之。对此北京政府决定在农商部下设劳工司，以顺应世界之潮流，而保中国之国际地位。④ 由此看来，在一定程度上，北京政府的行为只是为了应对国际谴责的。但此时的劳工问题不仅牵涉国际问题，更与中国的政治态势有相当关系。就当时的劳工运动而言，北京政府限于相关法律的缺失，使大量劳工团体游离于政府控制之外，而罢工则更难以预料与掌控了。这当然是北京政府不愿看到的，因此，20世纪20年代初，已不是要不要劳工立法的问题，而是制定怎样的劳工法的问题了。

1922年2月，与北京政府相对立的广州总统府召开国务会议，大理院院长徐谦提议废止暂行新刑律中有关禁止同盟罢工的条文。其理由为各国劳工问题日见紧张，各国对于罢工工人并无其他犯罪行为而处刑的惯例，只有中国认为同盟罢工有罪。而这些条文一不合刑法主义，二不合犯罪观念，三不合世界刑法通例，四不合时势趋向，因此应予废除。⑤

---

① 《电工联合会记事》，《申报》1920年7月12日，第11版。
② 《北京电》，《申报》1921年3月4日，第4版。
③ 陈宗城：《国际劳工组织与中国》，《东方杂志》1928年第25卷第19号。
④ 《农商部将设农工司》，《申报》1922年12月13日，第7版。
⑤ 《南政府取消禁止罢工法律》，《申报》1922年3月7日，第7版。

3月10日，广州国会通过了废止同盟罢工处刑的条例。① 广州方面的举措也成为中国近代以来劳工立法之先声，只是限于其控制区域的狭小以及执行力的虚弱，此条文流于形式，但此条例的出台却具有很强烈的"革命"象征意义。

8月，北京政府酝酿制定宪法，甫经成立的中国劳动组合书记部意图借机发动劳动立法运动。其通告称："近年国会制定新宪法运动，进行颇速，但对于劳动立法之制定，尚未闻有提倡者。"工界等自由屡受他人侵害，"正式劳动工会始终未为法律所承认，同盟罢工屡为军警所干涉。凡此种种，均缘法律尚未承认劳动者有此种权利之故也。倘能乘此制宪运动之机会，将劳动者应有之权利以宪法规定之，则将来万事均易进行矣"。② 与此同时，中国劳动组合书记部拟定了劳动立法的原则及大纲。其拟定的基本原则如下：保障政治上自由；改良经济生活；参与劳动管理；劳动补习教育。而大纲更有19条，涉及劳动者的集会结社权、同盟罢工权、缔结团体契约权；工作时间、劳动保障等。③

可以说，国际劳工立法及当时中国各界对劳工问题的讨论直接影响了中国劳动组合书记部上述文件的内容，因此，其条款中许多内容与国际劳工大会的相关条约类同，而此时的北京政府对国际劳工大会通过的诸多文件皆表示拒绝签字。④ 这也就是说，对于中国劳动组合书记部的相关提议，北京政府是不可能理会的。因此，虽然中国劳动组合书记部的劳动立法运动获得一定响应，唐山、长沙等地工会甚至组织了"劳动立法大同盟"，皆要求北京政府通过中国劳动组合书记部所拟定的劳动法大纲。⑤ 为了扩大影响，1922年9月3日，中国劳动组合书记部还宴请国会议员30余人。席间，各工会代表皆希望议员能督促政府在宪法中增加保

---

① 《广州国会废止惩罚罢工》，《申报》1922年3月19日，第10版。
② 《中国劳动组合书记部关于开展劳动立法运动的通告》，中华全国总工会中国职工运动研究室《中国工会历史文献》（第1册），工人出版社1981年版，第11页。
③ 《中国劳动组合书记部拟定的劳动立法原则》《中国劳动组合书记部拟定的劳动法案大纲》，中华全国总工会中国职工运动研究室《中国工会历史文献》（第1册），工人出版社1981年版，第12—16页。
④ 《外部反对保工条约》，《申报》1921年7月29日，第7版；陈宗城：《国际劳工组织与中国》，《东方杂志》1928年第25卷第19号。
⑤ 邓中夏：《中国职工运动简史1919—1926》，人民出版社1953年版，第78页。

护劳工权益的条款。虽议员代表对此表示同情，但仍对宪法中采纳劳工意见的可能性持悲观态度，并称此时的劳工受政府压迫之处远较资本家为多，因此，劳工组织一定要增强自己的实力，这样才能更好维护自身权益。①

事实上，是否将保护劳工利益的内容纳入宪法中在制宪会议中有相当争论。反对者认为劳工本已是国民之一部分，宪法草案中对国民之权益已有规定，如单独将劳工权益列入宪法中，则士农工商各部分，岂非皆须规定？赞成者则认为劳动立法已成世界大势，但其之所以赞同在宪法中增加相关劳工问题的条款，并不完全是为提高劳工待遇，而是为了防止劳工的作乱。正如议员在解释其要求增加劳工专章的旨趣时称：中国历来重视高等阶级，对普通阶级则视为无足轻重。而制定宪法一定要有远大眼光，劳工问题，虽在当下尚未发达，但劳工已是最痛苦之群体，又将成为社会之最大群体，如不加保护必将成为捣乱之导火线。因此，如要避免社会革命，就需对劳工问题有所注意。双方的争论以在宪法中增加劳动权益的条款而告终。②

随后，宪法起草委员会讨论在宪法中"生计篇"增加有关劳工问题的内容，其要旨为："个人以相当价值之生活为原则，个人之生计自由，应受保护；国家应给予公民精神、体力劳动之机会，并在天灾等不可抗力及老弱残无力谋生时，协力其相当生活；国家对劳工应有特殊保护，有关劳工立法，应尊重各国正式劳工会议议决之原则；国家对精神劳工之出版权、发明权等应予保护；为保护及发展生计之自由结社，无论何人与何职业，除于公共安全有直接危害之行为，法律不得限制；全国生计会议，依法律由全国各重要职业团体选出代表组织之，其代表有建议政府、受政府咨询、参与国有企业经营管理等权利。"③

与此同时，关于在政府部门设立专管劳工事务机关的讨论也在进行中。正如前文所述，农商部下设劳工司实为应付国际舆论的谴责，但真正要设立时，则困难重重了。1922年12月23日，农商部根据内阁议定，

---

① 《劳动组合招待议员之大会》，《申报》1922年9月7日，第7版。
② 《宪法审议会讨论劳动问题》，《申报》1922年11月20日，第6版。
③ 《宪法上之生计章》，《申报》1922年12月4日，第6版。

召集了交通部、内务部、外交部相关人员讨论设立劳工司的问题。农商部提议在该部之下设立农工司,外交部极表赞同,但交通部对此表示消极的不反对。而外、交两部极力主张在专司之外设立委员会,由各部共管。内务部则主张设局或设处,其理由谓:"在农商部设一司,对外既嫌局面狭小、对内亦嫌势力不充。最好设专局于国务院,直辖国务总理。如不能设局,则应独立设处。"① 此后,关于设立专司的消息纷起,农商部首先放弃了在部内设司的主张,后又有内务部设司及交通部设委员会的传言,复又有改侨工局为保工局的主张。对于设立保工局,其提议者称:就局改局,经费不致增加;设局于国务院,对内对外都可以表示对劳工问题的重视;可以平息各方关于此一官制的争论。② 虽然,设立保工局在内阁会议上得到了通过,但在讨论保工局官制的各部联席会议上,风潮再起。侨工局率先表示反对,其理由为劳工与侨务性质不同,保工专为劳工利益而设,侨务专为侨商之资本家谋利益,二者都有独立性质,难以合并办理。侨工局的发难使此次会议的方向为之一变。外交部、农商部也一改此前意见,再次提议在农商部下设劳工司,而内务部则称设司不如设局、设局不如设会,即使设司亦不必专设农商部之下。如此,该联席会议难以达成一致,而专设劳工机构也就在虚无缥缈之中了。③

相对于劳工机构的难产,劳工立法的进展也受到中国政局的巨大影响。虽然,北京政府以武力镇压了京汉铁路大罢工,但罢工工人所展现出的力量及社会的责难却使北京政府加紧了劳工立法的工作。1923年2月23日,黎元洪发布大总统令:"着主管部门妥拟工会法案,咨送国会议决,赳期公布俾资遵守。"④ 1923年3月,农商部拟定《工厂法草案》,其称:"查我国工界近年以来,每因待遇问题,发生罢工风潮,隐患所伏,至为可虑。亟宜由政府厘定一种工业法规,赳期实施。俾厂主与劳动者皆了然自己地位,恪尽自己义务,不致彼此误会,有危社会安宁",且可应对国际舆论,顺应国际潮流。为此,特拟定条款十四章、五十二

---

① 《农部议定增设劳工司》,《申报》1922年12月23日,第7版。
② 《政府筹设保工局之内幕》,《申报》1923年3月8日,第6版。
③ 《议设劳工行政机关无结果》,《申报》1923年3月12日,第6—7版。
④ 《大总统令》,中国第二历史档案馆《政府公报》(第197册)第2497号,上海书店1998年版,第399页。

条,"期于保护劳工之中,仍寓维持实业之意"。该草案对禁止童工、劳动时间、劳工福利、劳工教育等多有涉及。① 3月19日,修改农商法委员会召开会议,认为该草案条文较多,恐难实施。但此时沪租界当局已有设定相关章程之动议,因此,上海总商会认为应速订法规,以免外人越俎代庖,恐损国体,就此,该委员会决定将草案简单编订成章为《工厂暂行规则》,以应需要。② 29日,农商部公布《暂行工厂通则》,共二十八条。③ 此规则是北京政府第一个关于劳工保护的法规,尚有许多改进之处,其效力所及,亦属甚微,但其与工厂法之大意并无大的遗漏,因此,虽并未在国会通过,仅以农商部令饬发表,但在中国,仍是工厂法的第一声。④

与此同时,北京政府法制局还拟定了关于工人组织的法律,定名为《工人协会法案》。其要旨为:凡从事同一事业的工人,可依本法组织协会;工人协会为法人;工人协会有互助工人、改善雇用条件、调查劳动状况、陈述劳动立法意见、答复行政当局咨询等权利;工人协会可设分会;工人协会须有十人以上,并得官厅允许方能成立;工人协会选举及修改等事宜,须呈报行政官署;未经行政官署同意设立之工人协会为非法,行政官署除可解散之,协会之首脑将处罚金;国有及公有事业之工人协会设立尚须得主管部门同意;工人协会有违背本法规定及危害社会秩序等情事,行政官署可解散之。这样的条例在时人看来,"对于政府方面权利之保持,则应有尽有。对于劳动者方面利益之规定,则毫无注意。"⑤ 上述一系列法条本都是受大总统黎元洪之命起草的,而草拟后不久,即发生北京政变,黎元洪被逐出北京,这样,该法案就难以实施了。虽然,北京政府的相关劳工立法是与中国工人运动的发展相因应的,⑥ 但

---

① 《农商部提出工厂法案》,《申报》1923年3月21日,第6版;《农商部提出工厂法案》(续),《申报》1923年3月22日,第7版。
② 《农商部拟订工厂暂行规则》,《申报》1923年3月26日,第7版。
③ 《农商部令第二二三号》,中国第二历史档案馆《政府公报》(第199册)第2534号,上海书店1998年版,第9—11页。
④ 李剑华:《劳工法论》,上海法学编译社1934年版,第42页;《中国劳工运动史》编纂委员会:《中国劳工运动史》(2),中国劳工福利出版社1966年版,第323页。
⑤ 《工人协会法案已提出众院》,《申报》1923年4月18日,第6版。
⑥ 此点可参见饶东辉《民国北京政府的劳动立法初探》,《近代史研究》1998年第1期。

更重要的原因却是国内的政治局势，因此，京汉铁路工人罢工之后，工人运动陷入低潮，虽然，时有劳工团体督促政府颁布有关法规，但政府对此却置之不理，而劳工立法也渐趋停顿。

这样的状况一直延续到五卅运动，五卅运动中各地的罢工使北京政府更像是一个"旁观者"，这种尴尬处境使得北京政府不得不抓紧相关的立法工作。1925 年 7 月，农商部制定了《工会条例》，并经内阁同意，将由法制院及主管部签注。① 然而，该条例甫经草拟就遭到各方的反对。在五卅运动中成立的上海市总工会率先反对，其称该条例对工人多有束缚，因此除电请北京政府修改外，还组织了宣传队向各工会宣讲条例中种种不利工人的条款，请工人一致反对。② 此后，中华全国总工会、全国学生总会、上海工团联合会纷纷电请北京政府修正工会条例。其实，各界所要争取的权利无非以下几点：要求修改工会发起人的资格，取消有关人数、年龄及教育程度的限制；取消限制工会基金存于代理国库银行之规定；取消有关限制组织地区性各业工会联合组织的条款；等等。③

与此同时，上海市总工会也草拟了《工会条例》十条三十六款，其主要内容为：年龄十六岁以上之同一职业或产业劳动者可组织工会；工会为法人；工会团体与雇主团体同处平等地位；工会有出版、言论及办理教育等自由；同一职业十人以上者即可组织工会，并将大会通过之章程等递交当地官厅注册；每一地方可组织某地总工会、某全国职业联合会及全国总工会；工会章程须载明工会名称、产业名称、组织目的、会员权利与义务、区域及所在地、选举章程及投票方式等；工会有主张与维护会员权利、会员职业介绍、与雇主缔结团体契约、组织合作银行及储蓄、组织娱乐及教育职工社、调查劳资争议、在劳资争议时，由工会及雇主团体共推第三者仲裁、对相关立法陈述意见等权利。并称在发生劳资纠纷时，行政官厅不得强制执行，等等。此条例由沪工商学联合会

---

① 《北京电》，《申报》1925 年 7 月 2 日，第 6 版。
② 《总工会反对工会条例之进行》，《申报》1925 年 7 月 8 日，第 14 版。
③ 《工界对于工会条例草案之不满》，《申报》1925 年 7 月 7 日，第 14 版；《总工会力争修正工会条例》，《申报》1925 年 7 月 10 日，第 13 版；《学生总会请修正工会条例》，《申报》1925 年 7 月 11 日，第 14 版；《沪工请修正工会条例》，《申报》1925 年 7 月 28 日，第 10 版。

议决通过，并转呈法制院。①

从条文内容上看，上海总工会草拟的《工会条例》是以孙中山于1924年颁行的《工会条例》为蓝本的，虽然在部分内容上有些许差异，但其要旨基本相同。② 这样的条例将劳工组织置于较为强势的地位，而政府在其中只拥有了名义上的监督、注册等权利，因此，如此条例很难为北京政府所接受。就北京政府方面而言，农商部所草拟的条例大体适宜，只需在文字部分稍加斟酌即可公布实施。③ 因此，虽然法制院允诺将尊重工人公意，但要完全采纳沪总工会草拟之《工会条例》则是不可能的。④ 此后，各方要求修正及速颁《工会条例》的电文纷至沓来，并将该条例的颁行与当时各地的工潮联系起来。但此后的一段时间，各方关于此问题的讨论却趋和缓。其原因一方面是北京政府已然在"革命"的当时逐渐失去了"合法性"，国共双方似乎都不愿就此来"变相"承认北京政府的正统地位。而另一方面，北京政府在无外力的推动下，更不愿多谈此事。事实上，当时的执政府非但不可能采用沪总工会草拟的《工会条例》，即使由农商部草拟的《工会条例》也被法制院搁置。虽然，临时执政段祺瑞等人均对工人的要求表示了一定的同情，并希望采纳工人要求修改条例，但实际掌控北京政府的张作霖的代表莫德惠却表示激烈反对，因此，法制院只能故意拖延，至必要时，或将条文中无重大关系处稍加修改，再行颁布。⑤《工会条例》的修改及颁行陷入了僵局。⑥

虽然，处在夹缝中的法制院在段祺瑞及社会各界的催促下不得不采用折中主义，对有关工人入会须得雇主同意、发起人资格等条款做出修改。而对于沪总工会要求工会设立采取注册方式则不予采纳，仍采取核准制。然而，法制院对该条例的修正却受到了内阁阁员的反对，其理由为："近期工潮纷扰，正宜严加取缔，而今如颁此开放之条例，不啻增加

---

① 《总工会所拟之工会条例草案》，《申报》1925年7月17日，第13版。
② 关于双方的异同可以参见《中国劳工运动史》编纂委员会《中国劳工运动史》（2），中国劳工福利出版社1966年版，第322—327页。
③ 《反对声中之工会条例》，《申报》1925年7月21日，第6版。
④ 《工会条例之修改问题》，《申报》1925年8月3日，第6版。
⑤ 晶公：《工会条例颁布无期》，《申报》1925年8月24日，第7版。
⑥ 《国内专电》，《申报》1925年8月31日，第7版；《全国总工会电请修正工会条例》，《申报》1925年9月10日，第14版。

工人罢工保障，将来之形势更难以收拾，因此，对于修正之条例，将坚决反对。正因为阁员的反对，该条例的颁行实难以实现。"① 同时，沪工界对修改后的《工会条例草案》亦不满意，甚至称即使《工会条例》颁行，工界对此仍不予以不承认。这使得农商部认为颁行《工会条例》已然没有必要了。因此，建议采取内务部的提议，在《工会条例》颁行之前，先制订工律。之所以如此，是因为工人之生计卫生等应当由政府保护，而罢工等危害社会秩序等情事则当制止。这样，在相关的各部中，农商部、内务部及法制院对颁布《工会条例》甚为消极，只有交通部认为工会与铁路有关，因此积极推动该条例的颁行。② 然而，交通部之所以推进《工会条例》的实施，其要旨实与沪工界的要求相去甚远，其不仅倡导劳资合作，而且认为法制院所修订之《工会条例》中对于所有雇工一体适用，似嫌宽泛，因此，建议对公有事业雇工、国有事业工人及交通事业工人之工会组织由主管部门自订规则，而且，上述工人与国家、社会关系甚大，不适应于罢工等情事。③

这样看来，由于北京政府内部及其与工界意见的迥异，这使得《工会条例》颁行已无任何意义了。换言之，即使《工会条例》得以颁行，也会受到政府内部反对派以及工界的抵制，难以发挥应有的效力了。

此后，北京政府仍有相关立法的举动，不仅将《暂行工厂通则》完善为《工厂条例》，而且制定了《监察工厂规则》、起草了《劳资争议仲裁法》等，但其立意仍是要以法律防范工人的越轨行为，以期实现劳资协调。④ 然而，此时的政治形势已难以使其实施了，而且随着各地工会响应"北伐"，已在事实上不承认北京政府的合法性，因此，北京政府的相关立法无疑是一纸空文了。

纵观北京政府相关立法活动，其发展轨迹与国内外的形势有关，正是由于"一战"后国际劳工形势的严峻才促成了中国劳工立法的开始，

---

① 勗公：《工会条例之难产如是》，《申报》1925年9月14日，第7版。
② 《工会条例问题之经过及现在之趋势》，《申报》1925年9月19日，第7版；勗公：《工会条例尚无颁布希望》，《申报》1925年10月2日，第6版。
③ 勗公：《交部对于工会条例之意见》，《申报》1925年10月23日，第5版。
④ 《农工总长刘尚清呈大元帅拟具农工要政计划书》，中国第二历史档案馆《政府公报》（第237册）第4145号，上海书店1998年版，第99—101页。

而此后的发展脉络更与国际劳工大会及国内的工人运动有极大关联。这样看来,北京政府在相关立法中,基本处于被动状态,即使其中有主动参与的因素,但却是以实现劳资合作及国家控制为出发点的。然而,中国的工人运动从其开始就带有了很强烈的政治意味,而北京政府在相关立法上的拖沓则客观上加剧了这一趋势,同时,北京政府较为严苛的立法内容亦将工人推向了它的对立面。换言之,北京政府很难对此时的工人运动加以有效控制,而工人运动也成为敌对的政治势力可资利用的力量了。

第二节 国民革命时期国民党的劳工政策

与"反动"的北京政府相比,国民党似乎掌握了"革命"的话语权,并且在实际中不断强化着"革命者"的形象,但与要彻底打倒旧世界的中国共产党不同,随着国民革命的顺利进行,国民党的劳工政策始终试图在"建设"与"破坏"中寻找一个最佳的结合点,但这样的诉求却与实践有相当距离。

在国民革命之前,很难说国民党有明确的劳工政策,虽然,据从事劳工运动的国民党人马超俊回忆,早在1917年,他就曾拟定了关于劳工运动的八项原则,其核心内容是扶助劳工组织、确定劳资合作等,此项提议还得到了孙中山的首肯,[①]但所制定的原则并没有具体实施的证据。1922年,香港海员罢工结束后,孙中山领导的南方广州政府废除了1911年"暂时新刑律"中有关禁止同盟罢工的条规,"从此同盟罢工在广州政府势力范围之下不受刑律制裁,而工会的运动因以一跃而千丈矣"。[②]但这并不意味着国民党对工人运动有太多的影响力。彼时在广州等地影响力最大的是无政府主义,"其余各派社会主义者只是清谈,并未实际参加职工运动"。[③] 1922年,国民党派张秋白赴莫斯科参加"远东革命组织代

[①] 朱慧夫:《中国工运之父——马超俊传》,(台北)近代中国出版社1988年版,第128—130页。

[②] 罗运炎:《中国劳工立法》,中华书局1938年版,第95页。

[③] 邓中夏:《中国职工运动简史1919—1926》,人民出版社1953年版,第20页。

表大会",张秋白称"上海产业工会似乎完全赞成国民党的纲领。接着发言的顾某坚决驳斥了这一声明"。① 而邓中夏更称"孙中山领导下的工人团体,简直不能算做工会",不过是孙为了秘密购买和运输军械的工具。②

即使如此,当时的广州也是劳工运动可以公开发展的为数不多之处,因此,1922年5月1日,中国共产党发起创立的"劳动组合书记部"决定在广州召开第一次全国劳动大会,劳动组合书记部的成立被认为是中国共产党谋取工运正统及全国工运领导地位的重要步骤。③ 而此次会议的政治意味也就不言而喻了,因此,由国民党人马超俊控制的广东机器工会拒绝参加,对此,孙中山却颇不以为然,其认为此会虽非国民党主持,但其立场尚属正当,从某种程度上讲,孙中山对劳工运动的态度也成为日后国共第一次合作实现的基本条件之一。

1923年,孙中山发表国民党改组宣言,内称:"制定工人保护法,以改良劳动者之生活状况,徐谋劳资间地位之平等。"④ 1924年,中国国民党第一次全国代表大会召开,其宣言称:"国民党于此,一方面当对于农夫、工人运动,以全力助其开展,辅助其经济组织,使日趋于发达,以期增进国民革命运动之实力;一方面又当对于农夫、工人要求参加国民党,相与为不断之努力,以促国民革命运动之进行。盖国民党正从事于反帝国主义与军阀,反抗不利于农夫、工人之特殊阶级,以谋农夫、工人之解放。"⑤

为了落实上述政治承诺,1924年11月,孙中山以大元帅名义颁布了由邵元冲起草的《工会条例》二十一条。此条例所规定的工会主体范围

---

① [苏]达林:《中国回忆录1921—1927》,侯均初译,中国社会科学出版社1981年版,第40—41页。

② 邓中夏:《中国职工运动简史1919—1926》,人民出版社1953年版,第10页。

③ 尚世昌:《中国国民党与中国劳工运动——以建党至清党为主要范围》,台北幼狮文化事业公司1992年版,第37—38页。

④ 孙中山:《中国国民党改组宣言》,中山大学历史系孙中山研究室、广东社会科学院历史研究所、中国社会科学院近代史研究所中华民国史研究室《孙中山全集》(第7卷),中华书局1985年版,第4页。

⑤ 孙中山:《中国国民党第一次全国代表大会宣言》,中山大学历史系孙中山研究室、广东社会科学院历史研究所、中国社会科学院近代史研究所中华民国史研究室《孙中山全集》(第9卷),中华书局1985年版,第121页。

相当宽泛,凡年龄在十六岁以上,同一职业或产业之脑力或体力之男女劳动者,家庭及公共机关之雇佣,学校教师职员,政府机关事务员,集合同一业务之人数在五十人以上者,得适用本法组织工会。而"工会有罢工的权力(利)",且劳方与资方有同等地位、工会之成立以注册为标准、可以组织同一性质的工会联合会、行政官厅在发生劳资纠纷时,只有调查及仲裁权,而无强制执行权、工会对雇主有参与规定工作时间、改良工作状况及工厂卫生权利等。[①] 在公布此条例的同时,孙中山还公布了制定该项条例的理由说明,一为确认劳工团体在社会中的地位;二为允许劳工团体以较大权利及自由;三为打破妨碍劳工运动组织及进行中之障碍,使劳工团体可以自由发展。[②]

此时,国民党对劳工运动的态度较为宽松,并在实际操作尽可能扶植工会组织的自由发展。即便是作为国民党右派的邵元冲,其起草的工会条例也极力向劳工倾斜。在1924年7月的广州沙面工人罢工中,邵元冲更是坚决要求坚持罢工,以便培养工人团体共患难之道德。[③] 为了扩大政治影响,马超俊还发起组织了"上海工团联合会",据称,此组织共有工团32个单位,所属会员达三十余万人。[④] 虽然,此组织被国民党寄予厚望,并称其在当时已居于上海工运之实际领导者,[⑤] 但由于组织较为松散,其影响却很有限。

对于国民党人在劳工问题上的积极表现,中国共产党在1924年召开的扩大执委会中,其称:"在工会运动方面并不是帮助他设立国民党的铁路工会及矿工工会,或者使已成的工会全体加入国民党,这可以使工会沉溺在国民党里而失去阶级的性质;我们对于国民党的最好的帮助,却是先组织纯粹阶级的斗争的工会,于每次用得着的时候,指挥这些工会

[①] 《中国劳工运动史》编纂委员会:《中国劳工运动史》(2),中国劳工福利出版社1966年版,第321—327页。

[②] 邵元冲:《工会条例释义》,民智书局1925年版,第3页。

[③] 1927年,英国颁布一项针对进入广州沙面租界工人的警律,要求自当年8月1日起,中国工人进入沙面租界,均须携带执照,而外国人例外。7月15日,沙面工人在中国共产党的领导下,举行罢工。英国被迫取消此警律,8月17日,罢工胜利结束。邵元冲:《邵元冲日记》(1924年7月30日),上海人民出版社1990年版,第34—35页。

[④] 郭廷以:《马超俊 傅秉常口述自传》,中国大百科全书出版社2009年版,第47—48页。

[⑤] 马超俊:《中国劳工运动史》(上册),商务印书馆1942年版,第97页。

赞助国民党所指导的国民革命运动。"[1] 就此，中国共产党有意识地对全国尤其是上海工运实施了相对独立的领导，中国劳动组合书记部也由北京迁至上海，并很快取代了上海工团联合会成为当时上海工运的实际核心。[2]

为了与中国共产党争夺对工人的领导权，1925年3月，马超俊等人借孙中山北上之际在北京公开成立了全国各省区工会联合会，隶属于国民党工人部，其领导者大多为国民党人，目标是"在国民党劳工运动之领导下，促进颁布工会法，实现全国划一之纯正劳工组织"。然而，如此组织却受到北方政局的巨大影响，该会各负责人根本无法在北京立足，"致会政趋于解体"。[3]

就在国民党人积极谋划成立全国统一的劳工领导机构之时，1925年5月1日，中国共产党领导的全国铁路工会、汉冶萍总工会等四工会组织发起召开第二次全国劳动大会，大会主要由中国共产党领导的工会、与国民党有关系的工会及无党派工会组成，其通过的决议案要求工人阶级每个经济的斗争一定要变成政治的斗争，而此时政治斗争的对象就是帝国主义及军阀资本家；工人阶级的斗争，是为求得劳动的完全解放，因此，必须推翻资本主义制度；工会作为工人阶级最宽泛的群众组织，"无论工会组织的形式，有多种的不同，但工会组织的性质是阶级的，工会工作的内容是阶级的，工会的教育，同样也是阶级的"。[4] 会后，中华全国总工会宣布成立，以取代此前的劳动组合书记部。

对于中华全国总工会的成立，邓中夏认为是当时的斗争形势所致。虽然，国共合作以来，民族解放潮流日益增高，但"反工农""反共产""反苏联"的口号也日益普遍，而劳动组合书记部被认为是"过激派"，"过激派这一名称，在当时许多落后工人中确是莫名其妙，而且有相当恐惧，如用书记部名义召集，有可能使这一部分落后工会观望不前"，这使

---

[1] 《中共扩大执委会工会运动问题决议案》，中华全国总工会：《中共中央关于工人运动文件选编》（上），档案出版社1985年版，第36页。

[2] 郭廷以：《马超俊　傅秉常口述自传》，中国大百科全书出版社2009年版，第48页。

[3] 《中国劳工运动史》编纂委员会：《中国劳工运动史》（2），中国劳工福利出版社1966年版，第344—345页。

[4] 《决议案》，中华全国总工会中国工人运动史研究室《中国工会历次全国代表大会文献》（第一卷），工人出版社1984年版，第17、19、26页。

得中国共产党在很多时候避免用书记部的名义去做职工运动。① 而此也使得中国共产党成立新的全国工人运动领导组织成为当务之急。

中国共产党的革命斗争理念在五卅运动中很快得到了检验。五卅运动爆发后，由国共双方共同领导的"上海学生联合会"率先发布宣言，斥责日本资本家残杀工人顾正红，而在沪的国民党人也表现出极度的愤慨。② 随后，学界、工界在国民党上海市执行部召开会议，李立三宣布成立上海总工会，并颁布了总罢工令。此事被国民党人认为是中国共产党夺取上海工人运动领导权的一起计划，但其仍不得不承认，此议颇为中听，得到了与会者的赞同。③ 随着上海总工会的崛起，上海工团联合会却陷入尴尬的境地，由于工团联合会"或在沪无基本会员，或所拥有会员，又为畸零职业工人，而产业工人实居少数，这样的基层力量，自无法与上海总工会对抗"。④ 随着运动的深入，作为国民党工运重要组织的工团联合会却被进一步边缘化了，6月5日，在一次上海各团体及工会的集会中，工团联合会的领导人力图上台讲演，"但他们不仅被人制止，而且被狠狠地揍了一顿"。⑤ 对于这样的情况，当然不排除中国共产党为争夺对此次运动领导权而有意运作，但更重要的是国民党"不合时宜"的劳工理念与实践造成的。在联合会看来，五卅运动是国民党人一手领导的，⑥ 其运动轨迹当然要按照国民党的意志来进行，因此在工潮中要极力避免"布尔什维克宣传的影响"，⑦ 但事实上，此次运动的真正核心是上海大学学生林均、刘一清，上海总工会委员长李立三、沪西工会刘华、刘贯之、孙良惠六人，而上海公共租界工部局亦认为如将上述六人逮捕，并查封其组织机构，"则目前的运动不久即可结束"。⑧ 在这其中，刘一清被认为

---

① 邓中夏：《中国职工运动简史1919—1926》，人民出版社1953年版，第151页。
② 张国焘：《我的回忆》（第2册），东方出版社1998年版，第46—49页。
③ 《中国劳工运动史》编纂委员会：《中国劳工运动史》（2），中国劳工福利出版社1966年版，第382页。
④ 同上书，第486页。
⑤ 上海市档案馆：《五卅运动》（第2辑），上海人民出版社1991年版，第144页。
⑥ 《中国劳工运动史》编纂委员会：《中国劳工运动史》（2），中国劳工福利出版社1966年版，第434页。
⑦ 上海市档案馆：《五卅运动》（第2辑），上海人民出版社1991年版，第15页。
⑧ 同上书，第227—228页。

是"共党份子",上大更是当时中国共产党宣扬工人运动的重要阵地。①而李立三、刘华、孙良惠等人皆为中共党员。② 虽然,此时的中共党员大多是跨党人员,大多宣言也是以国民党的名义发布或执行,甚至中国国民党执行委员会也对此次运动作出了积极的姿态。③ 但中国共产党在运动中的政治运作远比工团联合会的宣传更具吸引力。无怪乎当许多人尤其是外国人认为此次运动是共产主义者发动的,虽然中国舆论对此观点难以认同,但仍承认"不公道之流血,可使弱者赤化"。④ 甚至国民党人也不得不承认五卅后的上海,渐渐弥散了赤色气氛。⑤

国共双方在工运方面影响力的差距随着省港罢工的继起愈加明显了。虽然,省港罢工名义上是由国民党领导的,但国民党在其中的作用却差强人意。"广州国民党的首脑们虽然对近在咫尺的省港罢工极力支持,但对其他各地的反帝运动,则似照顾不及。上海及其他各地的国民党人固然积极参加了这一运动,但国民党的各地机构却没有充分发挥领导的力量,遇事往往先由中国共产党组织暗中决定好了,再在国民党部作形式上的决议。"⑥

可以说,五卅运动是国共双方在工界的影响力此消彼长的重要节点。8月20日,廖仲恺被刺身亡,这被认为是国民党右派对左派的一次最严重、最卑鄙的挑衅。⑦ 胡汉民等人因此而离粤,随后,国民党右派邹鲁等被委以"北上宣传代表,赴京为五卅惨案作外交宣传"而离开广州,邹鲁认为这是鲍罗廷借机排除异己的做法。⑧ 虽然,此时国共之间的关系已然日益紧张,但随着胡汉民、邹鲁等国民党人因廖仲恺被刺案纷纷被迫

---

① 《警探口中的上海大学》,上海社会科学院历史研究所《五卅运动史料》(第2卷),上海人民出版社1981年版,第269页;上海市档案馆:《五卅运动》(第2辑),上海人民出版社1991年版,第21、159页。

② 《人物传》,《上海工运志》编纂委员会《上海工运志》,上海社会科学院出版社1997年版,第758、771、790页。

③ 曹力铁:《国民党在五卅运动中的作用》,《近代史研究》1989年第3期。

④ 《闻赤化说并正告外人》,《时事新报》1925年6月7日,第1版。

⑤ 《中国劳工运动史》编纂委员会:《中国劳工运动史》(2),中国劳工福利出版社1966年版,第382页。

⑥ 张国焘:《我的回忆》(第2册),东方出版社1998年版,第37页。

⑦ 吴玉章:《吴玉章回忆录》,中国青年出版社1978年版,第129页。

⑧ 邹鲁:《回顾录》,岳麓书社2000年版,第147页。

离粤，国共双方在劳工问题上的较量在表面上趋于和缓。因此，当上海总工会颁布了由其拟定的《工会条例（草案）》时，邵元冲认为其与自己起草的"工会条例"大致相同。① 随后，国民党召开了第二次全国代表大会，并制订了对工人运动的基本政策。"国内工人群众，已由本身经济斗争进到政治斗争……本党应善用此种机会，在工人群众中努力于革命宣传的工作，使国内工人群众明了政治斗争非一时的，乃长期的，以养成工人群众在政治斗争中的持久性。"为此，要借机健全各地、各系统的工会组织，尽力扶助工会反抗帝国主义及军阀的运动。② 在党与工会的关系上，国民党突出强调："党为政治目的相同的组织，工会为经济目的相同的组织。党对于工会，在政治上立于指导地位，但不使工会失其独立性；工会中之党员，应做成工会之中心。其组织与党的组织不应混合，其经济尤须划分；党之政策可以影响于工会之政策，但不能使工会全无政策，失却民众之主张地位。"③

虽然，国民党二大被认为是中国共产党与国民党左派和谐合作的大会，④ "但事实上却忽视了实际问题的解决"。⑤ 其中最重要的表现是在选举国民党中执委的问题上，此大会选举了中执委36人，候补执委24人，虽然包括胡汉民、邹鲁等人都被排除在外，⑥ 但吴玉章认为此结果仍然助长了国民党右派的气焰，造成了严重的后果。⑦ 就工运而言，虽然，此次大会明晰了工人运动与国民革命的关系，但却限制了党对工会影响及控制，而此规制与其说是针对国民党的，不如说是在变相地抵制中国共产党对工会的掌控，因为环顾当时的各类政治组织，真正能够对工人运动

---

① 《总工会拟定工会条例草案》，《民国日报》（上海）1925年7月17日，第2张第2版；邵元冲：《邵元冲日记》（1925年7月17日），上海人民出版社1990年版，第170页。

② 《目前工人运动应注意之点》《中国国民党第二次全国代表大会宣言》，中国国民党浙江省党务委员会宣传部《中国国民党第一第二次全国代表大会宣言及决议案》，本部1929年印制，第84—85页。

③ 《党与工会之关系》，中国国民党浙江省党务委员会宣传部《中国国民党第一第二次全国代表大会宣言及决议案》，本部1929年印制，第83页。

④ 包惠僧：《包惠僧回忆录》，人民出版社1983年版，第199页。

⑤ 张国焘：《我的回忆》（第2册），东方出版社1998年版，第70页。

⑥ 中国国民党中央执委会宣传部：《中国国民党第一、二、三次全国代表大会汇刊》，本部1931年印制，第189—190页。

⑦ 吴玉章：《吴玉章回忆录》，中国青年出版社1978年版，第133页。

产生一定组织影响的非中国共产党莫属了。

事实上，自中国共产党成立以来，就不断强化着党与工人组织、工人运动领导与被领导的关系，即使是国共实现第一次合作，这样的理念也没有太多更改，这显然与国民党的相关理念相去甚远，在1925年1月，中国共产党第四次全国代表大会中指出，要使各种产业工人完全组织在中国共产党的指导之下；要将组织工会及阶级宣传作为今后工作的第一要务；在国民党组织的工会中，要尽力从中活动，取得指导权，建立中国共产党的支部，提高工人的阶级觉悟，指出国民党的本性，使工人趋向自己的政党——中国共产党；在宣传中，"应根据工人阶级自身的具体的政治上经济上的利益，绝不应笼统地抽象地宣传三民主义或孙中山个人"。① 1925年10月，中共中央执委扩大会议进一步要求中共党员切实加强与工会的联系，"使工会与党日渐有事实的接近"。② 由此看来，中国共产党对职工运动的基本理路就是要通过与工会建立紧密联系来宣扬阶级理念，从而使职工运动在中国共产党的掌握之下。事实上，这样的思路也在一定程度上增强了掌控工人组织的能力，无怪乎邹鲁惊叹：国民党"派至工会组织工人团体者，非共产党又有若干？"③ 可以说，正是基于如此考量，国民党二大作出针对中国共产党"操纵工运"的特别指示，以"确定党与工会之间纯正而紧密的关系"。④

实际上，国民党二大在关于工人运动方面的决议是希冀消除中国共产党与工人的联系，尽量使工会能够"独立发展"。然而，国共双方相异的旨趣在1926年2月召开的第三次全国劳动大会上仍表现得十分明显。在此次大会上，中共中央发表祝词，称"本党是代表中国工人及农民利益而奋斗的政党，本党目前的职责，是领导中国工人农民参加中国民族

---

① 《中国共产党第四次全国代表大会对于职工运动之决议案》，《中国工运史料》1980年第12期。

② 《中共中央扩大会职工运动决议案》，中华全国总工会《中共中央关于工人运动文件选编》（上），档案出版社1985年版，第95页。

③ 邹鲁：《回顾录》，岳麓书社2000年版，第161页。

④ 尚世昌：《中国国民党与中国劳工运动——以建党至清党为主要范围》，台北幼狮文化事业公司1992年版，第181页。

革命的斗争，同时，在民族革命运动中，代表中国工人、农民利益而争斗"。①而国民党发表的祝词则以国民革命为号召，使工人之力量一致团结于国民革命旗帜之下，"以完成国民革命之使命，而达民族解放之目的"。②虽然，国共双方都希望借助工人力量来完成"革命"，但其革命内涵则有所不同，因此，在祝词中，中国共产党提出的口号是"中国革命万岁"，而国民党的口号则是"国民革命万岁"。这也就意味着，中国共产党对革命的理解更为宽泛，不仅是要完成打倒军阀、帝国主义的"国民革命"，而且还要进一步完成无产阶级的革命。可以说，国共双方在此问题上的差异性也成为日后双方对待工人运动不同态度的重要根据。即使如此，此次大会仍然证明了中国共产党在工人中的实力，"也助长了时局向左发展的声势"。③

如果说北伐前夕在劳工运动方面，相较于国民党，中国共产党表现得更为强势的话，那么随着1926年7月北伐开始，形势却悄然发生着转变。为了安定广东的社会局势，避免因劳资纠纷影响北伐的进程，国民党制定了对工人的宣传大纲，其中在"工人不得已的牺牲与最终的大胜利"中称：北伐中的工人，应有牺牲一切的决心，"譬如在敌人范围内的工人，在这时候无论军阀如何严重压迫，都要想出办法来罢工……至于在革命军范围内里面的工人，都要对于罢工这种事情，特别慎重，凡是稍妨碍政府行动，有妨碍北伐前进一切不必要的罢工，都要极力暂时忍耐避免，以保持北伐的后方安靖"。④

随后，广州国民政府又公布了《组织雇主雇工争执仲裁会条例》与《组织劳工仲裁会条例》。如果说前者是试图要解决劳资双方的矛盾，那么后者则是针对劳工组织之间的纠纷。事实上，当时广州国民政府不仅要面对劳资纠纷的问题，还面临着工人组织内斗的现实。国民党控制的

---

① 《中国共产党中央执行委员会祝词》，中华全国总工会中国工人运动史研究室《中国工会历次全国代表大会文献》（第一卷），工人出版社1984年版，第49页。
② 《中国国民党中央执行委员会祝词》，中华全国总工会中国工人运动史研究室《中国工会历次全国代表大会文献》（第一卷），工人出版社1984年版，第50页。
③ 张国焘：《我的回忆》（第2册），东方出版社1998年版，第113页。
④ 《中国劳工运动史》编纂委员会：《中国劳工运动史》（2），中国劳工福利出版社1966年版，第573页。

中国机器总会及广东总工会与中国共产党领导的工会可谓势不两立，因此纠纷不断。① 正是基于如此考虑，广州国民政府希望在政府的主导下，平时即注重劳资双方状况的了解及关系的培养，遇事时得以公平处理。不仅要起到防止争端的效果，而且还可以借机维系政府与人民之间关系。② 然而，这样的规制过于简单，未能生效。③ 当然，无论其效果如何，此二条例都是希冀在政府的主导下尽可能消弭劳资冲突乃至劳工间的分歧，以稳固北伐之大后方。

显然，此时广州国民政府的种种措置明显地表现出希望控制劳资问题的意图，但国民党却面临着一个两难的局面，一方面希望稳定后方，因而需要对工人的一些要求加以限制，正因如此，1926年12月初，国民党在庐山的会议中，决定对工运主缓和；④ 而另一方面国民党又不得不承认国民革命需要民众的参与，北伐则更需要工人利用自身力量来赞助。⑤ 要建立反帝斗争的统一战线，"不可避免地会伴以城乡阶级斗争的激化"。⑥ 这也就意味着国民党的愿望很难在现实中实现。但即使这样，早在北伐前夕，中华全国总工会就发表了《对国民政府出师宣言》，其主旨隐含着对国民党相关政策调整的质疑，内称"国民革命军所到之处，应该拥护人民一切的利益，赞助人民和各种的自由，并应帮助工农阶级的组织，扶助一切民众运动的发展。因为必须如此，才得到全国民众的帮助，才能发展中国的革命势力，巩固及扩大国民革命的基础，北伐才更有意义。若只为求得军事上的便利，不惜限制民众的自由，牺牲民众的利益，禁止民众争取自由和利益的运动，那北伐所得结果，恐仍不能达到预定的期望"。⑦

---

① 马超俊：《中国劳工运动史》（上册），商务印书馆1942年版，第128页。
② 胡颖之：《劳资仲裁规程》，大东书局1929年版，第1—5页。
③ 高廷梓：《调剂劳资纠纷办法》，国立中山大学出版社1928年版，第41页。
④ 《蒋介石日记》，1926年12月7日。
⑤ 《蒋介石莅第三次全国劳动大会报告节录》，张秀章《蒋介石日记揭秘》（上册），团结出版社2007年版，第369页。
⑥ ［苏］达林：《中国回忆录1921—1927》，侯均初译，中国社会科学出版社1981年版，第184页。
⑦ 《中华全国总工会对国民政府出师宣言》，中华全国总工会中国职工运动史研究室《中国工会历史文献》（第1册），工人出版社1981年版，第267页。

但此时的共产国际认为当前中国共产党有必要维持国共双方的合作关系，保障国民革命的完成。① 因此，国共双方几乎同时开始有意识收紧原本"宽松"的劳工政策。1926年12月6日，国民党中央政治会议通过了"工人纠纷问题决议案"，内分四点：第一，不许工会擅自拘人；第二，厉行禁止持械游行；第三，工人不得擅自封锁工厂，封闭商店，东家亦不得无故自行关闭工厂及商店；第四，工人不得向工厂或商店强取一切杂物。而对于军用品制造业、金融业、交通业及与公共生活相关事业的工人纠纷，仲裁委员会的判决将由政府强制执行。② 如此严厉的政策在很大程度上是在保护资方的利益，尤其是强制执行的政策更是为了保护资本的需要。③

随后，中共中央委员会也做出决议，要求产业工人运动，应从罢工时代转入组织时代；产业工人的罢工"须注意不致发生破坏秩序的一切行动"；"对于解决劳资问题临时委员会任其自然停顿，另由国民党中央及省市党部各派代表组织一特别机关处置劳资纠纷事件，劳资两方均不加入此机关"；"严格训练纠察队不得再有胁迫或侮辱商人之事发生，亦不得侵及政府之司法权及警察权"；等等。④

当然，中国共产党此时的决议绝不能简单地认为是对国民党的妥协、退让。因为在当时的情况下，工人运动确实出现了国共双方都难以预料的情况，仅以武汉而言，其工人受到行会及流氓观念所影响，所受压迫巨大，因此当革命浪潮到来之时，自然激起工人"报复""泄愤""翻身"等情绪。而由此为基础组织近代工会来维护工人利益，还是困难重重。⑤ 尽管如此，湖北省总工会仍然成立了，此后，武汉各工会在10—12

---

① 《共产国际第七次扩大执行委员会会议中国问题决议案》（1926年11月），《共产国际与中国革命资料选辑（一九二五——九二七）》，人民出版社1985年版，第150—151页。

② 《广东省政府委员会第五次会议录》（1927年1月3日），《广东行政周刊》1927年第1期。

③ 三民公司：《劳资冲突问题》，三民公司1927年版，第16—17页。

④ 《关于职工运动决议案》，中央档案馆《中共中央文件选集（1926年）》（第2册），中共中央党校出版社1989年版，第585页。

⑤ 张国焘：《我的回忆》（第2册），东方出版社1998年版，第158页。

月组织罢工36起,所涉及行业包括纺织、烟草、市政、银行、邮政等。①对此,中共中央提出四点意见:武汉商业正处于衰颓时期,此时罢工工人未见得能多得利;工潮的过于扩大,易引起社会认为工人过激;应避免因工潮而在国际上处于孤立;不过度遏制工人要求,亦不可肆意煽动工人。②

可以说,此时的国共双方都面临着一个巨大的难题,就是在破坏与建设中寻找最佳契合点,以便配合国民革命的顺利进行。因此,对蓬勃的工人运动稍加限制是合理的,而且,中国共产党在做出一系列决议时,将处理工潮的决定权掌握在国民党中央及各省市党部手中,实际上是希望将劳资问题控制在自己的范围之内的。虽然,1926年"中山舰事件"后,国民党二届二中全国的"整理党务案"要求国民党中央党部各部长不得由跨党人员担当,但此举却很难完全限制中国共产党的活动。正如邹鲁所言:即使中央党部各部部长不由中共人员担任,但中共党员被派往各处组织国民党党部,因此,部长有渐成傀儡的趋势。③ 此言并非妄谈,再以湖北为例,湖北省国民党党部中实际负责的是董必武、陈潭秋等中共党员,武汉市党部中也基本由中国共产党控制。④

然而,此时中国共产党的决议在贯彻中也遇到不小的麻烦。虽然,工人运动在革命下得以大发展,但不可否认的是新建立的工会在基本组织、训练及教育等方面很是欠缺,工人的政治素质十分幼稚,各地总工会的指导也未充分满足各工会的希望。而缺乏统一指挥的罢工无疑加剧了社会对工人运动的厌恶。对此,湖北总工会称此为革命形势下工人的自然行为。⑤ 但为了将工人运动控制在一定范围之内,在1927年前后,湖南、湖北等地的总工会都提出了加强对各工会进行统一指导、建立坚

---

① 陈达:《民国十五年全国罢工详表》,王清彬《第一次中国劳动年鉴》,社会调查部1928年版,第233—265页。
② 《中央局报告(十、十一月份)》,中央档案馆《中共中央政治报告选辑》(一九二二—一九二六),中共中央党校出版社1981年版,第159页。
③ 邹鲁:《回顾录》,岳麓书社2000年版,第161页。
④ 包惠僧:《包惠僧回忆录》,人民出版社1983年版,第286页。
⑤ 《湖北全省总工会第一次代表大会宣言》《湖北全省总工会第一次代表大会重要决议案》(1927年1月),中华全国总工会中国职工运动史研究室《中国工会历史文献》(第1册),工人出版社1981年版,第341、343、348页。

强组织及培养工会人才的决定。湖南省总工会更强调各地工会应服从总工会代表大会的一切决议,并执行总工会执委会一切通告及指导事项,"否则受改组或解散之处分"。①

由此看来,鉴于工人运动的现状,各地总工会对工人运动做出一定的调整,希望尽可能将工人运动从"无序"状态转入其掌控之下,从而避免授人以柄。然而,工会的某些调整却与中共中央的决定相去甚远,在湖南省总工会的决议中,关于惩治工贼一条中就规定:"凡贼害工人阶级、紊乱工会组织之工贼,得由各工会或工人群众与各该工会公审,于必要时得函请当地国民党最高级党部派人出席。"② 此点无疑与中共中央在此前的有关决议相左,实际上是赋予了工人司法权。而1927年2月,中华总工会召开了由粤迁汉后的执委扩大会议,通过了30多个决议案,其中包括了实现八小时工作制;工会有完全自由权,无论平时、战时,不受任何法律命令之束缚;罢工完全自由,无论平时、战时,不受任何命令限制等;反对有强迫性质的劳资仲裁委员会;等等。③ 显然,中华总工会的上述决议与中共中央关于稳定社会秩序的政策大相径庭。当然,这样的情况所反映的是中国共产党一方面试图通过组织一定规模的民众运动来与国民党右派相抗衡,而另一方面则是由于政策的模糊及干部的缺乏所造成的对工农运动约束力的"弱化"。④

与此同时,国民党内部关于工人运动的争论也越来越激烈。武汉底定后,蒋介石视察武汉,时任武汉卫戍司令的陈铭枢向其汇报称工人天天游行,司令部很难维持。⑤ 而李宗仁也认为工人的罢工多数为不合理的聚众要挟,工会的身影随处可见,甚至连挑水、卖菜的都有工会。工会组织的罢工致使市面萧条,工人的要求使资方难以负担。"而工人店员等

---

① 《湖南全省总工会第一次代表大会重要决议案》(1926年12月),中华全国总工会中国职工运动史研究室《中国工会历史文献》(第1册),工人出版社1981年版,第313页。

② 《湖北全省总工会第一次代表大会宣言》《湖北全省总工会第一次代表大会重要决议案》(1927年1月),中华全国总工会中国职工运动史研究室《中国工会历史文献》(第1册),工人出版社1981年版,第313页。

③ 《全国工人阶级目前行动总纲》,《中国工会历史文献》(第1册),工人出版社1981年版,第364—365页。

④ 杨奎松:《走近真实——中国革命的透视》,湖北教育出版社2001年版,第73页。

⑤ 朱宗震等:《陈铭枢回忆录》,中国文史出版社1997年版,第46页。

则在各级党部指导之下，终日开会游行，无所事事。呈现出一种狂热奔放，但是却十分不合理的怪现象。"① 对于此，蒋介石以北伐军总司令名义发布公告指责湖北总工会私擅逮捕人民，触刑章，罪不可赦，如再有此项情事发出，当移送法庭，依法究办。② 虽然，此时社会对工农"赤化"抱有了极大成见，在广西等地发生了逮捕工人甚至杀害工人的事件。③ 然而，汪精卫等人却仍希望借助民众的力量来保持和发展他们的事业，"'反赤'运动亦不觉黯然失色"。④ 因此，1927年初，武汉国民党人不顾蒋介石的反对召开的二届三中全会中仍然做出有利于民众运动发展的决议，其称：国民党以党治国之意义就是在唤起民众、组织民众，因此必须在国内努力发展农工运动，使本党基础深入农工运动之中。⑤ 然而，此次全会却也通过了《统一革命势力决议案》，表明了其希望与共产党共同领导民众运动的心理。⑥ 但此次全会所通过的一系列限制蒋介石权力的决议仍被认为使国民党内部的分歧日深。⑦

然而，形势很快逆转。1927年4月12日，蒋介石发动"清党"，上海市总工会纠察队被缴械，国共之间的分裂公开化。7月15日，武汉的汪精卫亦宣布"清党"，至此，国共共同倡导的国民革命失败。

纵观此阶段国共双方的劳工策略，国民党虽然始终宣称将遵循孙中山的"扶助农工"的政策，但在具体操作上，又往往以"劳资合作"为依归，这样的理念很难在激荡的革命情绪下得到响应。更为关键的是在组织系统上，国共双方的着力点有不小差异。国共合作之后，任国民党

---

① 李宗仁：《李宗仁回忆录》，广西人民出版社1980年版，第305页。
② 《湖北全省总工会致武汉卫戍司令部的信》，中华全国总工会中国职工运动史研究室：《中国工会历史文献》（第1册），工人出版社1981年版，第305页。
③ 《中华全国总工会为东兴县总工会会长被捕事致国民革命军总司令部函》（1926年9月）、《中华全国总工会为梧州三工友被害事致国民政府的信》（1926年10月），中华全国总工会中国职工运动史研究室：《中国工会历史文献》（第1册），工人出版社1981年版，第287、289页。
④ 《思想界"反赤"运动之过去、现在与未来（一九二七年一月一日）》，恽代英《恽代英文集》（下册），人民出版社1984年版，第978页。
⑤ 《对全体党员训令》，荣孟源《中国国民党历次代表大会及中央全会资料》（上），光明日报出版社1985年版，第311—316页。
⑥ 杨奎松：《武汉国民党的"联共"和"分共"》，《近代史研究》2007年第3期。
⑦ 邹鲁：《中国国民党史略》，商务印书馆1946年版，第161页。

中央工人部长的廖仲恺只是一面革命旗帜，领导工会具体事务的是中共党员冯菊坡，因此，只要是中国共产党的政策，廖仲恺是不会反对的。①廖被刺后，1926年1月，胡汉民被任命为工人部部长，冯菊坡仍任工人部秘书。②然而，此时的胡汉民因与廖案有关，早在1925年9月就离粤赴苏考察。因此胡汉民认为此时工人部的工作，胡汉民认为其关键在秘书而非部长，因此只有逐渐限制冯菊坡的权力，才能使国民党真正掌握工人运动的主动。③虽然，此言在组织上表明国民党在工人问题上"受制于人"的一些原因，但却不能完全解释国民党在工人问题上的某些缺失。

毋庸置疑，与国民党看重军事、政治等事务相反，中国共产党更重视民众运动。因此，在国共合作之后，就出现了国民党主要做上层工作，共产党做下层工作的分工格局。④因此，在中国共产党方面包括邓中夏、李立三、张国焘、瞿秋白等核心人员都积极组织和领导了一系列的工人运动。正如罗章龙所言，在国民革命时期，"中共选任干部，工人运动居于第一线，重要干部集中在这方面"。⑤而反观国民党方面，虽然邹鲁、马超俊等国民党人参与了工人运动的组织工作，⑥但这些人所服膺的是孙中山劳资合作的思想，不仅如此，邹鲁等人被认为腐朽的老国民党人，"他们在工人斗争面前表现没有力量"。⑦更为关键的是，此时的邹鲁等人因为一系列"反共"的言行而被国共双方边缘化了。1926年1月1日召开的国民党第二次全国代表大会通过了《弹劾西山会议决议案》，谢持、邹鲁等人受到了永远开除党籍的处分。这样，"老党员不敢到广州，诬广

---

① 邹鲁：《回顾录》，岳麓书社2000年版，第134页；张国焘：《我的回忆》（第2册），东方出版社1998年版，第21页。

② 《二届一中中央领导机构》，荣孟源：《中国国民党历次代表大会及中央全会资料》（上），光明日报出版社1985年版，第227页。

③ 蒋永敬：《民国胡展堂先生汉民年谱》，台湾商务印书馆1981年版，第338页。

④ 王奇生：《党员、党权与党争（1924—1949年中国国民党的组织形态）》，上海书店出版社2003年版，第78页。

⑤ 罗章龙：《亢斋文存·罗章龙回忆录》（中），美国溪流出版社2005年版，第338页。

⑥ 邹鲁称为了对付中国共产党控制下的工会，他在广州秘密组织工会与其抗衡，而马超俊一直控制着广州机器工会并与上海工团联合会关系密切。参见邹鲁《回顾录》，岳麓书社2000年版，第134页；刘凤翰《马超俊、傅秉常口述自传》，中国大百科全书出版社2009年版，第27、48页。

⑦ 郑超麟：《郑超麟回忆录》（上），东方出版社2004年版，第224页。

州已经赤化,然而中国革命运动,因此得了很大的进步"。①

随着邹鲁等人逐渐退出权力中心,国民党在国民革命时期轻视民众运动的趋势愈来愈严重,即使某些国民党人受命从事民众运动也往往敷衍了事,此态度"不惟违背了总理遗嘱'唤起民众',且辜负了总理亲订的农工政策,前途极为可忧"。② 此一情状客观上造成了中国共产党对民众运动的积极介入,"这点国民党党员实应负其咎"。③ 不仅如此,即使从事基层工作的国民党人也对所谓"右派"很是反感,因此,在具体工作中更倾向于依赖中国共产党的一系列做法,正如陈公博所言:"国民党就有活动能力的党员,也不得不依共产党为附庸。"④ 由此所造成的局面便是中国共产党对国民党员从事工运者极力排斥,"偶有组织,即遭摧残,中央对此不闻有纠正之事,而对农会、工会之幼稚行为,则又视为骄子,绝无指导制裁之权能"。⑤ 可以说,国民革命时期民众运动的高涨是国共双方共同推动下实现的。但随着形势的变化,一方面民众运动日益勃兴渐向"左",另一方面是国民党军事集团对于民众运动的恐惧而渐向右。⑥

当然,国民党对共产党所谓"包办"民众运动的指责从另一侧面表现出前者缺乏对相关问题的具体方策,而国民党对工人运动"过激"的指摘也不过是国民党借机"清党"的借口罢了。

当然,国民党在民众运动中所表现出的"左右摇摆"是与其地位的变化有密切关系。国民党作为一个即将成为执政党的"革命党",不仅要考虑"破坏性革命",而且更要顾及"建设性革命"。虽然,国共在"联俄、联共、扶助农工"的政策指导下实现了合作,但所谓的"扶助农工"必然是要在剥夺农工的对立方——资本家、地主等有产者的部分利益的

---

① 《五四运动前后的国民党》,恽代英《恽代英文集》(下册),人民出版社1984年版,第956页。
② 李朴生:《参加党务工作的甜酸况味》,《传记文学》第8卷第3期,1966年3月。
③ 黄其起:《民众训练与民众运动》,中国国民党江苏省党务委员会民众训练委员会《革命民众》1928年第1期。
④ 陈公博:《苦笑录》,现代史料编刊社1981年版,第24页。
⑤ 《中央监察委员联名护党通电》,中央军事政治学院政治部《清党运动》,本部1927年印制,第50页。
⑥ 《政治报告议决案》,中央档案馆《中共中央文件选集(1926年)》(第2册),中共中央党校出版社1989年版,第569页。

前提下才能得以实施的,然而,这样的理念与孙中山民生主义的政策是有相当差距的。但对于自称为革命党的国民党而言,劳资合作与一厢情愿的"节制资本"是很难调动民众参与国民革命的热情的,因此,革命初期不得不容忍甚至是认可了中国共产党在民众运动上的指导思想,并试图以民族主义来抵消中国共产党阶级意识对工人、农民的思想动员。① 然而,随着革命形势的高涨以及国民党地位的变化,国共之间意识形态的分歧越加明显,国共之间的政治斗争就牵涉如何领导民众运动的问题上了。进一步而言,国民党所依赖的阶级基础并非劳工,因而,在国民革命时期,国民党虽一再号召民众尤其是工人参加北伐,但其在劳工立法上却鲜有作为。"哪怕是最小范围内规定雇佣劳动的条件和通过工人立法:规定工时,限制使用童工,确定妇女劳动条件,使工会权利合法化。"② 如此奇状所反映的是国民党的整体诉求,无论是国民党的"右派"还是"左派"都在有意识地限制民众运动的"过激",从而打压中国共产党的生存空间,只不过是二者的手段有所不同罢了,由此看来,国民党内部对民众运动的态度只存在容忍程度的不同,而绝非本旨有所差异。就此而言,所谓的"三大政策"不过是国民党暂时的政治策略,绝不是其信仰的"主义"。

其实,在民众运动方面,中国共产党与国民党同样要面对组织基础空虚的问题。虽然,中国共产党一直很重视党与民众团体的结合,但随着国民革命的兴起,民众组织蜂拥而起。在短短三个月时间内,湖北工人之有组织者从十万增至三十万。③ 到1927年初,上海总工会领导下的工会组织亦达187个。④ 与此同时,中国共产党在工人中的绝对数量却并没有得到有效增加,仅以上海为例,在1925年11月全市共有党员1350

---

① 孙中山和戴季陶就认为中国之所以出现劳资问题,很大原因是外国经济的入侵,因此,只要发展民族产业,就可以解决民生问题。参见孙中山《三民主义》,第234—237页;戴季陶《指导五卅事件国民运动的注意点》,《中国独立运动的基点》,中国国民党中央执行委员会上海执行部1925年版,第11页。

② [苏]达林:《中国回忆录1921—1927》,侯均初译,中国社会科学出版社1981年版,第184页。

③ 《湖北全省总工会第一次代表大会宣言》(1927年1月),中华全国总工会中国职工运动史研究室:《中国工会历史文献》(第1册),工人出版社1981年版,第341页。

④ 沈以行等:《上海工人运动史》,辽宁人民出版社1991年版,第318页。

人，1926年5月增加到2500人，此后持续下降，9月份，党员数量竟降为1385人。1927年1月，又猛增为3075人。① 而拥有2000多人的邮务工会，也不过仅有27名中共党员。② 当然，此时中国共产党不仅面临着党员数量与工会数量不成正比的问题，而且还有工会领袖官僚化的趋向，中国共产党在总结国民革命时期党对工人组织的领导时称："我们过去做职工运动的同志……高居领袖地位，不懂得工会由工人做领袖的意义，并有些养成官僚资产化习气"，以致难以赢得工人信任，"某一个时期或变迁，他在工会地位必然动摇，甚至倒台"。③ 这种现象最起码反映了以下两点：首先，就是党员结构不是十分稳定，党员的质量很难保障；其次，中共党员不仅质量堪忧，而且数量与庞大工人群体也难成正比。这些都使中国共产党的政治理念难以渗入到工会组织中。"中国的工会组织，在国民革命时期，多半借着政治号召发展起来，没有建立下层强固基础，没有吸引广大工人建立工会生活，因此，大革命暂遭失败，反动势力的压迫，工会组织基础，即完全瓦解。"④ 陈公博也曾断言：共产党的力量并没有人们想象中的那么大，中国共产党之所以要鼓动罢工，不过是吸引工人的一种方法罢了，罢工只要经过镇压便会立刻瓦解。⑤ 也正因如此，蒋介石在江西、上海等地实施"清党"时，首先拿工人组织开刀，⑥ 这不仅是担心工会有可能"尾大不掉"，更因为工人组织是中国共产党相对薄弱的环节，由此入手所遇到的阻力也为最小。

国民革命时期，中国共产党在工人运动的不可谓不努力，但短时间内单纯的政治鼓动并没有使工人阶级从"自在"进入到"自为"，也没有

---

① 数字统计见江苏省革命斗争史编纂委员会、江苏省档案局：《江苏革命史料选辑》（第1辑），第31—33页。
② 中共上海市邮电管理局委员会：《上海邮政职工运动史》，中共党史出版社1999年版，第39页。
③ 《中央通告第八号——关于职工运动的》，中华全国总工会《中共中央关于工人运动文件选编》（上），档案出版社1985年版，第202页。
④ 《中华全国总工会向赤色职工国际的报告》，中华全国总工会中国职工运动史研究室《中国工会历史文献》（第2册），工人出版社1981年版，第380页。
⑤ 陈公博：《苦笑录》，东方出版社2004年版，第63页。
⑥ 据郭沫若回忆在1927年3月间，蒋介石授意其手下与安徽、南京、上海的帮会联合，从而打击由中国共产党控制的工会。参见郭沫若《请看今日之蒋介石》，中国科学院历史研究所第三所《近代史资料》总第2号，科学出版社1954年版，第99—105页。

起到巩固中国共产党阶级基础的目的。在巨大的政治变动中，缺乏独立阶级意识的工人一方面会带有很强的"实用"色彩，政治势力与其互为实现自身利益的"工具"；另一方面又会对政治势力形成某种"抵抗力"，使政治理念很难真正深入到工人组织中。这样看来，中国共产党在工人运动中所表现出的"强大"只是相对于国民党而言，国共双方对此时工人运动的实际影响力都是十分有限的。换言之，在中国共产党发动工人运动的时候，国民党姑且算是其显性对手的话，那么人数众多的、未经过充分阶级启蒙的工人群体还难以成为中国共产党革命的基础力量，只能算作潜在的合作者。

小　结

20世纪20年代的中国，的确是劳工运动兴盛的时期，而在国共双方营造的"革命"氛围中，劳资纠纷甚至是激烈的劳资冲突都成为"革命"的象征。北京政府之所以在劳工立法上久拖不决，无非是希望以严苛的旧法来压制渐兴的劳工运动，以图社会之稳定，经济之昌盛。然而，这样的举措在革命思想初萌的当时，却逐渐被形塑成某种"反动"，进而成为劳工响应国民革命的重要原因。换言之，正是由于北京政府的"无法"才导致工人运动长期处于某种"不法"状态，而北京政府的"无为"更是造成工人组织"无序"的重要原因。

国民革命时期的国民党与中国共产党一样都是以"革命党"的姿态示人的，因此，在许多问题上，双方试图通过互相"妥协"来实现某种"团结"。但这并未消除双方在某些问题上的分歧。在对待劳工问题上，国民党在扶助农工组织的同时，一再强调工农组织的独立发展。当然，这在主观上体现了国民党"重军事、轻社会"的政策导向。在其看来，在当时的政治形势下，只能将有限的党内力量用到最为紧迫的军事斗争中，因此，不仅希望中国的工农组织尽可能根据自身的条件按照西方社会组织的发展模式来构建"独立"于政治之外的社会力量，而且也反映了国民党希冀借此来抵消中共对社会组织影响的意愿。然而，随着民族主义情绪的高涨，社会组织"政治化"的倾向日益明显，国民党的这种劳工策略不仅使其在这一阶段对工农组织的控制上表现得"无能为力"，而且客观上促进了中国共产党在工农运动领导权的强化。虽然,在国民党内部也有部分党员从事工农运动,但与中国共产党相比,在民族主义的刺激下,其"模糊"的劳工政策难以与中国共产党的"阶级斗争"理念相抗衡,而且就投入的力量而言,国共之间对劳工组织的争夺更多地表现为国民党个人与中国共产党组织之间的对抗。

不可否认的是,国共双方在国民革命后期都面临着同样一个难题,就是如何在国民革命的大势下,既能动员民众积极参与进来,又能有效控制工农运动中出现的"革命"行为,巩固革命后方的问题。对此,国民党将此归结为中国共产党的"鼓噪"。但事实上,在民族主义的"催化"下,中国共产党在工农问题上也面临着组织基础薄弱的困境。国民党在"清党"时之所以先从工农组织上入手,不仅反映了国民党对工农运动的忌惮,而且也映射了中国共产党对工农组织控制力远非想象中强大的历史境况。

纵观此一时期南北国民政府的劳工政策,"反动"与"革命"绝非完全的对立,北京政府在劳工立法上的"拖沓"与"无为"不过是借此希望将劳资纠纷、劳工运动置于可控的范围内,从而维护社会、经济的正常秩序。随着国民党身份、地位的变化,它也逐渐显现出与北京政府同样的意图。虽然,此时轰轰烈烈的工农运动成为二者都不得不面对的"棘手"问题,但作为政治力量的衍生物,缺乏独立阶级意识的工农沦为了政治斗争的工具。就此而言,在当时的中国,只能看到政治变动左右工农运动的发展走向,却很少看到工农组织对政治变革的影响。

第二章

上海邮务工会与南京国民政府建立之初劳工政策的转变

国民党的"清党"标志着国民革命的失败，但此并不意味着国民党就此完全放弃了"扶助农工"的政策，因此，在1927—1928年，国民党农工政策的调整更多地表现为一种组织更替。换言之，就是通过重建国民党直接控制下的工农组织系统来消减工农运动的"过激"。然而，"扶助农工"是以农工利益为重心的，这与尽可能平衡劳资利益的"劳资合作"有着现实的冲突。因此，国民党的组织替代非但没有成功，而且加剧了国民党内部派系对劳工组织渗透。而此不仅为工会组织所诟病，而且促使了以上海邮务工会为代表的"七大工会"的崛起，"七大工会"在一段时间内替代国民党及国民政府成为劳资调解的重要力量。

上海邮务工会与当时的其他工会组织一样，是在国民革命的政治氛围中发展起来的，因此，其带有明显的政治烙印。在"清党"过程中工会力量的削弱，使得工会领导者希冀以"政治中立"来寻求生存空间。虽然1928年的上海邮务工会大罢工是为了提高邮工待遇而发生的，并没有过多牵涉当时的劳工政策，但此事件却成为国民党调整劳工政策的拐点。一方面，以邮务工会为代表的沪工界所崇尚的"政治中立"化为泡影、"七大工会"松散的联盟就此破裂；另一方面，国民党明确了其劳资政策——劳资合作。这样，虽然国民党没有能够建立起直接控制的劳工组织，但确立了限制劳工组织发展的基本思路。而此不仅体现了蒋介石等人"没有能力透视出在中国已经进行的、把群众包含在政治中的社会革命"，① 而且促使工会组织开始寻求"体制外"的奥援。

第一节　上海邮务工会的发轫

可以说，国民革命时期工人运动的澎湃渗透到社会的许多层面，而作为"国有"的中华邮政内部也在经历着革命的洗礼，其工人组织的发展也成为国民革命时期工人运动的一个缩影。

中国近代邮政起源于海关兼办邮政。1858年中国被迫与英国签订《天津条约》，在其第四款第一条中规定："大英钦差大臣并各随员等，皆可任便往来，收发文件，行装囊箱，不得有人擅行启拆，由沿海无论何处皆可送文。专差同大清驿站差使一律保安照料。"此后，清政府又与丹麦、比利时、意大利等国签订类似的条约。这样，清政府就承担了保护外国信件安全递送的职责，"嗣因办理不便，改由总理各国通商事务衙门，饬驿代寄"。② 随后，各通商口岸之税司文件也交由总理衙门代送。

1866年，总理衙门规定总税务司汇集外国驻京公使之文件，定期转交总理衙门代寄，总税务司乃设邮务办事处，办理邮递事务，这被认为是中国近代邮政之先声。是时，所谓的邮政业务仅限于递送外国使馆与海关文件，私人函件并未包括在内。次年，总税务司赫德专门发布邮件封发时刻表和邮资标准。同年，邮政事务推行到天津之侨民，准其寄交上海邮件，随同北京邮件一起寄发，但仅以洋文信函为限。③ 1878年，总税务司赫德（Hart Robert）派天津关税司德璀琳（Gustay Detring）试办海关书信馆。试办之初，津海关将递送邮件的事务交予一中国商行——大昌商行来办理，此商行在北京、烟台、牛庄、上海等设立邮务代理机构，统称为"华洋书信馆"。此事得到李鸿章的首肯，为此，李鸿章特函告总理衙门，"迨德税司天津信局开后……于驿站更不相干，似觉无甚流弊。其所用信票，刻有邮政局字样，系仿西国通行例式"。④ 一年多的时间，

---

① ［美］费正清：《伟大的中国革命（1800—1985年）》，刘尊棋译，世界知识出版社2000年版，第25页。

② 重庆档案馆：《三十三年来中国邮政之变迁》，《档案史料与研究》1993年第1期。

③ 同上。

④ 雷禄庆：《李鸿章新传》，文海出版社有限公司1983年版，第472页。

第二章　上海邮务工会与南京国民政府建立之初劳工政策的转变　/　49

邮政业务开展良好，仅天津海关就收发邮件2424件，且未发生一起邮件遗失的事件。① 这样的成绩使赫德决定逐次将邮政业务向各口岸城市推广，并在天津设立总办事处，要求各海关对于天津税务司有关邮政业务的指示"应予照办"。并"希望各关对于邮递业务密切注意，并在不影响关务和不增加现行开支的条件下，尽力予以推广"。② 而德璀琳也十分重视华洋书信馆之邮政事业，津海关无偿担当了运送邮件的任务，而其最初的工作情形也得到德璀琳的嘉许。③ 与此同时，大清之各兵舰长官也得到李鸿章的札饬，要求其须将开拨时刻告之牛庄及天津海关，以便乘机带运邮件。④

1880年，各地之书信馆俱归海关税务司自办，并改名为"海关拔驷达局"，即海关邮政，其业务范围"专送北京、天津、牛庄、烟台、上海、镇江等口岸来往信件，其内地等处邮件亦可代寄至各口岸转交妥实信局（民间信局，笔者注。）送投不误"。⑤ 另外，海关邮政还与香港、法国、日本等地区或国家的邮政机构达成初步协议，相互间免费互递邮件，通过这种方式，海关邮政在一定程度上开辟了国际邮路。随着邮路的扩充，邮务种类囊括了普通文函、贸易往来书信、新闻纸、书货样、小包等多项。⑥ 至此，海关邮政已粗具了近代邮政的雏形。而此时，设立国家邮政机构的呼声甚嚣尘上，薛福成、张之洞、李鸿章等人频频与时任浙江海关税务司的葛显礼（H. Kopsch）接触，讨论建立大清国家邮政体系的可行性。而民间舆论也借机鼓噪，认为国家设立邮政局是形势所迫，而且兴办国家邮政机构可以采取向民间信局集股的方式来解决经费问题，而原有之信局员工尽可供职于新建邮政局，以此既可消公私争利

---

① 中国近代经济史资料丛刊编辑委员会：《中国海关与邮政》，科学出版社1961年版，第10页。
② 同上书，第15页。
③ 同上书，第13页。
④ 交通部邮政总局：《中华民国十年邮政事务总论》，本部1921年印，第34页。
⑤ 中国近代经济史资料丛刊编辑委员会：《中国海关与邮政》，科学出版社1961年版，第18页。
⑥ 张樑任：《中国邮政》（上卷），周谷城：《民国丛书》第二编（40），上海书店出版社1989年版，第17—18页；中国近代经济史资料丛刊编辑委员会：《中国海关与邮政》，第19页。

之虞，又可使"公私合而为一气，上下联而成一家"。① 然而，以上的一切在相当时间中仍然是一种"纸上谈兵"的推演。

1890年，总理衙门要求将海关邮政的办理经验在各通商口岸推广，并言称待其一定规模后再行旨定设国家邮政局。② 1895年，张之洞上书清帝，奏请兴办国家邮政，在其《请办邮政片》中，张之洞认为"泰西各国，视邮政一端，重同铁路，特设邮政大臣，比于各部尚书，以综厥事。递送官民往来文函，取资甚微，获利甚巨，日盛一日……查各关试办邮递有年，未见大有起色，推行亦未及远"，实为海关邮政与国家邮政体制不同，以致"推广办法每每窒碍"。③ 随后总理衙门也上奏光绪帝，"请由海关现设邮递推广，并与各国联会，以便商民而收利权"，清帝准饬总理衙门，"转饬赫德妥议章程，开办即推行沿江沿海各省及内地水陆各路"。嗣后，赫德拟定了大清邮政章程，其原则为"分晰门类，俾外人易于知晓，并使在事员役得所遵循"。内容分"通商口岸互相往来寄递；通商口岸往来内地寄递；通商口岸往来外国寄递；邮政总章"共四项四十四款。在条款中，各海关已设之寄信局改为邮政局，归税务司管理。总税务司署中的寄信局改为邮政总局，管辖各口邮局。条款还详细规定了寄信方式、路线、邮资等内容。④ 至此，中国近代邮政体系的建立已万事俱备了。1896年，大清邮政正式创办，依照通商口岸为标准，全国共划分35邮界，每邮界置一邮政总办。1911年，大清邮政改称中华邮政，并基本沿袭了大清邮政的各项规制。

由于中国近代邮政与海关的密切关联，致使在海关兼办邮政时任用了大批外国人主持邮政工作，随着邮政脱离海关，这些人也就随之成为邮政人员，而此也成为邮政"客卿"的历史渊源。至1910年，在大清邮政中供职的外人约有120名，均担当重要职务。⑤ 而且，中国政权的更迭并未影响"客卿"之制的展拓。1919年，彼时全国邮政人员共20561人，

---

① 《喜闻中国将自理邮政》，《申报》光绪十二年（1886）八月二十七日。
② 刘锦藻：《清朝续文献通考》卷三七七。
③ 陈绍闻：《中国近代经济文选》，上海人民出版社1984年版，第389页。
④ 《大清邮政奏准开办总章》，《申报》光绪二十三年（1897）二月二十三日。
⑤ 仇润喜：《天津邮政史料》（第二辑），北京航空航天大学出版社1989年版，第711页。

其中洋员为101人，而中华邮政任命之邮务长共有18人，全为"客卿"。① 1926年，中华邮政中共有洋员119人，其中邮务长、副邮务长44人，在这44人中，英国仍然保持了传统优势，共有27人，法国有7人，意大利有5人，美国2人，挪威2人，瑞典1人。② 1929年，尚有多名外籍人士担任中华邮政高级职务，其中邮务长及其相当人员20人，另有12名外籍充任副邮务长之职。

某种程度上讲，"客卿"的存在成为中国近代邮政快速发展的基本保障，尤其是民国建立后，政局紊乱，但中华邮政的业务仍拓展迅速，到1915年，中华邮政实现扭亏为盈，此一经济势头一直延续到1929年，其间共盈利1267.5万元。③ 此中"客卿"之功不可没，正如时人评价云："中华邮政之创始经营，以及继续发展，在军阀专政十数年间祸乱相寻之局势下，竟能沉着迈进，不受政治影响，摆脱恶势力之干扰，客卿之功，实亦不可泯。"④

然而，"客卿"基本上属于高级管理阶层，其待遇高于邮局之华员数十倍，"华籍人员，自会感到不平。而外籍人员，人品亦不齐，有的且具有优越感，对华籍同事，不免颐指气使，因此更易引起反感"⑤，而此无疑使人逐渐产生了对邮政管理权旁落的不满。与此同时，根据中法之间的协议，邮政总办一职当由法人充任，虽尚有邮政局长总管邮政事务，但总办与局长之隶属关系却并不明晰，而此即成为客卿弄权之基因，再加上法国公使不断曲解中法协约之相关规定，对中华邮政内部事务强加干涉，"乃形成所谓之邮权问题"。⑥

此处所谈到的"邮权"是指邮政管理权，而邮工组织之滥觞的"中华全国邮政协会"即以收回"邮权"为旗帜。此后，各地邮工皆以此为张本，展开了多次的抗争。

1922年5月，上海邮工举行罢工，并在事后由中国共产党党员李启

---

① 邮政总局：《中华民国八年邮政事务总论》，本部1920年印，第22页。
② 修晓波：《邮政史话》，社会科学文献出版社2000年版，第38页。
③ 樊清：《一枝独秀的北洋中华邮政》，《文史精华》2002年第4期。
④ 刘承汉：《从邮谈往》，台北广文书局1969年版，第136页。
⑤ 张翊：《中华邮政史》，台北东大图书股份有限公司1996年版，第310页。
⑥ 同上书，第322页。

汉组织成立了"上海邮务友谊会",但此组织未被邮政当局所容纳,不久,上海邮务友谊会之发起者被上海邮局借故开除,该会被迫自行解散,会费发还会员,共产党员李启汉也被上海工部局以唆使邮差罢工等罪名批捕入狱。① 然而,此次罢工对邮政工人乃至上海及其周边区域产业工人产生了深刻影响,以致此后数月内发生了无数次的罢工。②

迨1925年,五卅运动开始,上海总工会成立之时,上海邮局已成立了中国共产党上海邮局支部。③ 这就使得原被中国共产党掌握的上海总工会成为上海下层邮工行动的实际指导者和发动者。为了配合全国反帝运动的开展,上海总工会根据中共中央指示,要求上海邮政工人寻机罢工。但由于邮局内部国民党人的反对,罢工被迫流产。④

8月,上海邮政管理局之邮务生600余人、邮差600余人、拣信生100余人、苦力约200人、听差及杂役200余人,共计2000余人举行罢工。在其罢工宣言中称:"结社自由,赋自约法。邮局为国家机关,邮员为国家服务,在理劳资之争,不成问题。不知吾政府懦弱成性,邮权管理为外人所攫夺。高位要津,尽为所据,食丰禄,享优权。一月之俸可抵我华员数年之粮,直接浪费国库,间接剥削我华员,喧宾夺主,令人发指。邮权既为之操纵,吾华员生活之黑暗可知。邮务本极辛苦之工作,在理工作时间,应如何缩短,谁知每日工作逾十二小时者,每月工金不满二十元……上级人员为巩固其地位计,一切措置,莫不禀外人之意志,压迫华员……乃同人向无团结,既无联络一致之机关,一盘散沙,何能奋斗?同人等感觉此种痛苦,知组织工会之不容缓,已集议定章,正式成立工会。一方面联络感情,尽力改善生活,他方面促进邮务,彻底巩固邮权。为本身计,亦为国家计,吾人既负两重使命,应绝对服从本会,听本会之指挥。"⑤ 并随附复工条件7项,"一、承认工会有代表全体会员

---

① 中共上海市邮电管理局委员会:《上海邮政职工运动史》,中共党史出版社1999年版,第38页。

② 邓中夏:《中国职工运动简史1919—1926》,人民出版社1953年版。第35—36页。

③ 中共上海市邮电管理局委员会:《上海邮政职工运动史》,中共党史出版社1999年版,第39页。

④ 上海邮电工运史料征集组:《上海邮务工会的建立》,《上海工运史料》1984年第1期。

⑤ 《本埠邮局华员昨晨起实行罢工》,《申报》1925年8月18日,第13版。

一切事务之权；二、薪金以关平银计量，邮务生、拣信生、信差及苦力等均加资；三、工时为6小时，加班不得逾4小时，加班须另加薪金；四、每年应给短假期3周，其他假期与邮务员相同，周日应照常休息，如遇值日，须加薪一倍；五、年赏照旧，如服务期满10年，另加奖励金；六、邮局不得追究此次罢工人员，并不得于后无故辞退，凡辞退者均须工会同意；七、自明年起，不得再进洋员"。① 与此同时，罢工邮工对外公布上海邮务工会章程共二十七条，以"联络感情，巩固邮权，改进邮员生活，保障邮员个人自由为宗旨"。"凡邮务生、拣信生、听差、邮差、苦力及杂项员役均为本会会员，如邮务员加入，须经工会同意方可入会。"② 其组织系统有全体会员大会—支部会员大会—小组会员大会—支部委员联席会议—小组书记联合会议—小组书记干事执行委员会会议—支部执行委员会。小组为工会基本组织，全体会员大会为最高权力机关。③ 后又增设干部执行委员会，为全体会员大会闭会时之最高机关。④

邮工的罢工使得上海社会通信陷于瘫痪，邮政当局不得不与罢工代表进行谈判，在沪总商会会长虞洽卿的协调下，沪邮政管理局对罢工邮工之条件做出答复，云：对于第一条，因中国尚无工会法，因此只能承认"公会"而非"工会"之权力（利）。⑤ 而对第二条至第六条之复工条件，邮政管理局皆可照例实行。"惟第七条……系有国际关系，即北京邮政总办，亦无权解决，惟有保留一途。"对于此等答复，罢工邮工中多有不满者，言称继续罢工，但奚实秋（邮务生，上海邮务公会第一、二届执委，"四一二"政变后，退出工会。1945年，加入中国共产党）认为如继续罢工恐引发他国干涉，有碍国权，为此"今当别求一途，以达同人希望，且无侵害国家之主权"，此提议得到全体同意。随后，在得到虞洽卿承认担保施行后，罢工邮工宣布复工。

复工后第二日，上海邮工宣布成立"上海邮务公会"，并选出第一届

---

① 《本埠邮局华员昨晨起实行罢工》，《申报》1925年8月18日，第13版。
② 《邮务公会开会纪》，《申报》1925年9月5日，第13版。
③ 《邮局华员昨日起罢工》，《民国日报》（上海）1925年8月18日，第3张第1版。
④ 《邮务公会开会纪》，《申报》1925年9月5日，第13版。
⑤ 《邮局华员今日复工》，《民国日报》（上海）1925年8月19日，第3张第1版。

干部执行委员会委员25人，王荃（邮务生，第一届上海邮务公会委员长，中共党员，上海总工会特派员。"四一二"政变后，历任中华全国邮务总工会筹备处特派员、中华全国总工会执委）为委员长，另有多名共产党员在其中担任重要职务，就此，"邮务公会的领导权基本上掌握在中共上海邮局支部手中"。[1]

虽然，在北京政府交通部的干涉下，邮务公会被迫删除章程中有关收回邮权等内容。[2] 但此次罢工却在邮工尤其是下级邮工中产生巨大影响，沪邮务长曾在上呈邮政总局的报告中写道："局内曾经罢工之各等员役极为嚣张。而在高级人员之中，觉其将来难于监视管理，不免有沮丧之意。简言之，即系摇动分子显见蔓延于局中。"为了避免再有罢工情事发生，沪邮务长在罢工结束后不久即呈报邮政总局制定了"申诫罢工办法四条"，其要旨为："第一，一切罢工员工无论其主动抑或被动，其津贴一律取消；第二，一切罢工员役须在24小时内回局服务，否则予以斥革，永不复用；第三，煽动、胁迫他人罢工者一律予以重办；第四，倘继起罢工，其结果必致将新近允给前次罢工者各级津贴全行取消。"[3] 交通部认为此四条"均属可行"，并知会各省省长，"如遇有邮政员役籍端要挟或煽惑罢工情事发生时，经邮局报告"，请各级长官"力予襄助，即行拿办"。[4]

此次罢工以改善邮工经济状况为核心，以收回"邮权"为号召，实现了一定的组织愿求。这一策略在某种程度上应和了当时整个社会的基本诉求。而随着国民革命的展开，各地之邮工组织相继成立，"有的直接揭橥收回邮权。有的则要求停止进用洋员，减低洋员与华员的差别待遇，亦皆与收回邮权有关。于是收回邮权运动，弥散全国"。[5]

可以说，邮工组织的成立与当时的收回"邮权"运动有相当关系，

---

[1] 中共上海市邮电管理局委员会：《上海邮政职工运动史》，中共党史出版社1999年版，第49页。

[2] 同上；《邮务总管多福森氏来沪后谈话》，《申报》1925年9月1日，第14版；《邮务公会改进会务》，《民国日报》（上海）1925年10月20日，第3张第2版。

[3] 《照录呈交通部文第二百六十六号》，天津市档案馆，W2—1—308。

[4] 《照录咨各省长文》，天津市档案馆，W2—1—308。

[5] 张翊：《中华邮政史》，台北东大图书股份有限公司1996年版，第327页。

而且收回"邮权"也成为此后一个阶段邮工运动的重要组成部分。然而，收回"邮权"实际上是与国民革命相因应的，这也就意味着邮工组织自产生以来就受到了中国政治的影响，而随着国民革命的进行，这样的政治特性越发明显。

1926年，广州国民政府誓师北伐，"国民军军行所止，邮工每暗中声援，秘密活动，以与国军相联络"。① 1927年初，上海工人第二次武装起义开始，上海总工会宣布总同盟罢工，公会组织行动委员会号召邮工参加罢工，并致函上海邮政当局，谓此次罢工"全系政治的而非经济的，其目的系对残暴军阀，而非对邮政当局"。② 虽然罢工很快随着二次起义的失败而结束。但公会之政治倾向已昭然。稍后，孙中山逝世两周年祭，当时尚未为北伐军克复之上海举行了盛大的纪念活动，除国民党中央党部及江苏省党部派员祭奠外，沪之工、商、学界皆派人参加。公会也组织上千人在其驻地举行了纪念活动，高呼"孙中山先生精神不死，拥护邮务公会"等口号。③ 随后，上海邮务公会参加了上海工人第三次起义，上海克复后，上海邮务公会随即改名为上海邮务工会，而工会中的中共党员也增至27人。④

4月初，邮务工会借国民党区党部之地召开了改名之后的第一次全体会员大会。推举顾治本（邮务生，中共党员，"四一二"政变后牺牲）、周颙（信差，中共党员，"四一二"政变后牺牲）等三人为主席团。全体会员首先向国民党党旗、国旗、会旗鞠躬，并宣读总理遗嘱，国民党、中国共产党及沪军政各界皆派员参加并致辞。大会还决定对借工会之名消极怠工者予以惩戒，并通过全体加入国民党之议案。⑤ 这样的决议无疑应和了国民党亟须迅速恢复社会秩序的本旨，昭示了邮务工会归附国民政府之意向。同时，这样的政治表白也显示出此时国共双方对于由军阀

---

① 张樑任：《中国邮政》（上卷），周谷城：《民国丛书》第二编（40），上海书店出版社1989年版，第209页。

② 转引自中共上海市邮电管理局委员会《上海邮政职工运动史》，中共党史出版社1999年版，第56页。

③ 《昨日孙中山二周纪念详情》，《申报》1927年3月13日，第9版。

④ 中共上海市邮电管理局委员会：《上海邮政职工运动史》，中共党史出版社1999年版，第63页。

⑤ 《邮务工会昨开全体会员大会》，《申报》1927年4月4日，第10版。

造成的政治危机的认同，而"政治危机——无论是由国家存亡的因素引起，还是由要求国家统一而引起——有助于使陌生的同盟者走到一起"。①

与此同时，各地邮工运动所表现出的"激进"却使国民党不得不采取一定措置加以防止。长沙的外籍邮务长被革斥，代以不谙邮事的国民党人，而下层邮工更主张以"共产方法改组邮政"，甚至某省之邮务工会占据邮局，张贴排外传单。② 对此，国民党派出邮务监理员驻各局办事，强调邮政局所一切事宜均有监理员参与协同定夺，监理员对所有邮务工会有"指导维持之责，如遇邮务工会与邮政局发生争执时，得居间秉公调处"。③

如此措置与其说是收回"邮权"的准备，不如说是国民党控制邮工组织的一种手段。不久，随着国共第一次合作的破裂，各地邮工组织相继被国民党改组。中国共产党在上海邮务工会中的骨干力量也被基本肃清，并成立了以国民党党员为基干的第四届沪邮务工会。在其成立宣言中强调："以后敝会当率全体二千余工友，同隶于国民党之下，努力革命工作，为武装同志之后盾，为其他民众之前驱……铲除一切共产份子。"而在其发表的"告全体会员书"中，更是指斥共产党借邮务工会的名义，做共产党的宣传。④ 如此的表态很快获得了新政府的回报，新的邮务工会得到了邮局大厦四楼一部分场所作为办公用地，而久未拨给的1000元办公经费也在此时支付，这笔钱曾在此前被同意划拨为解决罢工的部分经费，"但只是在政权更替以后才最终划拨出来"。⑤

邮工组织尤其是邮务工会上层与国民党的媾和使中国共产党甚为恼怒，于是，中国共产党将其定义为"黄色工会"。第四届邮务工会的工作随着领导层的瓦解而停顿。1927年9月，邮务工会再次改组。为了表示对南京国民政府之归附以及对国民党之信仰，此次邮务工会改组事先征

---

① ［美］裴宜理：《上海罢工——中国工人政治研究》，刘平译，江苏人民出版社2001年版，第120页。
② 《外交团注意邮务及盐税制度》，《申报》1927年3月19日，第6版。
③ 《国民政府收回邮权后之新条例》，《申报》1927年3月20日，第7版。
④ 《改组后之邮务工会》，《申报》1927年5月8日，第14版。
⑤ ［美］裴宜理：《上海罢工——中国工人政治研究》，刘平译，江苏人民出版社2001年版，第136页。

得国民党市党部同意，并将邮员制服改为中山装，其徽章也由五色旗改为青天白日旗。① 虽然如此，此次改组后邮务工会仍被外界猜疑为中国共产党的再次夺权，为此邮务工会不得不登报发表声明以自证"清白"，内称："本工会始终以三民主义为立脚点，始终接受总理遗教，始终服从真正之指导……除非受当局之极端压迫外，决不发生任何轻举妄动。"②

上海邮务工会内部权力的交替是全国邮工组织政治取向变化的缩影。就当时整个中国的工运而言，并没有形成一股强大的力量，"知识分子鼓动者，特别是共产党员，同工会的一般会员关系有限，后者主要关心改善自身的经济状况。工人把反对帝国主义和军阀的斗争看作是达到这一目的的手段，而左翼知识分子则以推动工人的经济斗争走向革命的一个步骤。随着工会参与政治，它们变得更加依赖于政府的容忍程度"。③ 因此，邮工组织的内争并没有改变其对"邮权"关怀的基本理路，而邮工组织与南京国民政府的交好更有助于双方力量的一致"对外"。因此，在南京国民政府与北京政府进行邮政交涉之时，邮工组织不断向前者传递对以往邮政不满的信息，并以为"首须改革者乃邮权之收回"。为了将其上升为政府行为，邮工组织甚至宣布此后将不与北京政府之邮政总局合作。④

1928年，随着南京国民政府宣布厘定中华邮政官制，刘书藩被任命为邮政司司长，法国人铁士兰充会办。随后，交通部部长王伯群宣称将统一邮政，其称："查管理大全，向由洋总办所独揽，虽有局长，仅为备位之员；今则所有行政事宜，皆归局长主持，而洋总办则退处赞襄地位，从前所已失主权，至是概行收复。"⑤ 这样，国家层面的收回"邮权"告一段落了。

综观邮务工会的发轫无疑与当时的政治局势有很大关联，而邮工收回"邮权"运动不过是当时政治运动的一部分罢了。因此，此一阶段邮

---

① 《上海邮务工会改组讯》，《申报》1927年9月25日，第15版。
② 《邮务工会对外宣言》，《申报》1927年10月18日，第11版。
③ ［美］费正清：《剑桥中华民国史》（下卷），刘敬坤等译，中国社会科学出版社1993年版，第56页。
④ 张樑任：《中国邮政》（上卷），周谷城《民国丛书》第二编（40），上海书店出版社1989年版，第209—210页。
⑤ 中国第二历史档案馆：《中华民国史档案资料汇编》第五辑，江苏古籍出版社1994年版，第500—501页。

务工会与行政当局的劳资问题都可以牵涉所谓的"邮权问题",甚至可以反映出劳工运动的基本面相。

可以说,无论是国民党还是共产党都承认此一阶段的劳工运动是具有相当政治目的的。20世纪20年代,"中国工人在共产党的激励下已经高度的政治化",而此时的国民党也曾花费相当精力深入工人之中。① 孙中山就认为工人罢工的武器要远比打仗的武器厉害得多,因此要求工人不仅要取得经济上的平等,还要以政治平等为斗争的依归。② 而政治性的民众运动又催生了劳工组织的建立,共产党人张特立在论述中国工会产生的原因时提到"五四运动虽然是排日的爱国运动,而又完全是由学生发起的,但是五四运动完全表现一种群众的势力。工人们看见学生一有组织,便能殴打公使、罢免总长,于是也就起来组织职工会或十人团"。③

虽然,此时的工人运动表现出轰轰烈烈的局面,但不可否认的是工会对政治的某种依附性。当时,指导劳工运动的很少是工人出身的,"所以组织工会的不是工人们自己,实是和工界表同情的人们",他们对工会的态度有三种:第一种认为工会势力薄弱,因此需要依附于党派之下,受政党的庇护;第二种的"工会以政党为护符,不必完全有利于工界";第三种工会组织是完全独立于中国政治与军事势力之外的,但此种工会在当时非常少。④ 如此看来,彼时的工会或多或少都与政治力量有所关联,缺少独立的政治思维与政治诉求。而且,"自表面看来,中国的工会趋势俨然大有可观了。其实组织完备的仅居最少数而已,大多半是犯着一个有名无实的毛病,实际上毫无团结,与工人漠不相关"。⑤ 以上的诸因素使得工会组织很容易受到政治局势的左右,也正因如此,在国民党

---

① [美]裴宜理:《上海罢工——中国工人政治研究》,刘平译,江苏人民出版社2001年版,第93—95页。

② 孙中山:《三民主义》,岳麓书社2000年版,第109—110页。

③ 张特立:《"二七"前后工会运动略史》,《中国工运史料》第12期,1980年9月。

④ 陈达:《中国劳工问题》,商务印书馆1929年版,第106—108页。

⑤ 马超俊:《中国劳工问题》,民智书局1927年版,第91页。实际上,此时之上海工会组织统一委员会并无简称,只是时人为了简便起见而称之。翌年,上海工会组织统一委员会进行改组,正式定名为上海工统会,但其改组只是为了应对政治争执,其主要成员并未有太大更替,因此,其实为同一组织。为了行文起见,以简称称之。《上海工会组织统一委员会启事(一)、(二)》,《民国日报》(上海)1927年4月15日,第1张第1版。

发动"清党"时,中国共产党掌握的大部分工会并没能够做出强烈反应。

第二节 南京国民政府的"劳资合作"与1928年上海邮务罢工

1927年4月12日,蒋介石等国民党人厉行"清党",14日,桂系的国民革命军东路军政治部以上海总工会被共产党员"把持"为由下部令取缔,并成立上海工会组织统一委员会(简称工统会,下同)。工统会拥有改组、处置各工会事务之全权。① 工统会十三名委员中,仅有一人为工人,其余皆为党、政、军要人。对于这样的组织构成,时任工统会组织部长的李子峰称:"盖国民党系以党治国,鄙人等虽非工人,然亦一国民党之党人,本以以党治国之主义,弥恐工人智识太浅,组织不能臻于完善,且动辄为人利用,故即以党人资格来指导一班工人,组织一真实之工会。"② 5月,在工统会的倡导下,国民党上海临时政治分会公布《上海解决劳资纠纷暂行条例》③。此条例的颁布在某种程度上规范了劳资双方的权责,强化了国民党及政府在二者间的"强制力"。并且希冀以此扭转国民革命时期工人的"过激"行为,使劳资双方能够在相对正常的情况下协调解决纠纷。由此看来,国民党以军事为后盾积极介入到劳工组织中,并有意识调整国民革命时期的劳工政策,以期将劳工运动纳入其规定的"正轨"之中,工统会亦可以看作国民党直接控制劳工组织的一种尝试。

然而,工统会的"先天不足"使其很难为工人所信服,加之其又成立了半军事性质的护工队,不仅对国民党上海市党部,采分庭抗礼的态度,即使对于当时主管工运的上海市农工商局(后改为社会局)也不能

---

① 《工会统一组织之顺利》,《民国日报》(上海)1927年4月17日,第3张第2版。
② 上海档案馆:《一九二七年的上海商业联合会》,上海人民出版社1981年版,第256—257页。
③ 《上海解决劳资纠纷暂行条例》,《民国日报》(上海)1927年5月13日,第3张第1版。

配合，时有龃龉，更"引起若干劳资纠纷，招致不少工人反感"。①因此，各方反对护工队之呼声甚嚣尘上，甚至还引起了蒋介石的关注。为了避免引起各方尤其是蒋的猜疑，东路军政治部主任陈群不得不向蒋解释称："工统会护工队乃为解决各工会内部纠纷问题，拘办工人亦需本部核准，其性质不同与国民革命时期的工人纠察队，也与驻军权限无冲突。而上海仍多有共党籍工人运动，为此，请暂缓取消护工队以维工运。"②

1927年8月，蒋介石下野，工统会更肆无忌惮，终于与CC系控制的国民党上海市党部发生了公开冲突。11月18日，上海邮务工会等100余名工会代表借机议决在党部指导下成立"上海工人总会临时执行委员会"（简称工总会，下同），要求脱离工统会之辖领，并称只有打倒该会，才能求得全沪工友之安心。随后，市党部宣称对工人之请求将尽力保障③，还派出15人作为工总会工作的指导委员。④面对部分工会的叛离，工统会也不甘示弱，沪典当业工会等600余工会组织在工统会礼堂开会，否认工总会为工人组织，并表示绝对拥护工统会。⑤这一时期工统会与工总会的摩擦成为日后国民党内部无数纷争的开端，"并最终消弱了国民政府的统治能力"。⑥上海工人组织的乱象在某种程度上折射了当时的政治态势，甚至国民党人也不得不承认："现在民众的环境太坏了，所谓共党、第三党、无政府主义者、国家主义派以及党内一切腐化投机份子，仍然在想抓着民众，利用民众，拿起闪烁的理论及不兑换的利益，来欺骗民众，蛊惑民众。民众中的不坚定份子入其玄中者，实不乏人。"⑦那些从事民

---

① 《中国劳工运动史》编纂委员会：《中国劳工运动史》（2），中国劳工福利出版社1959年版，第734页。
② 《陈群电蒋中正》（1927年7月15日），《蒋中正总统文物》，台北"国史馆"，002090300013045。
③ 《上海工运之新发展》，《申报》1927年11月19日，第14版。
④ 《新兴之工人总会》，《民国日报》（上海）星期评论，第28期。
⑤ 《各工会否认工人总会之大会》，《申报》1927年11月22日，第13版。
⑥ [美]裴宜理：《上海罢工——中国工人政治研究》，刘平译，江苏人民出版社2001年版，第131页。
⑦ 《发刊词》，中国国民党江苏省党务委员会民众训练委员会《革命民众》，本委员会印制，1928年第1期。

众运动的国民党人,"好像是在衙门里做官,渐渐失去了工友们的信仰"。①

对于这样"党亡民病,侵权凌上,矜功自伐"的局面,于1928年初复出的蒋介石深感须有彻底解决之必要。② 1928年2月,国民党中央第四次全体会议上,深谙蒋之意图的谬斌提出"纠正民众运动"草案,并获得通过。随后,《民国日报》解释其要旨称:在军阀统治之下,国民党对于每一次民众运动之发生,唯恐其不热烈。因为非如此不足以号召民众,动摇反动政治的基础。然而在国民党统治之下,民众运动应该是建设的,而不是破坏的。因此必须重新确立一个民众运动的新纲领。从而使劳资两方通力合作,用阶级协调来对抗共产党的阶级斗争。③ 为了配合此议案的实施,改变此前民众运动"只运动,而无训练,只注意团体外形之扩大,而忽略团体内部之健全"的错误,并将民意统一于三民主义之下。④ 5月,国民党中央民众训练委员会(简称民训会,下同)成立,主要办理民众方面之训练事宜,由组织、宣传、训练三部部长及中央执委会常委担任委员。⑤ 除此之外,国民党中执委还通令各级党部从速建立相应组织。⑥

民训会成立后即着手对民众团体的"整理",以期"纠正过去的错误","扶植将来之健全"。⑦ 7月,该委员会起草了"工会组织暂行条例",并在国民党中央第一五四次常务会中得以通过,其规定工会由全国总工会—省、特别市总工会—县、市总工会、各业工会、各区、厂工

---

① 潘公展:《中国国民党劳工政策的研究序》,张廷灏《中国国民党劳工政策的研究》,大东书局1930年版,第13页。
② 《蒋介石日记》,1928年1月20日。
③ 《为什么要纠正民众运动》,《民国日报》(上海)1928年2月10日,第2张第1版。
④ 马超俊:《中国劳工运动史》(上册),商务印书馆1942年版,第149页。
⑤ 《中央民众训练委员会暂行组织条例》,中国国民党中央执行委员会秘书处《中央党务月刊》第1期,1928年8月。
⑥ 《中国国民党中央执行委员会通令》,中国国民党中央执行委员会秘书处《中央党务月刊》第1期,1928年8月。
⑦ 《中国国民党中央执行委员会民众训练计划大纲》,中国国民党中央执行委员会秘书处《中央党务月刊》第1期,1928年8月。

会—分会支部—小组组成。① 随后，国民党中央常务委员会又通过了"特种工会组织条例"，规定铁路工会、海员工会、矿业工会、邮务工会、电务工会等五种工会为特种工会，其组织系统亦以纵向结构设置。② 此外，国民党中执委又通过了全国范围适用的《劳资争议处理法》。③

从这一时期国民党高层一系列针对民众运动的措置来看，国民党有意识提升了领导民众运动的组织规格，希冀通过对民众运动内部的"整理"来灌输三民主义，实现有效控制民众运动轨迹的愿景。而在法条方面则基本沿袭了国民革命时期倾向于保护劳工的立法精神，承认了全国总工会及各特种工会的法律地位，并希望通过模仿此前中国共产党控制工会的组织模式建立纵向的工会系统来打通甚至是强化国民党与工人的关系。虽然在劳资争议的问题上突出了党政方面的调解功能，但却废止了此前《上海解决劳资纠纷暂行条例》中强制执行的规定，突出了劳资双方的自由裁量权。

然而，国民党上述调整却遇到了现实的困境。首先，沪市的邮务工会、报界工会、华商电气工会、商务印书馆工会、商务印书馆职工会、南洋烟草工会、英美烟草工会等"七大工会"对国民党中央通过"限制民众运动草案"表示了强烈不满，认为此举有违国民党宗旨，更与孙中山的工运政策相左。而一旦政策实施，必然使国民党愈加脱离民众，民众的利益更难以得到保障。④ 随后，七大工会推举代表赴南京请愿，提出以下要求：国民党从速确定民运方针，以免少数腐化分子蒙蔽中央，欺压民众；规定上海工人领导机构，消除工统会的不良影响，由工人自行组织，受党部领导；保障劳工团体，恢复和改组原有工会组织，巩固国民党之劳工政策等。⑤ 然而，此时国民党中央对限制民运已达成基本一

---

① 《工会组织暂行条例》，中国国民党中央执行委员会秘书处《中央党务月刊》第3期，1928年10月。

② 《特种工会组织条例》，中国国民党中央执行委员会秘书处《中央党务月刊》第3期，1928年10月。

③ 《劳资争议处理法第三次修正案全文》，中国第二历史档案馆《中国国民党中央执行委员会常务委员会会议录》（四），广西师范大学出版社2000年版，第330—347页。

④ 《各大工会之重要表示》，《申报》1928年3月5日，第14版。

⑤ 《七大工会代表团赴宁请愿》，《申报》1928年3月9日，第14版。

致，甚至蒋介石有就此取缔一切工会活动的意思。① 因此对七大工会的建议未能采纳，"种下莫大灾患"。②

其次，对民众组织的所谓"整理"难以见效。民训会对民众团体的"整理"不仅是要肃清中共对后者的影响，还有统一国民党内部不同系统工会领导组织的需求。针对上海工界的纷乱，国民党中执委"为整理上海各业工会并促成其组织之统一及健全起见，于4月特设了上海工会整理委员会"（简称工整会，下同）。该委员会委员由国民党中执委直接任命，委员之任期为三个月；委员会下设登记、指导、调查、总务四科，主要负责各工会登记、改组、训练及调解劳资纠纷等问题；在整理各工会期间，关于工人训练等事项由上海市党部民训会指导。③ 5月，工整会成立，工统会及工总会同时停止活动。23日，工整会发表"告工友书"，内称：上海过去的工运，因为被恶化、腐化分子所把持，造成了无政府的混乱状态，而工人也因此处于徘徊、无所依归的境况。为此，本会受中央任命，将在三民主义的指导下来整理各工会，以期在三个月内将原有工会改组为严密的、健全的新工会。④

虽然，工整会成立的目的之一是要改变工统会与工总会的组织混乱，进而加强党部对工人组织的控制力，然而其构成却仍然是由上海党、政、军及工统会、工总会等人员组成，如此"换汤不换药"的做法表现出党部对当地军政机关的某种妥协，因此，工整会的成立并没有能够起到消解内部纷争，进而确立其工人运动领导地位的作用。

表面看来，工整会成立之后，是将掌控上海工界的权力从桂系中夺了回来，并希冀改变工统会与工总会的组织混乱，进而加强党部对工人组织的控制力，然而其构成却仍然是由上海党、政、军及工统会、工总会等人员组成，如此"换汤不换药"的做法不仅表现出党部对当地军政

---

① 《熊式辉电朱绍良关于工会一节》（1928年3月1日），《蒋中正总统文物》，台北"国史馆"，002090300012244。

② 《中国劳工运动史》编纂委员会：《中国劳工运动史》（3），中国劳工福利出版社1966年版，第784页。

③ 《上海工会整理委员会组织条例》，中国第二历史档案馆《中国国民党中央执行委员会常务委员会会议录》（四），广西师范大学出版社2000年版，第137—138页。

④ 《工整会发表告上海工友书》，《申报》1928年5月23日，第14版。

机关的某种妥协,更使其成立的"合理性"受到广泛质疑。因此,工整会的成立并没有能够起到消解内部纷争,进而确立其工人运动领导地位的作用。

上海如此,就全国范围而言,形势也不容乐观。地方党部在"整理"工会时还遇到地方军政机关的抵制。1928年7月,北平市特别党部成立,并负责改组该市各工会。然而,在此期间却与当地军政机关发生激烈冲突,8月13日,阎锡山电白崇禧等人称:"北平初定,人心未安,恐共党籍团体煽动阶级斗争,应予严厉制止,并将已成立之工会一律解散。"① 17日,平津卫戍司令部指责党部人员,极力鼓惑工人组织工会,宣扬阶级斗争,更为严重的是个别中共党员混迹其中,从中指挥。为了防范事态的进一步恶化,落实"纠正民众运动"之精神,决定解散平、津之一切工会。② 此行动受到国民党地方党部的颟顸,沪市工界也纷起反对平津军政当局的颟顸行动。③ 国民党中央党部亦认为北平市党部各委员均系本党忠实同志,北平各民众团体已在市党部指导之下,不得任意解散。"至党务工作人员,尤须加意保护,不得擅自处理","其已被解散之工会,着即日恢复"。④ 虽然,此一事件得到了解决,但地方党部的工作却被迫趋于"谨慎",而由此造成的另一个后果便是各地、各业之工人运动完成了某种超越地域或产业限制的整合,⑤ 这也使一地或一业的罢工有可能演化成为全国性的事件。

最后,对国民党工运政策调整的"失望"客观上促成了工人自发组织的勃兴。对于主要由国民党派系斗争所引发的纷乱使得沪工界不胜其烦,因此才有了共聚力量、自我管理的想法。是年5月1日,七大工会发表告工友书,称将拥护三民主义、节制资本,但又强调工人应自觉起来,谋求全国工友一致团结的组织,反对任何政治势力利用工人进行争权夺

---

① 《阎锡山电白崇禧陈调元杨杰张荫梧等》(1928年8月13日),《蒋中正总统文物》,台北"国史馆",002090101009079。
② 《关于解散平津工会问题》,《大公报》1928年8月18日,第2版。
③ 《北平市党部对解散工会宣言》,《申报》1928年8月27日,第10版。
④ 《北平工会着即恢复》,《大公报》1928年8月26日,第2版。
⑤ 《中国劳工运动史》编纂委员会:《中国劳工运动史》(3),中国劳工福利出版社1966年版,第831—832页。

利。① 为了统一事权，七大工会决定成立一个松散的组织体系，不设立固定会址及常委会，一旦某家有事，其余各家皆须援助。② 此后，七大工会俨然以沪工界代表的姿态积极介入各业的劳资调解中，并将维护劳工利益作为其基本诉求。而上海各业工人在遇到劳资纠纷时，更愿意寻求七大工会的帮助，并接受其调解。③ 有了七大工会"撑腰"的沪工界开始"沸腾"起来，上海市党部、市政府及淞沪警备司令部不得不发布联合公告称：近一阶段，上海工界罢工不断，非法组织之工团更是活动频繁，而劳资调解委员会难以发生效力。因此，自公告颁布之日起，未经许可，一概不得罢工，并望劳资双方"互体时艰，共图合作"。④ 对于既成事实，国民党人无奈地承认七大工会是上海工会中力量最大的，而对于其地位的实现，则分析为随着中国共产党控制的上海总工会的被取缔，上海工人组织失去了"领导的中心"，而工统会、工总会以及工整会都没有能够承担起统一上海工人的任务，这样，"在没有能够代替总工会的一切组织成立之前，各工会在行动上的不一致以及需要联合，乃为势所必然的现象"。⑤

七大工会与工整会力量的此涨彼消无疑反映了当时社会对国民党的一种失望态度。在社会看来，国民党自"清党"以后，只见到国民党军人屠杀共产党的民众，而没有见到国民党的民众拥护国民党的军事势力，而国民党对此却并没有太多的反省，反而怀疑民众，停止民众运动，使国民党与民众隔离，如此"有中央有领袖而无民众"的状态必将使国民党成为一空中楼阁。⑥ 在工界看来，国民党的一系列举措非但没有担负起

---

① 《七大工会告工友书》，《申报》1928年5月2日，第13版。
② 中共上海市邮电管理局委员会：《上海邮政职工运动史》，中共党史出版社1999年版，第73页。
③ 《禁止工会向资方要求罢工损失费案》，《申报》1928年5月10日，第2版；《上海七大工会援助丝厂职工宣言》，1928年6月22日；《七工会向市府请愿——请仲裁熟货业纠纷》，《申报》1928年8月5日，第16版；《上海七工会为沪商请愿团破坏工运宣言》，《申报》1928年8月22日，第14版；《上海七大工会驳潘序纶工厂分配盈余标准之意见》，《申报》1928年9月14日，第14版；《七工会驳工厂法草案》，《申报》1928年9月20日，第14版。
④ 《会衔布告禁止罢工》，《申报》1928年8月17日，第13版。
⑤ 中国国民党民众运动指导委员会：《上海工人运动史》，本会印制1935年版，第312页。
⑥ 亦愚：《中国革命的危机》，《现代中国》1928年第1卷第1期。

领导民众的责任，反而极力限制民众运动，实属因噎废食的做法。而民众一定要组织起来"领导"国民党，使其变成一个真正革命政党。[①] 这样的社会心态使七大工会以"同声一气"来取代了国民党的官办工会，并在一段时期内"执上海工界之领导权"。[②]

以邮务工会为代表的七大工会的迅速崛起与当时上海劳工运动的蓬勃有着密切关系。但在相当长时间，很多史家都认为从1927年国民党"清党"后，以上海为中心的中国工人运动即陷入低潮。[③] 但就从劳资关系来看，这样的说法有待推敲。为了便于说明1928年前后劳资问题的变化，特列表如下：

年份	劳资纠纷（次）	罢工停业（次）	涉及厂号（个）	涉及人数（人）	劳方取得胜利（%）	劳方失败（%）
1927		117	11698	881289		
1928	237	118	5433	204563	41.35	10.55
1929	338	108	1011	65557	20.12	18.58
1930	339	87	672	64130	18.58	19.45

（数据来源于上海市政府社会局：《近十五年来上海之罢工停业》，中华书局1933年版，第61—63页；上海市政府社会局：《近五年来上海之劳资纠纷》，中华书局1934年版，第53页。）

根据上表显示，1927年间的劳资形势最为紧张，但其中更多的劳资冲突是发生在二三月间的，是配合国民革命的政治罢工，倘若把这些剔除，那么本年度的劳资问题与1928年相比，"反是相形见绌了"。[④] 从数据上看，1928年应该是一个"分水岭"，此后两年，虽然劳资纠纷数量仍是上升趋势，但激烈的罢工停业数量稳步下降，其强度、范围以及成功概率都在急剧缩小。这至少意味着更容易发动劳资纠纷的劳方在劳资关

---

① 人中：《民众起来领导国民党》，《上海邮工》第1卷第1期，1928年7月。
② 复农：《上海市工人运动概况》，《上海党声》第1卷第3期，1935年1月。
③ 朱邦兴等：《上海产业与上海职工》，上海人民出版社1984年版；郑庆声：《一九二八年的上海工人运动新探》，《史林》1990年第2期；沈以行等：《上海工人运动史》（上卷），辽宁人民出版社1991年版；[美]裴宜理：《上海罢工——中国工人政治研究》，江苏人民出版社2001年版；王尔玺等：《简明中国工会史》，中国工人出版社2005年版。
④ 上海市政府社会局：《近五年来上海之劳资纠纷》，中华书局1934年版，第7页。

系中的地位或力量在不断弱化,因此。那么,在1928年,劳资关系到底发生了什么变化?

不可否认,1927年4月,国民党的"清党",确实使上海的工运陷入暂时的"低迷",为了避免重蹈此前民众运动难以控制的"覆辙",国民党做出一系列安排,不仅通过制定相关法律、政策来约束劳资双方可能出现的"过激",更希冀通过建立本党系统的、纵向的工会体系来强化其对工人运动的掌控,不过,在具体操作中却面临着来自内部的困境。其一,当时国民党所处的政治形势不允许它完全放弃国民革命时期的劳工策略,毕竟北方地区还在军阀控制之下,作为当时区域性的执政党当然需要有稳定的后方,但更需要有革命的前方,而"革命"在当时的政治语境中更多的含义是破坏与冲突。政治身份的变化与"革命"现实的冲突使得国民党处于较为"尴尬"的境地,即使是对工运猜忌极深的蒋介石也得慎重考虑这些问题,这无疑影响了有关政策的落实。其二,国民党工运干部的缺乏和素质低下成为制约其政策实施的关键因素。国民党"清党"不仅造成大量曾经从事工运活动的国共两党干部被捕甚至被杀,更为关键的是持续的政治恐怖使得国民党内部弥散着"谈工运而色变"的情绪。"凡是做工人运动的,不论他是忠实者或是三民主义的信徒,都有被诬的可能。""说他们是捣乱份子、共产党,说是煽动工潮,扰乱治安。"[①] 政治紧张换来的是国民党人对工运工作的抗拒,而由此带来的空缺迅速被"旧的政治分子和腐化分子"所填补。[②] 工统会、工整会因此逐渐失去了人心,并客观上推动了工人自发组织的发展与兴盛。共同的身份认同使得"七大工会"异军突起,这在一定程度上打破了自国民党"清党"以来的劳资关系,劳方力量的增强使其更容易借助罢工等形式来实现利益诉求。然而,这样的趋势却在10月随着沪邮工罢工的结束戛然而止。

正如前文所言,1927年9月,上海第五届邮务工会成立,沈天生等17人被选举为执行委员。鉴于以往工人运动受到的政治波及力以及工会

[①] 镜如:《怎样解决劳资问题》,《上海邮工》第1卷第3期,1928年9月。
[②] [美]易劳逸:《流产的革命——1927—1937年国民党统治下的中国》,陈谦平、陈红民等译,中国青年出版社1992年版,第18页。

内部的政治内耗,沈天生坚决反对工会参与政治。① 然而,在复杂的政治环境下,一厢情愿的"超然"是难以做到的,因此,邮务工会仍然积极介入反对工统会的斗争中,并在七大工会中占有了一席之地。而就在七大工会势力增长的同时,邮务工人的利益却未能在收回"邮权"的形势下得以改善,时任邮政总办的刘书藩甚至称邮务工会实为发展邮政之障碍,为此,邮务工会发具文反对刘书藩,② 这无疑为以后的事态发展埋下了祸根。

1928年3月19日,邮务工会派代表谒见沪邮务长,指责邮政当局在"邮权"收回后,没有切实消除"客卿"遗留下的旧制,漠视邮工应有利益。随即,沪局就当日之事上报交通部,交通部认为这是邮工故意滋事,因此致函沪卫戍司令部,要求对滋事之邮工进行弹压,并请卫戍司令部派便衣队常驻邮政局内,以便随时应付。邮务工会认为交通部此举压迫正当劳工团体,有破坏"会基"之嫌,该会将发表声明予以澄清。③ 此后,邮务工会多次就邮工待遇问题与沪邮政当局接触,但始终未得明确答复,5月,邮务工会向沪邮政局提出包括改良待遇及假期等十项要求,邮政总局派员来沪与邮务工会进行非正式谈判,对于十项要求,"除二三项接受外,余无切实答复"。④

此时,全国交通会议之召开被邮务工会视为解决遗留问题的最佳时机,然而,此次会议仍未对提高邮工待遇做出太多承诺。对此,南京邮务工会特向国民党中央吁请改良邮工待遇。⑤

10月2日,沪邮务工会在与邮政当局交涉未果的情况下宣布成立罢工委员会,并依照以前之十项要求,提出复工的十六项条件,其要点为:"彻底改革全国邮务工人薪金制度,邮政人员上下级最初工资及每次升级加薪数之相差一律应以四分之三为比例,上海应另加津贴;一年内彻底修改《邮政纲要》,修改时,工会须派员参加;准许成立全国邮务总工

---

① 沈天生:《回忆1927—1932年上海邮务工会情况》,中共上海市邮电管理局委员会:《上海邮政职工运动史料》(第一辑),本部印制1986年版,第79页。
② 《邮务工会组长联席会议记》,《民国日报》(上海)1928年2月21日,第3张第2版。
③ 《邮务工会执委会记》,《申报》1928年3月30日,第15版。
④ 《邮务工会组长会议记》,《申报》1928年5月27日,第14版。
⑤ 《邮务工人请愿改良邮工待遇》,《申报》1928年8月19日,第12版。

第二章　上海邮务工会与南京国民政府建立之初劳工政策的转变　/　69

会，并由当局拨发开办费一万元、按月经常费五百元。自批准之日起，将该款存放银行，一俟筹办时，由本会支取两千元作为筹办费用，其余各款则为总工会按月费用；要求立刻拨付前邮政总办批准之工会开办费及按月经常费，并要求增加各费用；当局开除会员时须得工会同意；工会常务委员不办局务，工资、升级照常进行，并要求保障工会执委职位及生命安全；完善抚恤、假期、休假等制度；对下级杂役等应予照顾，并保障以后不得再有剥夺下级人员利益之行动"，等等。①

3日，邮务工会再次召集会议，商讨办法。会议结束后，沪公安局及中外巡捕数人冲入会场，强剥邮工之制服，并拘捕数名邮工。对此，邮工与刘书藩进行交涉，然刘书藩以其无力干涉警局事务为由拒绝调处。②此时，邮务职工会③亦表示，虽认同邮务工会争取邮工福祉之意愿，但由于邮务工会在实行罢工以前，并未将罢工原因告之，"临时也没有征询本会意见"，"本会碍难发表态度，所有一切局务，听候当局调度可也"。④

对于此，邮务工会表示了极度不满，指责刘书藩勾结中外军警，干涉会务，唆使职工会破坏邮工团结，并称此次罢工关系到全国工运之前途，希望得到全国工友的同情与支持，以反抗一切阻碍工运的反动势力。⑤对于沪邮工罢工之情事，平津邮务工会以及南京邮务工会声明表示将待机响应。⑥随后，天津邮务工会成立急工委员会以示对上海邮工之声援，并要求邮政总局以三日为限设法解决，如逾期未果，"将与沪工友取同意行动"。⑦

而此前与邮务工会相约遇事当相互支援的其余六大工会也召开了紧急会议，商讨援助方法，并有联合组织罢工后援会的意图，但在淞沪警

---

① 《上海邮局大罢工》，《申报》1928年10月2日，第13版。
② 《上海邮务罢工续闻》，《申报》1928年10月3日，第13版。
③ 邮务职工会主要由高级邮员组成，有人认为其成立是由于其与邮务工会矛盾不断，为了避免后者势力的侵入，不得不组织的自卫团体。参见沈云龙《刘承汉先生访问纪录》，"中央研究院"近代史研究所1997年版，第59页。
④ 《邮务工人昨日仍罢工》，《民国日报》（上海）1928年10月3日，第3张第1版。
⑤ 《工会二次宣言》，《申报》1928年10月3日，第13版。
⑥ 《平津近闻》，《申报》1928年10月3日，第7版；《邮务罢工第二日记》，《申报》1928年10月4日，第13版。
⑦ 《天津邮工会自今日成立急工委员会》，《大公报》1928年10月4日，第7版。

备司令部、沪市党部及市政府的防缉下,这样的联合却并未实现。① 因此,除了报界工会发表公开指责邮政当局的宣言外,其余各工会并未做出任何实际的行动。② 即使这样,时任沪市特别党部执行委员的潘公展仍通过陈立夫向蒋介石汇报邮工罢工情形,并电询是否要严厉应对七大工会可能的联合行动,等等。③

面对几近瘫痪的上海邮政,交通部部长王伯群一方面对外宣称:邮工所提要求交通部早已拟定办法,不想邮工竟贸然罢工,"此中原因,非仅经济之要求,恐含有其他作用"。④ 另一方面,一筹莫展的王伯群也不得不将此案提交国民党中央政治会议讨论,并议决先由中央党部责令沪党部从速劝导邮工复工,邮工所提待遇问题应在邮工复工后再行由政府决定,如工友不受劝导,政府将"执法以绳"。⑤ 与此同时,为了应对邮潮的扩大,蒋介石急调王伯群的舅哥,时任浙江省主席的何应钦到沪,负责指挥各机关应对沪邮潮。⑥ 同日,蒋介石再次急电何应钦,称沪邮潮恐扩大,请何连夜返沪指挥镇压。⑦ 除此之外,蒋介石还电告陈立夫及沪市党部负责人周致远,要求从速制止邮务罢工,并限期复工。⑧

得到了国民党各方的支持,邮政当局表现出强硬态度,称邮工不复工将无谈判余地。而邮务工会亦表示不达目的绝难复工。⑨ 为了打破僵局,沪市党部会同市政府召集罢工委员会全体会员开会,望邮工先行复工,复工条件可由市党部负责谈判。对此,沈天生表示可以接受,并提

---

① 《潘公展电陈立夫请转蒋中正裁示》(1928年10月3日),《蒋中正总统文物》,台北"国史馆",002090300013116。

② 《邮务工人罢工之第二日》,《民国日报》(上海)1928年10月4日,第3张第1版。

③ 《熊式辉电蒋中正》(1928年10月4日)《蒋中正总统文物》,台北"国史馆",002090300013081。

④ 《王伯群对工潮之表示》,《大公报》1928年10月4日,第2版。

⑤ 《中国国民党中央执行委员会第一七三次常务会议记录》,中国第二历史档案馆《中国国民党中央执行委员会常务委员会会议录》(五),广西师范大学出版社2000年版,第225页。

⑥ 《蒋中正电嘱何应钦回沪指挥各机关应付邮务罢工风潮》(1928年10月4日),《蒋中正总统文物》,台北"国史馆",002010100015054。

⑦ 《蒋中正电何应钦上海邮务罢工风潮恐愈扩大请星夜回沪指挥震摄》(1928年10月4日),《蒋中正总统文物》,台北"国史馆",002090300013121。

⑧ 《蒋中正电周致远及陈立夫等》(1928年10月4日),《蒋中正总统文物》,台北"国史馆",002060100014004。

⑨ 《邮务罢工第二日记》,《申报》1928年10月4日,第13版。

第二章　上海邮务工会与南京国民政府建立之初劳工政策的转变　/　71

出彻查刘书藩、解散邮务职工会、党政军机关承诺代为谈判等为复工的先决条件。市党部代表表示原则同意。①

5日，在得到党政军的允诺后，邮务工会召开全体会员大会议决复工。为了安抚仍激动的邮工，市党部代表周致远在致辞中称邮工的罢工并无任何背景，纯系经济问题，只为促使邮政当局之觉悟，因此，党部亦承认此次罢工并支持邮工驱逐刘书藩的行动，而此次复工无疑是光荣的复工，必将消除外间之揣测，以证邮工之清白。②同时，市党部民训会训令邮务职工会立即解散，归入邮务工会。③

事实上，罢工结束后，邮务工会与邮政当局的交涉才刚刚开始。鉴于邮工之要求未得圆满答复，故罢工委员会仍未取消。④ 7日，邮务工会发表《告全国邮务工友书》，除重申罢工之意义及复工之无奈外，更呼吁全国邮工严密自身组织，站在统一的战线上彻底消除不平等制度带给邮工的痛苦。⑤翌日，邮工代表与王伯群举行会谈。会谈中，王伯群强调其来沪的目的只为慰问，而非谈条件，中央已推定蒋介石、胡汉民等四人审查邮工待遇。邮工不明中华邮政之困境，擅自罢工有违国法，但邮工要求当以重视，而刘书藩对于收回邮权贡献颇大，"似未便即行彻查"。⑥对此，邮务工会颇不以为然，并称如果交通部在限期内未有解决方案，邮务工会不得不作第二次奋斗。⑦

双方的胶着使国民党中央及交通部不得不慎重考虑邮工的待遇问题，决定将以平等待遇为原则处置邮潮。但在妥为处理的同时，中执会仍然指出邮工之行动为错误，"此次不幸罢工事件，在本党切实指出过去偶然错误，以后当必能以国家之生存为目的，尊重党治之纯系，不再为爱护工友者所忧虑，为利用工友所窃喜焉"。⑧而国民党人也在检讨此次罢工

---

① 《昨日上午开会》，《申报》1928年10月5日，第13版。
② 《周致远之训词》《陈希豪之训词》，《申报》1928年10月6日，第13版。
③ 《邮务工人今晨九时复工》，《民国日报》（上海）1928年10月6日，第3张第1版。
④ 《邮务工会复工后消息》，《申报》1928年10月8日，第14版。
⑤ 《上海邮务工会告全国邮务工友书》，《申报》1928年10月7日，第14版。
⑥ 《邮务工人要求在审查中》，《民国日报》（上海）1928年10月9日，第3张第1版；《京沪当局对邮潮论调》，《大公报》1928年10月10日。
⑦ 《邮务工会复王伯群书》，《民国日报》（上海）1928年10月9日，第3张第2版。
⑧ 《中央讨论邮工待遇》，《申报》1928年10月13日，第4版。

之教训中指出："中国工人因智识薄弱，每易摇动，今后补救方法，固在酌盈剂虚，俾得其平。尤赖党务机关，对于劳动社会团体负责训练，增其智识，俾事务得以安宁。"①16日，交通部公布了《改订邮务职工薪率表》，对邮务生、拣信生起薪增加5元，信差等下级职工增加2元，其余条件一概拒绝。而邮工认为此办法未实现所提条件，故尚有部分人酝酿再次罢工，"但一部分缓和，以为罢工显背中央意旨"。②

同日，国民党主席蒋介石郑重发表宣言，认为当今之中国工人只有两条路可走，一条是遵循总理遗教，在国民党的指导下，努力增产，这是生路；另一条是受共产党的蛊惑，不顾社会经济的枯竭，"任私欲狂发，以致国破家之，这是死路"。"此次上海邮务工会在三民主义政府下，忽然向交通部直辖之上海邮务管理局罢工，并意图掀起各地工潮，影响全国社会，此种轻率举动，无论动机如何，至少不能不说是工友们手段的错误。"而邮电路政等国家机关，国家已有明令禁止其罢工，而在三民主义之政府下，此次邮员罢工之前未有正常手续之履行，又无非罢工不能解决之对象，贸然罢工，"这是何等令人吃惊而抱憾的事啊！"对于邮工改善生活之合理要求，中央深表同情，"然其手续，则在情理法律上，缺点极多：如（一）交通部正盖顶薪率，定期实施，工会乃不能少待，骤然罢工；如（二）在罢工以前，未向主管党军政机关有所表示；如（三）不想邮局是全国通信总机关，一经停顿，全社会均蒙其损失；如（四）罢工以后，宛然以阶级斗争的立场，四处号召，以对付国家交通机关；如（五）检查新闻，擅自排印，扰乱报律。诸如此类，均足使爱护工人的本党，表示十分的忧惶。而专门利用工人的共产党，盖得以籍手了。中央灼察及此，急以好意，明令调解制止，同时研究其所提的条件，求为正当解决，当为工界同胞所共谅了罢"。而就工运之事，"本党奉总理遗教，受全民付托，存亡安危之间，固不敢操切从事，又何忍姑息养奸"。为此，劝告邮务工人安心工作，不得再行罢工之举动。③蒋介石的

---

① 《某要人之工运谈》，《申报》1928年10月13日，第4版。
② 《沪潮罢工未实现》，《大公报》1928年10月17日，第2版。
③ 《蒋主席对于上海邮工罢工事之演讲》，《民国日报》（上海）1928年10月16日，第1张第4版。

强硬态度使邮务工会不得不慎重行事。17日，虽然交通部之薪率标准与邮工所提条件相距甚远，然考虑到事态的严峻，邮务工会认为继续请愿已达目的，因而，罢工委员会随即取消，只保留在迫不得已时实施怠工的权力。① 至此，上海邮务工潮归于平复。

18日，国民党中央执委会发表《中国国民党对于全国工会及工人之告诫书》，再次上海邮务工人不明自身地位，突然罢工招致外界猜疑、社会反感，其事虽小但却影响全国工人运动之走向，因此，国民党有必要加以限制及反省。之所以造成如此后果，实因国民党的劳工原则未被工人所知，即使党员也多茫然。在实际工作中，党员更以个人主义指挥工人团体，工会既不属于工人，更不属于国民党及国家。"由是党团之系统与权力不能确立，革命之主义不能深入余人心。"而工人利益应与国家利益相吻合，配合国民党及国家抵抗帝国主义之侵略，从而彻底扫除工人受压迫的障碍。因此，必须发展国家经济，必须使工、商、学、农团结一致，消除团体的利己主义，共谋国家之繁荣。而从事邮务等公用事业之工人更应明晰其职责，不应以对付私人资本主义之手段与方法来谋求自身利益。②

国民党高层之所以如此重视此次邮务罢工，当然与邮政的特殊性有关，正如《民国日报》的社评所言："邮政局为交通部属下之机关，交通又为国民政府之一部，而国民政府者为受国民党指导之政府也。"邮工与邮政局的关系不同于普通工厂之劳资关系，邮工之行为应在国民党设定之轨道中进行，一切要求均应以和平方式上请于中央党部，切莫感情用事。③

然而，如此考量不过是表象罢了，国民党高层真正的意图是借机调整前一阶段劳工政策。此时国民党的执政党地位基本确立，对工会活动始终抱有一定成见的蒋介石的地位也得到了进一步巩固，国民党高层终有能力摆脱国民革命的历史"惯性"，从建设的角度来设计符合其利益的劳工政策了。

---

① 《邮务工会组长会》，《民国日报》（上海）1928年10月17日，第3张第1版。
② 《中国国民党对于全国工会及工人之告诫书》，《中央党务月刊》第4期，1928年11月。
③ 《邮务工友宜即复工》，《民国日报》（上海）1928年10月3日，第1张第1版。

首先，针对地方党部屡有违背国民党中央本旨一节，后者做出明确规定。南京国民政府执政以来，在中央一级奉行以党治政，而在地方一级则以党政分治制衡的体制建立了两套官僚系统。① 而在现实中，地方党部"擅自宣布主张，往往于未得中央许可之前，喧腾报章，互相呼应；借党部之组织与地位，为法外之煽动挑拨，殊属不合党纪"。② 此次罢工中，沪市党部主要负责人周致远甚至干涉邮政当局之措置，同情并支持邮工的部分行动。为此，国民党中执会通过了由蒋介石、胡汉民等人组成的"上海邮务罢工问题审查委员会"提出的审查报告，内称：一切人民团体之登记监督管理，应完全归市政府；上海市党部对于以后民众之指导，应归党部自身，不得以一部分或个人名义对外；在政府机关功用事业服务之员工，绝对不许罢工等。③ 如此规定表面上明确了地方政府与基层党部在民众运动不同的"管""训"权责，但简单的划分却使二者成为现实矛盾中的对立两极。

其次，为了寻求劳工政策调整的法律依据，削弱工会可能再次出现的"尾大不掉"，国民政府加紧有关法规的立法工作。1929年10月，立法院通过了《工会法》，一改"工会组织暂行条例"中相对宽松的法条规定，禁止了国家行政、交通、军事、国营产业、教育事业等机关人员组织工会；禁止工会强迫工人入会，允许工人自由退会；对成立各级总工会只字未提，等等。④ 不仅如此，立法院还终止了有关起草和颁布"特种工会法"的活动。以上措置有意打压了工会的生存空间，因此沪上工会数量很快从1928年的429家萎缩到1929年的249家。⑤ 然而，国民党又无力去禁绝大量"非法"工会的存在，地方党部更是阳奉阴违，甚至会

---

① 王奇生：《党员、党权与党争——1924—1949年中国国民党的组织形态》，上海书店出版社2003年版，第184页。

② 《各级党部不得擅布主张》，中国国民党中央执行委员会宣传部《中央周报》1928年第18期。

③ 《中国国民党中央执行委员会第一七五次常务会议纪录》，中国第二历史档案馆《中国国民党中央执行委员会常务委员会会议录》（五），广西师范大学出版社2000年版，第262—263页。

④ 《立法院通过工会法》，《盛京时报》1929年10月6日、10月8日、10月9日、10月10日，第2版。

⑤ 《工会登记》，上海市社会局：《业务报告》第4、5期合刊，出版年月不详。

"暗中"支持这些工会的活动，借机扩张势力。"非法"工会在无法得到法律承认的情况下，开始在国民党内部不同派系中寻求"合法性"的依据，工会的"政治化"逐渐演变为"派系化"了。

最后，就在国民党进一步调整其劳工政策的同时，沪工界尤其是邮务工会也正经历着剧烈变动。由于在此次邮务罢工中，报界工会等六大工会并没有实际的援助行动，"而暧昧观望的态度，乃充分表现了七大工会破裂的痕迹"。因此，随着邮工的复工，"七大工会"的联合宣告夭折。① 即使如此，报界工会在沪邮工罢工中的表现仍被国民党认为其已受到中国共产党的组织渗透，应当予以制裁。② 此后，七大工会再无共同宣言及行动，而上海工人组织再次陷入混乱。虽然，1929年5月，在沪市党部的支持下，曾有成立上海市总工会筹备委员会的行动，但随着《工会法》的公布，"筹委会暂陷入于法无据之冬眠状态"。③

而对于邮务工会而言，罢工的结果使罢工领导人沈天生实感沮丧，不仅有关改善邮工条件的各项要求未能达到，即使撤换刘书藩，归并邮务职工会的要求也没有实现。④ 因此，在罢工结束后，沈天生即向邮务工会提出辞职。⑤ 就此看来，政治中立使相对弱势的工会组织很难适应当时的政治态势，沈天生的辞职也使第五届邮务工会解体。旋即成立的第六届邮务工会再次成为国共双方争夺的主要阵地。共有十余名中共党员在邮务工会中担任职务。1929年5月11日，时任上海市市长的张群电告北平行营主任何成濬称：中国共产党煽动邮务工会罢工，但恐势单力孤，因此决定与北平邮务工会联络，以便联合行动，并称中国共产党已派人

---

① 中国国民党民众运动指导委员会：《上海工人运动史》，本会印制1935年版，第313页。
② 《陈希曾电蒋中正》（1928年10月16日），《蒋中正总统文物》，台北"国史馆"，002090300013109。
③ 《中国劳工运动史》编纂委员会：《中国劳工运动史》（3），中国劳工福利出版社1966年版，第922页。
④ 关于归并职工会一事，曾有人电蒋介石称：如果中央应允沪市党部取缔职工会，那么可能会使职工会采取同样罢工手段，而再生事端。就此看来，这应该是邮务职工会在事后并未如约撤并的重要原因了。参见《某人电蒋中正》（1928年10月5日），《蒋中正总统文物》，台北"国史馆"，002090300013084。
⑤ 《邮务工会执委会》，《民国日报》（上海）1928年10月26日，第3张第2版。

至北平煽动邮工。①

就在中国共产党多方联络力量以期实现罢工之际，1929年5月19日，上海一工人被英国水兵打死，激起民愤。这时，中共江苏省委认为有必要顺势鼓动民众参与反帝斗争。为此，中共江苏省委借邮务工会会场召开上海各界代表会议。大会推举邮务工会等组成主席团，宣布"五卅"纪念日举行公祭，全市罢课、罢市、罢工等决议，并起草了组织中国赤色工会联合会等通电。会上甚至有人高呼"打倒帝国主义""打倒蒋介石"的口号。虽然上海市公安局出动大批警员，所幸未有人被捕。事实上，这次集会因人数太少，并未引起太大的反响。②为此，30日，沪邮务工会决定于翌日起总罢工。③同日，邮务工会中的共产党员在沪邮政管理局发动职工停工示威，其中一人被捕。嗣后，又有多名中共党员遭到逮捕。

6月5日，国民党上海市党部致函沪邮政管理局，内称："贵局职工内有共产党人，专事破坏邮务，扰乱社会，并有种种反革言论，颇足谣惑众听。兹为遏灭乱源计，特抄同名单一纸，函请贵局按名单解除职务。"④8日，沪邮政管理局发出局谕，将沈孟先等10人开除，刚刚恢复势力的中国共产党组织再次在邮务工会被肃清。同时，市党部以邮务工会"被少数共产分子所把持操纵"为由，委任陆京士等人组成邮务工会整理委员会，对第六届邮务工会进行改组。⑤10日，邮务工会整理委员会发表告全体会员书，称由于邮务工会组织"五卅"纪念活动，未经正式手续，致使党政机关对邮务工会发生怀疑，多名会员被逮捕，邮务工会中多数执委因嫌疑而逃避。为此，整理委员会肩负的使命是，"一方面要使外界和党政当局明白地认识邮务工会是工人正当的团体，而绝不含有

---

① 《张群电何成濬》（1929年5月11日），《蒋中正总统文物》，台北"国史馆"，002090300012047。

② 《陈群电蒋中正邮务工会召集各界代表会因人数不多和平解散》（1929年5月29日），《蒋中正总统文物》，台北"国史馆"，002090300013148。

③ 《陈希曾电蒋中正邮务工会明日起总罢工》（1929年5月30日），《蒋中正总统文物》，台北"国史馆"，002090300013150。

④ 中共上海市邮电管理局委员会：《上海邮政职工运动史》，中共党史出版社1999年版，第87页。

⑤ 《邮务工会》，《申报》1929年6月7日，第16版。

任何政治性质；一方面要使全体工友加紧地团结起来，健全地组织起来，消减反动势力的活动，去谋工人真正的利益"。并告诫会员，"工人因智识的浅薄，阅历之不足，同时受共党之引诱，煽动压迫欺骗，以致走入歧路。只知自身利益，不顾党国存亡，只知一阶级之痛苦，不悉全民族之被压迫。本会于整理期间，当注意主义之宣传，唤起工人群众纠正荒谬思想"。[①] 28日，第七届邮务工会宣布成立，在其宣言中称：工会今后之方向"就是要在国民党领导下"，使邮务工人运动纳入国民党之"正轨"中。[②] 而邮务工会中执监委员等职务，均被陆京士派所占据，虽有个别未暴露的共产党员选入执委，已不能活动。[③]

可以说，此次罢工对于国民党劳工政策调整以及邮务工会内部组织新陈代谢都具有重大意义。经过此次罢工，国民党进一步明确对劳工运动的态度，希冀用劳资合作替代劳资冲突，通过立法、行政等国家力量压迫劳工组织的生存空间。然而，这样的措置却并没有使其政治理念能够渗入劳工组织中，反而加剧了劳工对国民党的疑惧，并在一定程度削弱了国民党对劳工组织的控制力。这种相对的真空状态促使帮会势力借势在沪工界大肆扩张力量，此点将在后文中详述。而对于邮务工会，此次罢工的失败标志着政治中立的破产，绝对弱势的劳工组织不得不依仗更为强大的势力。虽然，第七届邮务工会明确宣称将归依国民党之领导，但当邮工利益与国家利益发生冲突时，这样的宣言却显得苍白无力，帮会势力的积极介入使邮务工会与国民党的关系更为复杂了。

小　结

可以说，此一阶段的劳资问题最大限度被劳工运动所掩盖了。换言之，就是经济问题的政治化。在国民革命时期，劳资问题往往被外化为中国工人与外国资本家之间的民族冲突，而国共领导的劳工运动的主要矛头也就随之指向帝国主义的经济、政治侵略了。虽然，民族主义在某

[①] 《邮务工整会负责工运使命》，《民国日报》（上海）1929年6月11日，第3张第1版。
[②] 《工会消息》，《申报》1929年6月30日，第16版。
[③] 沈以行等：《上海工人运动史》（上卷），辽宁人民出版社1991年版，第529页。

种程度上激发工人参与政治运动的热情，但不可否认的是，在此过程中，工人的阶级属性并没有明显地表现出来。关于这一点，共产国际就曾在1923年做出判断，中国独立的工人运动尚不强大，工人阶级也未完全成为独立的社会力量。① 陈独秀在对当时社会各阶级进行分析时，亦称：工人阶级在质、量上都十分幼稚，有阶级觉悟并且感觉到有组织自己阶级政党的工人，更是少数中的极少数。更为重要的是，由于此时的经济权力掌握在帝国主义及军阀手中，因此，工人阶级必须首先迎合全国社会各阶级的共同要求，去求得政治上的自由。只有这样才能谈到工人阶级自身的政治斗争。然而，工人阶级参加这样的国民运动却面临着一定的风险，即工人阶级在此革命成功时失去地位；工人阶级在此革命的斗争过程中，失去了自己阶级战斗力发展的机会，等等。② 这也就是说，在历次的"反帝爱国"运动中，工人阶级的阶级利益与中国社会中的商、学等群体的诉求会在民族主义中趋于某种一致，虽然，这样的趋同性会整合各种社会力量，但工人的阶级意识却难免会被"泛化"甚至是"模糊化"，因此，对于此一阶段的工人而言，其阶级要求往往会随着民族运动的高涨而逆向低落。

虽然，在民族主义及政治力量的作用下，工人组织得以萌兴，但随之的消极因素也逐渐显现，工会"独立性"的天生缺失使工人及工会组织并没有在国民革命的影响下完成由"自在"向"自觉"的转变。虽然在1928年前后，沪工界表现出这样的意愿，并付诸实际，但随着1928年邮务罢工的结束，这样的过程非但没有延续下去，各界工会反而成为政治角逐的重要场域，而且有沦为政治争斗附庸的可能。而工会组织所表现出的政治摇摆性也成为当时劳工运动的重要面相之一。由于中国工会组织的"先天不足"，使其很难完全"超然"于中国政治之外，因此，工会被迫做出有利于自己的政治选择，而这样的选择往往是对强势政治力量的一种妥协甚至是依附。当然，这并不意味着工会组织就此成为政治

---

① 《共产国际执行委员会关于中国共产党与国民党的关系问题的决议》（1923年1月12日），中国社会科学院近代史研究所翻译室《共产国际有关中国革命的文献资料（1919—1928）》（第1辑），中国社会科学出版社1981年版，第76页。
② 陈独秀：《中国国民革命与社会各阶级》，中央档案馆《中共中央文件选集（1921—1925）》（第1册），中共中央党校出版社1989年版，第599—601页。

的完全附庸。对于工会而言，其存在的意义仍然是工人利益的获得，因此，在工会的演化过程中，需要寻求政治力量与工人利益的最佳平衡点，这一点在国营企业中表现得尤为明显。但这种政治选择对于政府而言可能是弊大于利的，因为，强化社会组织的政治化，虽然可能会在短期内实现有效控制，但长远看来，社会组织的政治化不仅会弱化其本质，而且更会强化社会组织的政治"欲望"。当然，此处的政治并不是抽象的概念，而是具体的政党政治。换言之，社会组织对政党政治的依附性是相对的，社会组织的存在不仅需要政治力量的认可，而且其还有不同于政党政治的社会基础。这就意味着，对社会组织的控制不应是一味地将政党政治意识灌输其中，而应是尽可能还原其本质。因为政治不仅相对于经济、文化等因素而言，其不稳定性是显而易见的，而且政党政治既可以将社会组织塑造成为"同盟者"，而且还可能使其成为潜在的"反对者"。这种角色的转换不仅仅依赖于社会组织集体意识的转向，更取决于当时政治局势的变化。

不仅如此，随着国共第一次合作的破裂，左右劳工运动发展轨迹的不仅是国共双方的政治争斗，而且还有国民党内部的派系争夺与人事纠葛。由于缺乏统一的组织系统与政治理念，国民党内部具有不同政治背景的工会系统将劳工运动作为了谋求自我势力扩展的工具。而正是由于后者造成了国民党在劳工组织系统上的"混乱"，并进而影响其劳工政策的实施。这样，国民党直接控制劳工组织的努力在多方的窒碍下难以实现，而与此同时，革命"惯性"仍在工会等社会组织中有所体现，上海工会组织在政治高压下非但没有消沉，反而加强了内部的力量整合，各工会对"七大工会"的归附一方面可以看作中国工会摆脱政治影响，实现"自在"向"自觉"转型的一次尝试，另一方面也表现了国民党在工人中政治影响力的削弱。这无疑使国民党对劳工组织有所忌惮，而此时工会组织的"乱象"也使国民党下定决心调整劳工政策与法规。事实上，南京国民政府相关政策的调整是基于这样的判断：工人智识薄弱且容易受人蛊惑，工人及其组织是破坏"劳资合作"实施的重要因素。因此，有必要对工人尤其是工人组织实施控制。国民党作为执政党、"全民党"，不仅"天然"地肩负起了这样的职责，而且更有责任维持社会秩序的稳定。1928年的邮务罢工不仅强化了这种认知，而且也使国民党看到了劳工的力量，更担忧如果继续下去，国民革命时期民众运动的"过火"将再次上演。因此，才有事后下定决心通过政策、法律等手段压制劳工运动的生存空间，并在表面上使劳资问题暂时趋于了"平缓"。显然，历史现实表明工人及工人组织并不认同这样的认识，因此，其与国民党之间的互信关系也始终未能建立。

显然，国民党在1928年邮务罢工结束后一系列措置确实打断了中国工会独立寻求自我发展的进程，但此时的国民党并没有很好地完成角色转化，它始终摇摆在"革命党"与"执政党"的角色冲突中，既需要通过继续扮演"革命者"来获得基层民众的支持，又需要"劳资合作"来实现执政者的"建设"目的，这使得其有心或无心地承认了大量游离于法律之外工会的存在事实。更为关键的是，在具体执行中，地方政府与基层党部的"两轨制"不仅强化了这种事实，更加剧了各地工会的"混乱"。对于工会而言，自然对国民党的劳工政策与实践不甚满意，但现实却使工会一方面加紧了在国民党内部寻求政治"盟主"，另一方面在现代组织形式没有办法满足它们诉求的情况下，积极依靠传统力量——帮会，在国民党与工会之间越来越强的疏离感之中，沪工界中的帮会力量重装上阵了。

第三章

南京国民政府国家建构中的上海邮务工会

　　劳资关系的研究是建立在某种具体的产业制度之上的，也就是说，我们在探讨劳资关系的时候，不仅要研究维持产业中的规则性和稳定性，而且更要关注劳资冲突，尤其是要重视劳资分歧及争执产生的过程。① 此章的重点之一便是要厘清邮务工会与邮政当局乃至南京国民政府之间广义的劳资矛盾产生的制度原因。而此处所指的外部势力也就是相对于中华邮政"独立"的制度与邮务工会的组织系统而言的。而另一个重点则是要考察以邮务工会为典型的沪工界与帮会尤其是青帮的关系。

　　上海邮务工会的存在是以中华邮政为基础的。由于特殊的历史背景，中国近代邮政自产生以来就相对"独立"于中国的政治之外。而随着南京国民政府的建立，邮务工会与邮政当局的劳资关系不仅牵涉到邮工的待遇问题，更深入到制度层面。南京国民政府试图通过重新招考邮员、利用邮政盈余发展航空邮政及分离中华邮政原有的储金业务，建立独立的储金汇业总局等"改革"，将中华邮政纳入国家官僚及财政系统中去。显然，南京国民政府的一系列措置带有明显的"国家意志"，是希望通过国家强力推动各项制度的实施，然而，各项制度的落实却是以破坏中华邮政"独立"的人事、财政制度为前提的。这样，国家利益与部门利益之间的冲突演化成一种独特的劳资矛盾。一方面，国民党以国家利益为旗号来强调其措置的合理性，希冀通过邮政收入来兴办国家事业，进一

---

① 此点可以参见［英］理查德·海曼《劳资关系：一种马克思主义的分析框架》，黑启明译，中国劳动社会保障出版社2008年版，第7页。

步增加国家实力；另一方面，邮务工会则认为一系列的邮政"改革"损害了中华邮政存在的基础，并进而削弱了邮务工会的力量。

实际上，在有关行政措置的争执中，双方在具体问题上的博弈不过是问题的表象罢了，其实质是对邮政"话语权"的争夺。邮务工会希望通过对相关行政事务的参与，来体现其存在的价值，而邮政当局则有意识地用国家意志来压制来自下层的声音。如此，双方的芥蒂逐渐加深，双方都将邮政经济由盈转亏的原因指向了对方。当然，在力量对比上，邮务工会即使借助了全国邮工组织的力量也难以与国家力量相抗衡，因此，邮务工会的诉求并没有得到适当的回应。

而这样的结果推演出两个严重的后果，第一个后果就是邮务工会开始寻求"体制外"的同盟者——帮会。帮会问题是中国工运史的"特殊问题"，同时也是难以回避的问题。作为下层的社会力量，帮会与工人本来就具有相当的"同源性"，当劳工组织在政治上难以得到认同的时候，工会与帮会的结盟就成为必然的结果，而这一过程不仅凸显的是国民党在劳工政策上的"失当"，而且也反映了中国劳工组织在缺乏现代民主土壤的社会环境下，自我意识成长的"异化"过程。第二个后果则是单纯的劳资问题会随着中国政局的变化而演变成国民党内部的派系角逐。1932年的"巩固邮基运动"表面上是邮务工会与邮政当局以往争执的延续，但幕后的政治因子却错综复杂。换言之，工会的诉求难以通过"正常"的渠道得以伸张，而不得不通过政治纠葛来实现。

第一节　政治冲击与现代组织系统的"缺憾"：中华邮政"超然"地位的丧失

其实，此际邮工组织所面临的不仅是生存空间受到政治势力的影响，而且还有南京国民政府制度上的侵蚀。

正如前文所言，中华邮政脱胎于大清邮政，由于"客卿"的特殊身份及相对独立的制度体系保障了中国近代邮政较少受到中国政治波动的影响。在各项制度中，人事考选及独立财政制度应当是最为重要的。近代邮政之人事制度源于海关人事制度，"而海关人员制度又多仿于英国，故我国邮政人事制度,可谓因袭英国文官制度"。① 在这其中,无论是大清邮政还是中华邮政都坚持以公开考试为入局工作的唯一方式。因此,除了个别最高级管理者由国家任免外,其余人等均需通过入局考试。这样,中国近世邮政凭借严密的考成制度构建起一套完整、高效的人事体制,在此制度下,"凡经考试及格录用之邮政人员自入局任用之日起,即已获得职位之保障,而莫不乐于献身邮政,穷毕生之力,忠于所事,以共谋邮政事业之发展"。②

与此相配合的则是独立于国家财政体系之外的邮政经济。大清邮政创办之初,由于缺乏经费,因此不得不由海关垫拨。③ 1911年,大清邮政的主管部门邮传部向总税务司承诺将在三五年内设法分期归还海关垫付的开办费用。④ 这表明在相当长时间里,邮政经济与国家财政体系之间未能发生直接联系,并且使邮政自给自足的经营理念深入人心。中华邮政基本承续了大清邮政的制度体系,将邮政的财权高度集中于"客卿"掌控的邮政总局。⑤ 1915年,中华邮政扭亏为盈,到1929年,实现利润共1267.5万元。⑥ 而按照历史惯例,中国邮政收入除每月交解交通部的正常费用外,政府对其余部分没有支配权,而是存入银行,以备发展邮政之用。⑦

然而,随着"邮权"的回收,南京国民政府试图改变中华邮政的"超然"地位,因此也加剧了邮工组织与政府的冲突。1928年的邮务罢工不仅使国民党有意识地收紧了其对劳工组织的政策,而且使国民政府开始考虑如何强化其在国营企业中的作用问题。

1929年2月,交通部以经济困窘,节约开支为由特令邮政总局将服务满25年的邮员一律退职,服务期满15年年迈不堪事者亦在强迫辞退之

---

① 邮电史编辑室:《中国近代邮电史》,人民邮电出版社1984年版,第104—105页。
② 雪峰:《论现行邮政人员考试》,《现代邮政》第2卷第2期,1948年4月。
③ 仇润喜:《天津邮政史料》(第一辑),北京航空航天大学出版社1989年版,第80页。
④ 全国图书馆文献缩微复制中心:《中国近代邮政史料》,全国图书馆文献缩微复制中心2005年版,第31页。
⑤ 邮电史编辑室:《中国近代邮电史》,人民邮电出版社1984年版,第103页。
⑥ 樊清:《一枝独秀的北洋中华邮政》,《文史精华》2002年第4期。
⑦ 《北平邮管局抄呈北平邮务工会提倡邮务公款应存国立各银行以抗拒帝国主义经济侵略、充裕我国金融的呈文及总局指令》,北京市档案馆,J10—1—28。

列。"两项应去之人员及八百人，特另招甲种邮务员千人以补缺额。此为中国创办邮政以来向所未有之举动。"① 对此，此前出现严重分歧的沪邮务工会及邮务职工会联合发表声明反对。交通部委派该部职工事务委员会副委员长傅启学来沪召集工会的有关人员解释其缘由，会谈中，工会代表提出四点疑问：第一，此次招考，在质量上交部是否经过周密调查，是否认为有招考必要；第二，如确有此项需要，局内之人是否无此项人才；第三，局内如确无此等人才，现有之邮政经济能否负担人员的增加；第四，即使经济允许，此次招考人员能否适合此项需要。在工会代表的诘问下，傅启学答应招考一事"在总局对于上述四点未经详细解释并未有妥善办法（关于考试之手续及一切规章等）未曾公布之前，暂缓举行"。② 中国共产党领导下之中华全国总工会认为交通部的决定是有系统、永远消灭工人反抗的阴谋，如果这一计划得以实现，那么"蒋介石在工会中，法西斯蒂企图的危险，将因这个阴谋的实现而更容易完成"。邮工组织的质疑是"为着反抗新的资本进攻"，而发出的有力呼声，是与国民党重新斗争的壮举。③ 因此，中国共产党要求各级党组织发动邮政工人反对国家企业官僚化，并称"这种斗争不仅是工人为本身利益的斗争，而是含有很大的政治意义"。④ 虽然，中国共产党的判断难免有为政治斗争服务的意图，但其分析并不是毫无道理的。交通部所辞退的邮工，恰恰是在邮政部门资历最深的，原本属于北京政府管辖下的中级管理层人员，因此，其真实目的也就不言而喻了。

正当人们庆幸此次招考不复举行之时，邮政总局通令甲等邮务员考试将于3月1日，在全国21个管理局同时考试，试卷由总局评定，满70分者录用。⑤ 在其考试章程中，规定投考者须有大学毕业文凭，而对于局内人投考资格之审查，要求月薪在70元以上者，方有投考资格。而考试

---

① 《时事日志》，《东方杂志》第26卷第7号，1929年4月。
② 《邮局招考甲等邮员暂缓举行》，《申报》1929年2月3日，第14版。
③ 中华全国总工会：《为邮政总局无故开除工人告工友书》，《中国工人》第7期，1929年3月。
④ 《中央二二四通知——反对国民党进攻邮工》，中华全国总工会：《中共中央关于工人运动文件选编》（上），档案出版社1985年版，第332—333页。
⑤ 《邮局招考大批邮员》，《申报》1929年2月16日，第9版。

科目中，与邮政无关之内容充斥其中，并且规定局内人与外之投考者，考试将同等对待。这些规制使邮务工会认为交通部的此次招考与此前将未经考试的4人安插进邮政总局的意图异曲同工，是以改革邮政为辞，阴谋破坏原有邮政制度。为此，邮务工会将坚决反对，誓死抵抗。[1] 与此同时，河北邮务职工会发表宣言，反对此次招考。[2] 随后，邮务工会又撰文指责傅启学背信弃义，交通部之招考邮员损害现有邮工利益，其实质是要与其他部门争权。[3] 傅启学随即复函，认为前之邮政总局安排未经考试之人入局，"此为邮局章程所规定，且为事实所需要"，而关于甲等邮员之事，"在总局未为解释以前，暂停招考一节，亦未收回"。之所以频生如此责难，全为双方理解有误所致。[4] 针对傅启学的辩解，邮务职工会及邮务工会甚为不屑，称其为"青年学子"，其所言更是"呀呀学语"，故对于傅启学之言行"不欲强人所难"。"今者，总局于此事，已详加审查，俯顺舆情，而暂缓招考。"而傅启学之言论在工会看来不过是遮人耳目罢了。因为，就此次招考，工会代表曾面见刚卸任的刘书藩，刘称："此次招考，余未曾建议，惟党国要人欲招考，余亦只得听之而已。"[5]

虽然，此次招考在邮工组织的激烈反对下被迫流产，但中国共产党仍认为出现如此状况，有以下原因：其一是自上次罢工失败以来，邮务工会组织涣散，反使国民党得寸进尺；其二是邮务工会的领袖，诸如陆京士之流，始终未予肃清，以致工会大权操纵在国民党爪牙之手；其三是对于此次裁员招考一事，邮务工会消极反对，不能发动群众使对国民党有深切认识。[6]

此次的招考在邮工组织及中国共产党看来是国民政府通过对邮政员工的"大换血"，排斥旧政府下辖的或是经历过国民革命熏陶的邮政员工，代之以毫无革命及工作经验的新人，并实现对其控制的目的。而就

---

[1] 《邮务工会二次宣言》，《申报》1929年2月16日，第16版。
[2] 《河北邮务职工会宣言》，《申报》1929年2月17日，第9版。
[3] 《邮务工会覆傅委员长书》，《申报》1929年2月19日，第16版。
[4] 《傅启学覆上海邮务工会书》，《申报》1929年2月22日，第16版。
[5] 《邮务职工会致傅委员书》，《申报》1929年2月25日，第14版；《邮务工会再覆傅委员书》，《申报》1929年2月27日，第16版。
[6] 溪石：《国民党向邮务工人进攻》，《中国工人》第7期，1929年3月。

国民政府而言，邮政体系的"超然"不仅是对党国体制的某种挑战，而且还是导致邮工对国家行政不断指责的重要原因，因而，将邮政的人事制度纳入国民党官僚系统中是实现邮政国家化的重要步骤之一，此次招考风波不过是国民政府实施"邮政改革"的一部分罢了。随着中国政局的逐步稳定，南京国民政府也加快了各项改革的步伐。

1928年8月，南京国民政府召开成立后的首次交通会议，在此次会议上，交通部航政司司长提议，由邮政总局垫款开办航空邮政。① 此议在交通会议上得以通过，随后，交通部积极筹办航空邮政，并指派刘书藩统为筹划。② 4月，孙科对外宣称国民政府将于年内筹措资金创办国营性质的中国航空公司，"嗣后凡国营航空事业均由该公司管理"。③ 15日，国民政府公布"中国航空公司条例"，规定公司之经营项目主要是发展与投资全国商务、邮务航空事业，创办其他有关商务邮务航空事业。公司资本由国库拨给，"公司经国府核准，得与国内外商办航空公司团体或个人订立合同，以经营发展派定路线之商务、邮务航空事业"。④ 不久，中国航空公司理事长孙科即与美国航空事业公司签订"中美航空合同"，由该美国公司代国民政府开办三条航空路线。三条航线由国民政府管理，美国公司负责经营并提供飞机设备等。同时，该公司亦相应获得在华自行开办航运及制造飞机、航空设备等特权。⑤ 但由于合同细则始终未公布于世，因此，国人只能从当事人的只言片语中了解合同的梗概。5月12日，中国航空协进会公开对中国航空公司之成立以及与美签订之合同文本提出质疑，认为："航空事业向由军政部之航空署负责管理，近来交通部亦已有航空邮政之筹备，何须另设此半官方之机关，其间或另有作用，不得而知。"而在公司之组织机构尚未完善之际，即已与美国公司订立合同，"细考其内容几乎专以保障美商营业利益为前提，而于危害国防丧失利权之处毫不虑及。……此非特航空界人士所引为痛心，亦全国同胞所

---

① 《由邮政总局拨的款先办沪汉航空邮政案》，《申报》1928年8月13日，第12版。
② 《交部筹办航空邮递》，《申报》1929年1月22日，第6版。
③ 《创办中国航空公司》，《民国日报》（上海）1929年4月13日，第2张第1版。
④ 《中国航空公司条例》，《民国日报》（上海）1929年4月16日，第2张第1版。
⑤ 《中美航空合同签订》，《民国日报》（上海）1929年4月21日，第1张第4版。

当顾全利害竭力阻止者也。"① 对此，中国航空公司某高级职员认为之所以会有如此误会，盖因社会对合同及内容，"未能详悉"。② 很快，合同详情被外报《密勒氏评论报》全文登载，《申报》随即转载，人们得以知晓《中美航空邮务合同》之具体内容。③ 然而，合同一经公开立刻引起各方反对，17日，沪邮务职工会召集紧急会议，议决此合同有碍邮权，引发行政纠纷，断送航空主权，损失国家经费，因此，反对签订之合同，并在必要时联络全国邮工，督促政府取消合同。会后，邮务职工会推派代表谒见邮政总办林实，林实谓：此合同之签订过程，本人及交通部长均未知晓。交部所办之航空邮政与中国航空公司毫无关联。④ 翌日，邮务工会发表宣言，认为航空公司既然不能自营邮政事务，那么就不能夺邮政之营业以济其经费支出。⑤ 同日，上海市党部六区二十四分部也历数九条反对意见，并将此合同与袁世凯政府与日签订的《二十一条》相提并论。⑥ 23日，沪邮务职工会特呈文中央党部、蒋介石及交通部，强调中国航空公司条例及《中美航空邮务合同》与《邮政条例》相抵触，有违国家专营邮政之本旨，且交通部筹办航空邮政在前，"复何得再有航空邮务专利之让予于后？"⑦ 两日后，邮务工会再发宣言，认为合同所涉内容违背了总理遗教，侵越了中国航空主权、人事管理权等，并妨碍了交通部发展航空邮政之规划以及其他邮路之开通，将使中华邮政"与日俱衰"。因此，"中国航空公司虽系国民政府究所特设，系浮费骈枝之机关，应宜即行取消，以一事权，而增效能，此职会所深坚者。总之，该项合同之内容，不无可疑之处，且订结之时，又未通知主管机关及党部民众……

---

① 《中华航空协进会对于中国航空公司与美商签订合同之意见》，《民国日报》（上海）1929年5月13日，第3张第1版。
② 《中美航空合同真相》，《民国日报》（上海）1929年5月13日，第2张第2版。
③ 《中美航空邮务合同》，《申报》1929年5月13日，第7版。
④ 《邮务职工反对中美航空邮务合同》，《申报》1929年5月17日，第14版。
⑤ 《上海邮务工会反对中美航空邮务合同宣言》，《民国日报》（上海）1929年5月19日，第3张第2版。
⑥ 《六区二十四分部反对中美航空邮务合同》，《民国日报》（上海）1929年5月19日，第2张第4版。
⑦ 《上海邮务职工会呈中央党部蒋主席暨交通部文》，《申报》1929年5月23日，第16版。

职会愿率三千余工友，誓为急先锋也。"①

此时，为了占有先机，交通部也积极筹备着航空邮线的开通，先期从美国购买的飞机在6月已交付使用。因此，交通部决定于7月1日率先开通沪蓉航线之一段，即南京至上海航线。②然而，由于准备不足，开航时间一拖再拖，直到8日方才成行。20日，中国航空公司与美国航空发展公司订立金币借款合同，借款百万美金，年息六厘分八年还清。③

12月，中国航空公司的筹备工作大体完成，随即公布了邮运价目，并上请国民政府将交通部办理之沪蓉航线之一段的邮件交予该公司办理，但此议遭到邮局方面的激烈反对。④随后，中国航空公司理事长孙科被迫下台，交通部部长王伯群接任其职。⑤沪邮务职工会及邮务工会为此谏言王伯群，在合同未取消前，不要接受委任，并号召邮务同人拒收航空邮件。⑥随后，邮务工会及邮务职工会共同成立"上海邮务同人反对中美航空合同运动委员会（简称委员会，下同）"，希望"最少限度，应由交通部明白规定，邮局除负担按照实际所载邮件之酬费外，其余一概不负任何经济责任"。⑦针对舆情的激烈，王伯群亦称：中国航空公司本为国府特设机构，"原定由政府拨款一千万，作为基金。然以今日政府之窘况，拨款之事，终归泡影"。因而，不得不上请政府设法解款维持，"或另拟两全办法，以为救济"。王伯群亦认为合同之细则有违国权，应予取消，但鉴于合同业已签订，因此，航空邮费仍以合同规定办理。⑧但这样的表态难以令邮员满意，为此，委员会上请邮政当局自来年起拒收航空邮件，如当局不同意，委员会将通知各邮局员工，自行实施。⑨与此同时，南

---

① 《邮务工会反对中美航空邮务合同第二次宣言》，《民国日报》（上海）1929年5月25日，第3张第2版。
② 《航空邮政积极筹备》，《申报》1929年6月29日，第13版。
③ 《中美航空借款成立》，《民国日报》（上海）1929年7月21日，第2张第2版。
④ 《航空邮运统一价格》，《民国日报》（上海）1929年12月2日，第1张第4版。
⑤ 《接收航空公司》，《民国日报》（上海）1929年12月14日，第3张第1版；《邮务工会反对中美航空合同》，《申报》1919年12月15日，第14、15版。
⑥ 《邮务职工会反对中美航空合同》，《民国日报》（上海）1929年12月14日，第3张第3版。
⑦ 《上海邮工坚决反对中美合同》，《申报》1929年12月17日，第13版。
⑧ 《王伯群之谈话》，《申报》1929年12月22日，第13版。
⑨ 《上海邮务同人拟拒收航空邮件》，《申报》1929年12月25日，第14版。

京、广州、河北邮务工会及沪市党部之分部也呈请国民政府及国民党中央党部从速取消该合同。① 有鉴于事态的发展，交通部同意在中美航空合同未修改以前，暂停收寄除信函和明信片以外的航空邮件。②

1930年2月，国民政府决定取消中美航空合同，对此委员会甚为欣慰，并指责美国政府之无理抗议。③ 此后，国民政府交通部与美国公司多次交涉，商讨改订合同之事宜。历经数月后，方行签订，"闻此次改订内容，中国得百分之五十五，美方百分之四十五。其用人行政，悉照此比例。至于中国航空公司之组织法，悉照公司条例办理"。④

虽然，中美航空合同最终得以解决，交部收回了邮政航空的专属权，然而，对于初创的中国航空事业来说，经费仍是制约其发展的至要因素。而王伯群所谓的上请政府拨款设法维持一事终归无果，而所拟定之方法就是借邮政之收入津贴中国航空事业。因此，从沪蓉线开办之始，中华邮政即拨付其经费51万余元。迨中国航空公司、欧亚航空公司相继开办后，中华邮政又先后拨付资金以为其股本。从1929年到1932年，中华邮政共为中国航空事业提供津贴近270余万元。⑤ 除此之外，"邮局由航运售出之邮票收入仍交中国、欧亚航空公司"。⑥ 然资金的注入并未带来航邮的大发展，初创的沪蓉线仅为少数新闻界人士所利用，因此，其"对于整个邮运，并未发生多大作用"。即使随后开办的中国、欧亚两航空公司也因邮费的高昂而少人问津，就此而言，巨额的投入并未获得相应的回报，整个航邮事业"尚未发生高度的效力"。⑦ 如此之状况徒增邮局负担，为邮工组织所诟病，并为此后的"巩固邮基方案"的提出埋下伏笔。

表面上看来，在对待中美航空合同问题上，邮工组织与交通部的态

---

① 《纷起反对中美航空合同》，《民国日报》（上海）1929年12月26日，第3张第2版。
② 《关于邮务之部令》，《申报》1929年12月27日，第6版。
③ 《邮务同人拥护政府取消中美航空合同》，《申报》1930年2月8日，第13版。
④ 《中美航空合同签字》，《申报》1930年7月3日，第13版。
⑤ 张樑任：《中国邮政》（下卷），周谷城《民国丛书》第二编（40），上海书店出版社1989年版，第185页。
⑥ 张樑任：《中国邮政》（中卷），周谷城《民国丛书》第二编（40），上海书店出版社1989年版，第91页。
⑦ 金森：《我国航空邮政的发展》，《现代邮政》第2卷第4期，1948年8月。

度基本一致，但在党政机关眼里，邮工组织的种种行为却有干涉国家行政之嫌，并随时有爆发"过激行动"的可能。因此，就在邮工组织积极督促国民政府拒绝该合同实施的同时，双方再次发生了激烈冲突。

正如前文所言，作为对沪邮务工会在国民党"清党"中"突出表现的奖励"，邮政当局曾将邮政大楼之一部分给予邮务工会作为办公地点，但邮政当局与邮务工会同处办公，却也使后者可以更为便利地"监督"行政主管部门的一举一动了。更为关键的是，此处位于租界之内，这无疑削弱了国民政府及国民党对邮务工会的控制。而随着邮工组织与行政当局矛盾不断发生，为了进一步打压工会的生存空间，在第六届邮务工会成立后，交通部即要求邮务工会迁出邮政大楼，并答应贴补其搬迁费用。但工会以未觅得合适地点为由，"延未照办"。迨第七届邮务工会上台后不久，沪市党部以其地处租界、管理不便为名，再次要求邮务工会会所克日迁移。① 对此，邮务工会认为：本会之会所原出于前邮政当局之诚意，允应拨充，事实上已成为该会全体会员之公产。而且根据1924年的《工会条例》规定，工会会所由工会管理。而"此次当局忽以恫吓手段压迫迁移，岂特前后自相矛盾，抑且违反工会条例，其心目中既无总理，亦无革命矣"。而交通部所言不迁移即反动等语更为强词夺理，会所在管理局内，何患管理困难？本会设在局内既可沟通上下之声气，又可以监督会员局员工作，以利局务。如当局一味强迫会所迁移，必先致双方隔膜，误会频生。复引发会员公愤，难免再生更多事端。因此，为邮政计、为本会计，呼吁全体邮工"急起直追，惟一出路，奋斗团结，同声相应，同气相求，难则共赴，祸则共当"。② 然而，邮政当局对邮务工会之抗议甚为不屑，于是便利用一个休息日，趁邮务工会中无人办公，"率同武装警察，私将工会大门打开，将器皿文具公款等项，概搬出局外"，此事令邮务工会甚为愤慨。③ 随后，上海邮务工会议决二项：工会得在总局中设办事处；当局须津贴办会经费等。而邮政当局除对其津贴

---

① 《各工会消息》，《民国日报》（上海）1929年8月8日，第3张第2版。
② 《各工会消息》，《申报》1929年8月10日，第16版。
③ 《各工会消息》，《申报》1929年8月13日，第14版。

经费外，仍不允工会在局设办事处。① 鉴于邮务工人屡有过激之举动，国民政府又通令如下，"倘有藉工会委员或工会名义，违抗命令，不遵约束者，即由主管长官依法惩治。其挟众罢工或怠工者，尤应严予制止，从重严办"。② 这样，邮务工会被迫做出让步，迁出邮政大楼，只希望在原地设办事处，但亦遭到拒绝。与此同时，交通部还会同沪市公安局发布公告称：为维持秩序及尊重公务起见，禁止"所有在局集会之情事"。③ 随后，交通部长王伯群又发表了"告全国交通职工书"，称交通事业为国家所经营，交通当局绝未压迫职工，望职工勿受挑拨及离间。④ 嗣后，国民党中央训练部也强调交通职工不得全体参加地方集会。⑤ 而淞沪警备司令部也遵照命令要求交通机关之员工恪守通令，不得有越轨行为。⑥

此时的邮务工会是由国民党人陆京士控制，因此，关于工会办公场所的纠纷以邮务工会的妥协告终，这明显有向国民党当局"示好"的意图，但双方的关系很快就再次恶化了。1930年初，交通部根据原邮政总办刘书藩的建议决定设立邮政储金汇业总局，将原本由邮局办理之储汇业务转于该总局。⑦ 2月初，交通部草拟了邮储总局组织章程，并请行政院转呈国民政府核准实施。⑧ 对此，邮务工会具义反对成立邮储总局，认为外国之专设邮储总局，盖由其邮政业务发达，为管理之便，特设一局。中国邮政并不具备如此之条件，而当局设此"空洞专局，拟与他国数十年经营之成绩并驾齐驱，此种倒果为因之谬见，实属大错"。⑨ 21日，交通部委任了邮储总局各处处长，但均为非邮政人员。⑩ 26日，邮务工会成立"反对邮储总局行动委员会"，随之发表"告各界书"，指责交通部之

---

① 《上海邮务工会紧急通告》《上海邮务管理局第八六九号呈文之附件》《上海邮区有关邮务工会事项呈文》，中国第二历史档案馆，137—506。
② 《国府令禁邮电员工聚众要挟》，《申报》1929年8月14日，第7版。
③ 《邮务工会会所迁移经过》，《民国日报》（上海）1929年8月26日，第3张第1版。
④ 《王伯群忠告全国交通职工》，《民国日报》（上海）1929年8月31日，第2张第2版。
⑤ 《邮电员工无庸全体参加地方集会》，《民国日报》（上海）1929年9月20日，第1张第3版。
⑥ 《邮电员工不得有越轨行为》，《民国日报》（上海）1929年9月25日，第2张第1版。
⑦ 《邮政储金汇业机关》，《申报》1930年1月25日，第11版。
⑧ 《邮政储金汇业总局》，《申报》1930年2月3日，第13版。
⑨ 《邮务工会反对邮政储金汇业总局意见》，《申报》1930年2月19日，第13版。
⑩ 《邮政汇业局之各处长》，《申报》1930年2月22日，第8版。

委任各处处长有悖邮政章程，且调用之邮政人员入专局办事，但薪金却由邮政总局拨给，实属不当。并称此专局之设立当与此前之中美航空合同一样，同为破坏邮政之阴谋，而且相比之下，邮储总局的设立对于亡邮结果更为残忍锐利。进而据此预言，"邮政储汇总局设立之日，即大好邮政覆亡之时"。① 交通部长王伯群对此不得不详加解释，其称：储汇业务实属专门智识之人办理不可，而邮局兼办储汇日渐兴盛，就此，如将储汇与邮局相互进行，必将使双方有"无量之发展希望"。而且，邮储总局与邮政总局虽分立，但在交部看来"均是办理邮政事务之一部分"。况且，邮局兼办储汇之时，不时有限制储汇之事，而设专局之后，尽可避免此事的发生。而延聘之新人，都为金融界之专家，其非邮政人员，"何以能以邮政定章相束？"② 不仅如此，邮工组织的种种质疑还受到相关党政机关的严厉压制。交通部为了能够使邮储总局顺利成立特函电沪党部，要求其切实约束并停止邮务工会干涉交通行政之行动。③ 为此，沪市党部当即详细指示工会，避免事态恶化。邮务工会方面被迫同意取消行动委员会，并停止反对之运动。④

1930年3月15日，邮储总局如期成立。然而，邮工组织对新设邮储总局之芥蒂始终未消。随着邮储的分立，邮政经济状况逐步恶化，1930—1932年共亏损一千五百余万。⑤ 而邮储总局之职员有数十人或为刘书藩之亲属，"或系父子兄弟叔侄，或乃直接间接同乡好友，而无一经过考试者"。⑥ 针对如此的现实境况，工会认为这一切不过是刘书藩个人扩张势力，安插私人罢了，绝无顾及邮政及储金汇业前途的考虑，因此，遂不断上请国民政府，并将合并邮储总局与驱逐刘书藩相提并论，共同反对。⑦ 这样，"驱刘反储"成为邮工组织颉颃政治侵入的口号与目的。

实际上，邮工组织之所以反对邮储总局之设立实为担心由此可能造

---

① 《反对另设储金汇业总局运动之经过》，《上海邮工》第3卷第4、5、6期合刊，1930年4月。
② 《邮政储金汇业总局案》，《申报》1930年2月27日，第13、14版。
③ 《邮政储金汇业总局案》，《申报》1930年3月2日，第14版。
④ 《邮务工会停止反对储汇局运动》，《申报》1930年3月5日，第13版。
⑤ 修晓波：《邮政史话》，社会科学文献出版社2000年版，第140页。
⑥ 《邮政储金汇业局职员》，《申报》1930年10月25日，第14版。
⑦ 《邮工继续驱刘反储》，《申报》1930年11月17日，第9版。

成邮政独立人事、财政制度的崩坏，时人称国民政府之所以要设立此局有两点原因：第一，邮局有一套人事上的规章制度，邮员必须经过考试，不能随便录用，国民党政府碍于此项制度，未便安插私人，而储汇总局为新设机构，根本不受此种限制；第二，邮局早已形成"独立王国"，保持经济独立，邮政盈余不受政府支配，国民党当局久思染指而无可如何，此番把邮局主要收入储金、汇兑业务划出来，另设专局办理，即可任意提取或侵占。① 除有如此原因外，邮工组织反对邮储总局之新设还与刘书藩有相当关系。刘氏一直与邮工组织关系不睦，此次经刘氏提议并由其任局长的邮储总局设立，使邮工组织不得不揣测其真实意图，由此担忧"储汇分立后，其用人均属私人引荐不属邮政考试班次，更与邮工组织毫无牵连。同时，邮政储金汇业总局操有邮政总局之经济命脉，邮政总局之一切开支，有赖于储汇总局之支应，事实上邮政总局成为储汇总局之附庸。换言之，储汇总局局长有指挥邮政局之实权，而无邮工干扰之烦嚣，其计甚得"。② 甚至还有人推测此种设置尽可以消弭工潮，因为邮储的分立使邮政收入立减，连邮政部门都难以维持，"工人拿什么做要求呢？"③

事实上，邮工组织在对待邮储总局问题上，将对人与对事共同提出实在是一种无奈之举。因为，刘书藩在邮储分立问题上不过是一个具体执行人罢了，而政策的决策者则是蒋介石。自1928年10月到1931年12月，蒋介石一直担任国民政府主席。④ 根据1928年的《国民政府组织法》规定国民政府实行主席制，因而，蒋介石应当对邮、储的分立负有相当责任。而且，邮储总局的成立恰逢蒋介石与冯玉祥、阎锡山关系紧张，战争一触即发之时，因此，坊间就有传言此机构的设立无非是蒋要筹措军费罢了。⑤ 虽然，此言并未有实据，但在天津及河北各地皆发生了针对

---

① 中国人民政治协商会议全国委员会、文史资料研究委员会：《文史资料选辑》（合订本）第65辑，中国文史出版社2011年版，第200页。

② 沈云龙：《刘承汉先生访问纪录》，"中央研究院"近代史研究所1997年版，第89页。

③ 《反对另设储金汇业总局运动之经过》，《上海邮工》第3卷第4、5、6期合刊，1930年4月。

④ 李勇、张仲田：《蒋介石年谱》，中央党史出版社1995年版，第171、198页。

⑤ 《王伯群谈话》，《民国日报》（上海），1930年2月26日，第1张第4版。

邮政储金的挤兑风波。① 对此，甫经成立的邮储总局指称："所有储金款项并依照原定邮政储金条例由主办机关负责运用生息，不得移作别用载在专条，亦并非由政府管理。"近日，各地报纸登载邮政储金被政府挪用实为谣言，"或因储金汇兑与邮政分立有所误会，抑系有人故意捏造希图反动"。②

其实，这样的传言并不是没有现实根据的，因为，在邮储总局成立后不久，蒋介石就力主通过"邮政储金法"，以图通过立法的形式将邮政储金收入归入国家财政系统，而斯时主掌立法院的胡汉民却以"邮政储金关系国家财政的周转和挹注，因此持审慎态度"，该案未获通过。③ 而且，胡认为交通部在立法院未颁布法令之前即已成立邮储总局，实属违法，蒋认为这些都是在与其"为难"，并将此列为胡"破坏行政"的重要"罪状"之一。④ 1931年6月20日，胡已然被蒋扣留，在立法院代理院长邵元冲的主持下，立法院很快通过了"邮政储金法"及"邮政储金汇业总局组织条例"。⑤ 此举顿使"举国邮工，无不惊骇，咸谓邮亡无日矣"。⑥ 由此看来，邮储分立得到了蒋的极力支持，也正因如此，邮工组织只能将反对邮储分立的矛头局限于刘书藩。

对于双方的矛盾，与其说是邮工组织与行政当局在相关政策上的认知差异，不如说是双方在理解邮政发展的路径上立场不同。而就此推演下来，则是谁的立场更能够"代表"邮政利益的问题了。在未收回"邮权"时，邮政相对独立于政治之外，一方面使邮政脱离恶劣政治的羁绊而能快速发展，另一方面则是模糊了邮政中的国家、民族意志，使邮政单纯地为了"邮政"，这也就是邮工一再要求恢复的"以邮养邮"了。而随着"邮权"的收回，邮政被赋予了国家、民族、国民党等各方的利益，这必然会牵涉如何使邮政发展更好地服务于党国建设的问题上。然而，邮政的国家建设却被当时的政治环境所影响，邮政逐渐官僚化。

---

① 《储金第二——五三六号》，天津市档案馆，W2—550。
② 《交通部邮政储金汇业总局训令第二——七九号》，天津市档案馆，W2—550。
③ 杨天石：《蒋氏密档与蒋介石真相》，社会科学文献出版社2002年版，第296页。
④ 胡汉民：《革命过程中的几件史实》，《三民主义月刊》第3卷第6期，1934年12月。
⑤ 邵元冲：《邵元冲日记》（1931年6月20日），上海人民出版社1990年版，第745页。
⑥ 王宜声：《邮工运动的回顾与希冀》，《中华邮工》第1卷第1期，1935年3月。

所谓官僚政治通常是指应用在政府上的权力却把握于官僚手中，官僚有权侵夺公民自由的一种政治制度。这种政治制度的性质，惯以行政当作例行公事处理，谈不到动机，遇事拖沓不决，不重实验，在极端场合，官僚且会变成世袭阶级，把一切政治措施，作为自己谋取私利的勾当。① 为了消除官僚政治的消极影响，英美等国建立了政务官与事务官相分离的文官制度，官吏不随行政长官的进退而进退，可以较有效保障政府的稳定及政策的延续性。但在南京国民政府时期，事务官制度却未确立，实为政治腐败的主因。"如一部之长官更迭即易一大批人员，失业者累，在位者不安，工作之无效率。"政务官因政策不同时有更易，故政务官之职责在于指导部下、推进政策。万一规划不善或政策不行，自宜谢期职责以待贤者，然事务官则应忠心职守。"因主管人员之去留而影响事务人员，实乃国家政治未入正轨之形征。"② 大势如此，而中国近代邮政却是依照英美的文官制度建立起的行政管理模式，这与中国当时的官僚政治却是格格不入的。一方希望能够将邮政行政纳入党国政治结构中，而另一方则力图保持原有的行政制度，以免受到不良政治的影响。因此，二者就在建立怎样的邮政行政模式上不断交恶。最终结果仍然延续不同立场进行下去，行政官长往往会以党国的名义自认为一切行政措置皆应以其为主体，邮工不过是执行政策的客体罢了；而邮工则以为自己才是邮政真正主人，因此要为其前途与恶的行政势力斗争。

可以说，南京国民政府试图通过种种措置打破中华邮政"独立"地位，从而将其纳入到国家"统制"之中。然而，在此过程中，邮工组织与行政机关之间的矛盾频生，虽然，邮工组织在国家的强力打压下不断妥协，暂时使双方的冲突被限制在国民党"允许"的范围之内，但这并不意味着前者放弃了对原有制度的怀想。"邮务员工以破坏旧有完善制度为虑，力争不息。交通当局，则认员工所争者，涉及国家行政，不合正轨。双方相持，不易折中。"③ 更为严重的是，随着中华邮政"国有化"

---

① ［英］塞利格曼：《社会科学大辞典》，转引自王亚南《中国官僚政治研究》，中国社会科学出版社1981年版，第19页。
② 王子壮：《王子壮日记》（第二册），1935年12月27日，"中央研究院"近代史研究所2001年版，第549页。
③ 《巩固邮基纲要建议案之成立》，《上海邮工》第5卷第5期，1933年6月。

进程的加速，国民党对邮工组织的控制却并未随之强化，两方面的此消彼长加剧了邮工组织对国民政府及国民党的疑惧，并为帮会势力嵌入邮工组织之中提供了客观条件。

第二节　回归传统：青帮与上海邮务工会

帮会作为封建、落后的代名词往往为社会所诟病，但帮会势力的膨胀却与中国近代社会的城市化有关。苏智良认为近代上海的过分都市化是造成上海帮会势力兴盛的主要原因。而随着大量移民涌入城市，他们"已丧失了传统社会中以血缘为纽带的社会组织，他们已没有土地财产、户籍与职业，面对严峻的生存威胁，必然会产生自发的、寻求帮助和协作的心理，迫切要求进行以次属关系为基础的人际交往，重建因背井离乡而被分解的原有社会网络"。与此同时，中国移民中最普遍的心理便是梁山泊式的兄弟互助观念。"在这种心理基础上，就产生了传统的、保守的，乃至破坏性的手段抗衡社会动荡，以求得自己生存与发展的移民社会组织——帮。"[①] 这意味着，中国帮会与中国城市化存在某种正相关的联系。而随着中国城市化进程的不断加速，帮会成为中国近代城市中不容忽视的力量。正如陈独秀所言：上海大部分工厂劳动者，全部搬运夫，大部分巡捕，全部包打听，这一批活动力很强的市民都在青帮支配下，"他们老头子的命令之效力强过工部局"。[②]

事实上，在当时的许多城市中，虽然存在着不同系统的帮会组织，但帮会组织之间并没有严格的界限，同一人可能既是青帮分子又是洪帮骨干，"无形中青洪两帮混成一体"。[③] 当然，在当时的上海，青帮取代历史悠久的洪帮成为帮会的代名词，是因为二者发展路径有所不同所致。首先，从地缘来看，青帮成员大多是江浙籍，尤其是苏北籍，而江苏籍

[①] 苏智良、陈丽菲：《近代上海黑社会研究》，浙江人民出版社1991年版，第13—23页。
[②] 陈独秀：《四论上海社会》，《新青年》第8卷第4号，1920年12月。
[③] 薛畊莘：《我接触过的上海帮会人物》，中国人民政治协商会议上海市委员会文史资料工作委员会：《旧上海的帮会》，上海人民出版社1986年版，第88页。在一些著作中，很多把青帮作为洪帮的分支来看待。可参见刘联珂《中国帮会三百年革命史》，河北人民出版社1990年版，第1页；姜豪《青帮的源流及其演变》，《旧上海的帮会》，第67页。

居民占到上海总人口的39%，浙江籍占到19%。① 当时最主要的34名"通字辈"青帮头目中，就至少有14人是江苏籍，6人为浙江籍。② 这意味着地缘关系仍然是青帮组织中十分重要的纽带，江浙籍居民绝对数量的庞大也使青帮成为上海举足轻重的力量。反观洪帮，其势力范围集中于长江流域及福建、两广，虽然，有些洪帮迁入上海，但地方帮派色彩浓重。③ 其次，青帮头目大多出身贫微，很多人本身就是破产农民或者是城市贫民。因此，他们与上海的下层具有某种天然的身份认同。而洪帮中的许多重要人物是知识分子，并且有正当职业，④ 身份及生活经历的差异使其在主要由底层移民组成的帮会组织结构中逐渐落入下风。最后，对于青帮而言，早在20世纪20年代，就形成了某种整合机制，在此过程中，"大字辈"的张仁奎起到了关键性作用。"许多帮会头子为了提高地位和在青帮内得到相对较高的合法辈分都想成为他的门徒。"⑤ 此后，黄金荣、张啸林、杜月笙等三人在从事鸦片贸易中组建了三鑫公司，结成了"利益同盟"，三鑫公司的成立无疑强化了青帮内部的联系。与青帮通过各种方式实现了内部联系不同的是，此时的洪帮基本上仍是以地域为"帮口"的组织结构，虽然，随着人口的流动，逐渐有打破地域限制的趋势，并在1935年成立"洪兴协会"以图洪门内部的联合，⑥ 但鉴于各方面的差异，洪门的联合很难实现利益的一致，更遑论力量的整合了。最后，真正实现青帮"一枝独秀"的原因是其与政治势力的"结盟"。我们有理由相信正是青帮在"四一二"事变中对蒋介石的投靠，使其转化成一股惊人的、公开的政治力量，"在很大程度上影响着民国历史的演进"。⑦

---

① 苏智良、陈丽菲:《近代上海黑社会研究》，浙江人民出版社1991年版，第124页。
② 姜豪:《青帮的源流及其演变》，中国人民政治协商会议上海市委员会文史资料工作委员会《旧上海的帮会》，上海人民出版社1986年版，第61—64页。
③ 姜豪:《洪门历史初探》，中国人民政治协商会议上海市委员会文史资料工作委员会《旧上海的帮会》，上海人民出版社1986年版，第79—80页。
④ 同上书，第79—86页。
⑤ [澳] 布莱恩·马丁:《上海青帮》，周育民等译，上海三联书店2002年版，第30—31页。
⑥ 姜豪:《洪门历史初探》，中国人民政治协商会议上海市委员会文史资料工作委员会《旧上海的帮会》，上海人民出版社1986年版，第83—84页。
⑦ 邵雍:《中国秘密社会——民国帮会》，福建人民出版社2003年版，第157页。

就在青帮不断扩张势力的同时，其触角也伸向了工人群体中。实际上，帮会中人与当时的劳工阶级存在很大范围的交集。瞿秋白、陈独秀等人就认为帮会属于"游民无产阶级"。① 毛泽东更指出："还有数量不小的游民无产者，为失了土地的农民和失了工作机会的手工业工人。他们是人类生活中最不安定者。他们在各地都有秘密组织，如闽粤的'三合会'，湘鄂黔蜀的'哥老会'，皖豫鲁等省的'大刀会'，直隶及东三省的'在理会'，上海等处的'青帮'，都曾经是他们政治和经济斗争的互助团体，处置这一批人，是中国的难题之一。"② 而对于当时的上海，可以说是中国境内大批劳工唯一能立足的地方，"因此，当然也是一个最合于劳工运动的地点"。③ 正是由于帮会中人与劳工阶级在人员构成上的相似性，才使此时真正操控劳工的正是青帮等帮会组织，正如邓中夏所言，工人中有不少的流氓，"当时有力的工人领袖，不少是青帮洪帮"。④ 而李立三也坦言，"上海工人工作最大问题是青帮问题"。⑤

而反观中国共产党的组织来源，共产党成立前后，绝大多数为青年学生和知识分子，陈公博在组织广州共产主义组织时，其成员40%以上为学生，其余的人也均为小知识分子，没有一个工人。因此很难与工人建立联系。⑥ 为了更好地进行工人运动，中国共产党积极在工人中发展党员。到了1922年，全国的中共党员有195人，其中工人有21人。⑦ 1923年，全国420名中共党员中，工人有164人。虽然，工人党员数量不断增

---

① 瞿秋白：《瞿秋白文集·政治理论篇》，人民出版社1987年版，第78页；陈独秀：《陈独秀文章选编》（下），生活·读书·新知三联书店1984年版，第91页。

② 毛泽东：《中国社会各阶级分析》，《毛泽东选集》（第1卷），人民出版社1991年版，第8—9页。

③ ［美］霍塞：《出卖上海滩》，越裔译，上海书店出版社2000年版，第104页。

④ 邓中夏：《中国职工运动简史（1919—1926）》，人民出版社1953年版，第137页。

⑤ 《李立三同志对二月罢工和五卅运动的回忆》，上海社会科学院历史研究所：《五卅运动史料》（第1卷），上海人民出版社1981年版，第143页。

⑥ 《广州共产党的报告》，中央档案馆《中共中央文件选集（1921—1925）》（第1册），中共中央党校出版社1982年版，第21页。

⑦ 《中共中央执行委员会书记陈独秀给共产国际的报告》（1922年6月30日），中央档案馆《中共中央文件选集（1921—1925）》（第1册），中共中央党校出版社1982年版，第47页。

加，但对于中国共产党而言，在工人中开展工作仍然是困难重重。① 尤其是在上海，中国共产党的活动受到了种种限制。邓中夏就承认，中国共产党成立伊始，"便在上海做职工运动，总做不起来，做起来一点，便又覆灭"。二七大罢工失败后，更是简直没法活动了。② 造成这一现象的重要原因之一便是帮会的存在，正如包惠僧所言：各工厂工场中，都有地方性帮口，而工人大多在帮，这使中国共产党很难接近工人，就是接近这一帮，就更难接近那一帮。而在上海这种现象更为严重，"尤其是青帮，是上海的地头蛇，大而言之如公司企业工厂工场，小而言之如里弄摆摊，如果没有青帮的关系，必然动辄得咎，一事无成"。③

虽然，到1924年，中国共产党利用日本纱厂工人的自发性罢工开始逐步扩大其影响，并利用帮会头子的民族主义情绪鼓动其参与罢工，从而在一定程度上宣扬了阶级斗争的思想，分化了帮会势力。④ 但此时，在全国200万工人中，中国共产党实际控制的比例仅为1/30，而在上海，共产党所能组织起来的工人仅占上海工人总数的1%。⑤ 因此，随着罢工的结束，帮会对工人尤其是底层工人的控制格局并没有被打破。中国共产党对此阶段的工人运动十分失望，认为此前的工人运动并没有使工人自己觉悟，这些运动都是外表的，实际上是没有用处的。⑥ 为了打破这种局面，扩大工人党员的数量，1925年初，中国共产党开始改变吸收工人入党的程序，规定工人入党不再经过共青团而后入党，一切有觉悟的分子，"多应该直接加入本党"。⑦ 虽然，通过五卅运动，中国共产党的实力及影响力都有了明显提升，但"许多工会的办事人大半为少数流氓及职

---

① 《陈独秀在中国共产党第三次全国代表大会上的报告》，中央档案馆《中共中央文件选集（1921—1925）》（第1册），中共中央党校出版社1982年版，第168页。

② 邓中夏：《中国职工运动简史（1919—1926）》，人民出版社1953年版，第137页。

③ 包惠僧：《包惠僧回忆录》，人民出版社1983年版，第66—67页。

④ 邓中夏：《中国职工运动简史（1919—1926）》，人民出版社1953年版，第137页。

⑤ 杨奎松：《"中间地带"的革命——国际背景下看中共成功之道》，山西人民出版社2010年版，第97页。

⑥ 《上海地方报告》，中央档案馆《中共中央文件选集（1921—1925）》（第1册），中共中央党校出版社1982年版，第259页。

⑦ 《对于组织问题之决议案》，中央档案馆《中共中央文件选集（1921—1925）》（第1册），中共中央党校出版社1989年版，第381页。

员所充当，致常有反动的行为而妨碍工会的工作"。① 为此，中国共产党要求在帮会成员集中的码头工人及矿工中，加强党与帮会的联络，加大宣传力度，并"利用之以巩固工会。"② 随后，在1926年的中共中央扩大会议中，中国共产党更明确指出，"须派人到各种秘密结社中，（青红帮等）去活动，利用他们的关系来巩固我们的组织，减外（少）破坏我们的力量"。③

虽然，中国共产党在最初从事工人运动中，已经注意到帮会对工人运动的消极作用，并试图通过宣传、组织等方式尽量用统一的阶级意识取代工人中的帮会、地域观念。④ 然而，这样的努力却效果甚微，因此，在具体的操作过程中，仍不得不依赖帮会的势力。"尽管可以用革命的阶级斗争之类的言辞来标榜，但要将工人组织起来，就必须依靠'封建'组织的协助。……这个时期，中共取得的成功令人激动，但他每一步胜利都离不开一些臭名昭著且朝三暮四的盟友的参与。"⑤

如果说中国共产党的组织构成成为其难以真正掌握工人的重要症结，那么国民党同样面临着这样的问题。根据冯自由的统计，孙中山建立兴中会初期，共有会员159名，大多为商人或知识分子，其中工人出身的有38人，占到总数的23%左右。然而，这些工人中有35人为檀香山本地的工人，⑥ 很难对国内工人产生影响。同盟会的组织结构仍没有太多改变，"以知识阶级（留学生与内地学生）为主体；次则流氓无产阶级（会党与失业农民）与华侨之小资产阶级、工人阶级，为多数之成分，而皆集于知识阶级旗帜之下"。虽然同盟会是当时少有的革命政党，"而其组织实

---

① 《中共中央职工委员会关于全国职工运动讨论会议决案》，中华全国总工会《中共中央关于工人运动文件选编》（上），档案出版社1985年版，第113页。

② 同上书，第123—124页。

③ 《上海工作计划决议案》，中央档案馆《中共中央文件选集（1926年）》（第2册），中共中央党校出版社1989年版，第263页。

④ 《产业工会的发展与统一问题》，中央档案馆《中共中央文件选集（1926年）》（第2册），中共中央党校出版社1989年版，第19—27页。

⑤ ［美］裴宜理：《上海罢工——中国工人政治研究》，刘平译，江苏人民出版社2001年版，第120页。

⑥ 《兴中会初期孙总理之友好及同志》，冯自由：《革命逸事》（第3集），中华书局1981年版，第1—23页。

非完善，党于党员，不能收以身使臂臂使指之效，即亦不能深入群众而领导之"。① 随着辛亥革命的胜利，同盟会与统一共和党、国民公党等五党合并为国民党，其成分更加复杂，组织甚为涣散。正因如此，孙中山筹建中华革命党的目的之一就是要改变国民党散漫不统一之病。② 然而，无论是中华革命党还是随后成立的中国国民党都未能真正实现"革命化""群众化"。中国共产党早期领导人刘仁静在分析国民党的性质时称："这个中国民族革命的国民党，多年来一直计划从事于军事革命。……它不对群众开展宣传运动。不试图去组织群众。它唯一的企图是通过军事力量来达到他的目标。"但这样的方式却很快证明是失败的，而究其原因是因为其党员大多是反动的，因此在革命胜利后变成了保守派。③ 虽然，中国共产党在共产国际有关加入国民党的指示下，认为国民党是代表国民运动的革命党，并乐观地判断其党员中资产阶级的知识者与无产阶级的工人几乎势均力敌。④ 但不能否认的是，直到1924年国民党改组前夕，国民党的组织构成仍然是以知识分子为主。正如王奇生所言：在此时，国共双方的党员大致来自同一个社会阶层和社会群体，其主体均为"五四"知识青年。⑤

当然，与中国共产党相比，此时的国民党似乎更容易接近工人，其原因就是国民党与帮会的固有联系。国民党与帮会的渊源可以追溯到孙中山领导的"反清"资产阶级革命。会党是孙中山早期从事革命运动的重要力量之一，为了团结会党参加"反清"斗争，包括孙中山、陈少白

---

① 胡汉民：《胡汉民自传》，中国社会科学院近代史研究所近代史资料编辑组《近代史资料》总第45号，中国社会科学出版社1981年版，第62页。
② 孙中山：《致南洋革命党人函》（1914年4月18日），中山大学历史系孙中山研究室、广东社会科学院历史研究所、中国社会科学院近代史所中华民国史研究室《孙中山全集》（第3卷），中华书局1986年版，第81页。
③ 《刘仁静在共产国际第四次代表大会上关于中国形势的报告》（1922年11月5日—12月5日），《共产国际与中国革命资料选辑（一九一九——一九二四）》，人民出版社1985年版，第232页。
④ 双眼：《国民党是什么》，《向导周报》第2期，1922年9月。
⑤ 王奇生：《党员、党权与党争（1924—1949中国国民党的组织形态）》，上海书店出版社2003年版，第28页。

等在内的许多革命者都加入了帮会组织。① 1895年在香港成立的兴中会总部，共计会员100余名，其中身份明确的42人中，会党分子有14人。② 而1905年同盟会的成立更是将"凡国人所立各会党，其宗旨与本会相同，愿联为一体者，概认为同盟会会员"。③ 虽然，在由会党成员为主力的多次反清起义遭受失败后，革命党开始有意识地在新军中寻求新的革命力量，但与会党的联络并未完全终止。然而，随着辛亥革命的胜利，孙中山等资产阶级革命派与会党的矛盾逐渐显现，各地开始大规模地解散、镇压会党。④ 除此之外，陈其美等革命党人还试图改造帮会组织，为此，在陈其美的支持下，江浙等地的洪帮、青帮、公口三家联合正式成立"中华国民共进会"，但改良会党的行动随着中国历史进入北洋军阀统治时期而烟消云散。⑤ 孙中山也曾召集全国洪门头目商讨改组洪门以适应现代潮流，但此举仍因时局动荡而告中断。⑥

此后，虽然革命党人仍然会与会党或帮会组织产生联系，但双方的关系远不如前了。然而，这一切却并不妨碍国民党利用帮会来做工人的工作。可以说，最早从事工人运动的国民党党员大多具有帮会身份。被孙中山称为国民党中"工运专家"的朱卓文是洪门致公堂五圣山仁文堂堂主。⑦ 被国民党誉为"中国工运之父"的马超俊也是洪门中人，⑧ 因此，孙中山委派其做底层工人的工作，而马超俊正是利用其帮会中人的身份，在工人中广泛组织宣传，"加强联系，进行革命工作"。⑨ 1907年，

---

① 冯自由：《革命逸史》（初集），中华书局1981年版，第147页；茅家琦：《孙中山评传》，南京大学出版社2001年版，第242页。

② 吴相湘：《孙逸仙先生传》（上），远东图书公司1982年版，第105页。

③ 邹鲁：《中国同盟会》，荣孟源：《辛亥革命资料丛刊》（第2册），上海人民出版社1957年版，第8页。

④ 此点可参见蔡少卿《中国近代会党史研究》，中华书局1987年版，第316页；周育民《辛亥革命与游民社会》，《上海师范大学学报》1991年第3期。

⑤ 胡绳武：《民初会党问题》，《民国档案》1985年第1期。

⑥ 徐晓耕：《先父徐朗西生平事略》，中国人民政治协商会议上海市委员会文史资料工作委员会：《旧上海的帮会》，上海人民出版社1986年版，第126页。

⑦ 张国焘：《我的回忆》（第1册），东方出版社1998年版，第75页；姜豪：《洪门历史初探》，中国人民政治协商会议上海市委员会文史资料工作委员会《旧上海的帮会》，上海人民出版社1986年版，第81页。

⑧ 朱慧夫：《中国工运之父——马超俊传》，台北近代中国出版社1988年版，第18页。

⑨ 郭廷以：《马超俊傅秉常口述自传》，中国大百科全书出版社2009年版，第11页。

孙中山在广州组织护法政府，马超俊则奉命策动全国工运。① 随后，国民党人冯自由、曹亚伯等人在上海建立"中华全国工业联合协会"，该会号称拥有会员万众，然"所谓会员也不过是仅仅见诸名册而已。……也有许多会员根本就不是工人，大概是由于一些工头们因同帮关系介绍参加进来的。"② 正因为如此，在当时的中国共产党看来，国民党的职工运动具有很强的行帮色彩，各工会不相同属，且很少联系。③ 当然，正如前文所言，马超俊等人曾在上海试图组织统一的工会组织——上海工团联合会。该会主要由中华海员工会、上海机器工会、南洋烟草职工同志会、上海纱厂女工协会、上海纺织工会等32个工会组成。而上述工会大多与帮会关系紧密。④ 由此看来，上海工团联合会实际上是国民党右派与帮会势力的一种混合体，其成立的初衷是希冀国民党在技术工人中的影响力扩展到下层工人群体之中。⑤ 然而，在五卅运动中，上海工团联合会的"劳资合作"却受到了来自下层工人的抵制，在高涨的"革命"热情下，"劳资合作"显得十分不合时宜。纱厂、海员等工会纷纷加入了中国共产党领导的上海市总工会，青洪帮与闸北工人共同接受了中国共产党的领导，并成为罢工运动的中坚力量。⑥

虽然，在国民革命时期，以民族主义为主要旗帜的工人运动使工人中的帮会色彩被暂时冲淡了，进而弱化了国民党对工人尤其是下层工人的影响力。但随着国共矛盾的激化，民族主义逐渐被双方的政治斗争所取代。与此同时，"劳工运动的发展使帮会头目日益感觉到共产党对他们

---

① 朱慧夫：《中国工运之父——马超俊传》，台北近代中国出版社1988年版，第128页。
② 张国焘：《我的回忆》（第1册），东方出版社1998年版，第76页。
③ 同上书，第220页。
④ 马超俊：《中国劳工运动史》（上），商务印书馆1942年版，第99页。中华海员工会一直被国民党人及青洪帮头目杨虎所控制。姜豪：《青帮的源流及其演变》，中国人民政治协商会议上海市委员会文史资料工作委员会：《旧上海的帮会》，上海人民出版社1986年版，第63页；上海机器工会与马超俊的关系十分紧密。朱慧夫：《中国工运之父——马超俊传》，台北近代中国出版社1988年版，第45页；南洋烟草、上海纱厂女工及纺织工会则受到当地帮会的严格控制。[美]裴宜理：《上海罢工——中国工人政治研究》，刘平译，江苏人民出版社2001年版，第110页。
⑤ 裴宜理认为国民党的"劳资合作"在技术工人中颇有市场。见[美]裴宜理《上海罢工——中国工人政治研究》，刘平译，江苏人民出版社2001年版，第108页。
⑥ 上海市档案馆：《五卅运动》（第2辑），上海人民出版社1991年版，第369页。

的直接威胁,这是促使帮会头子最终投向国民党的最关键因素。"① 这样,国民党与帮会在对待共产党的问题上达成了一致,于是双方将矛头都指向了中国共产党。

1927年3月,蒋介石派遣杨虎等人与黄金荣、杜月笙等人联络,争取工会及工人对国民党的支持,并以帮会中人为主体建立"民间武装"以对抗中国共产党控制的上海工人纠察队。与此同时,杨虎等人成立以对付上海总工会为目的的"中华共进会",该会不仅融合了青帮与国民党的各种势力,而且为了拉拢洪帮,推举了洪帮头目浦金荣为会长。4月12日,中华共进会成为反共的"急先锋"。② 随着国共第一次合作的失败,工统会成立,该会继承了中华共进会的基本特质。③ 与此同时,上海邮务工会、商务印书馆工会等工人组织率先实行了所谓的"清共"。④ 由此看来,国民党的确在技术工人中有一定的影响力。

正如前文所言,工统会作为一个帮会势力与国民党右派的混合体很快声名狼藉,并引发了其与国民党上海市党部的矛盾。虽然,国民党以工整会取代了纷争不断的工统会与工总会,但随着工整会的结束,也就宣告了国民党试图直接控制工会努力的失败。而国民党在工人中寻找代理人却为帮会强化与工会组织的联系提供了机会。

此时,沪工界的乱象已初现端倪,国民党人将此归咎于工会领袖的个人素质。正如潘公展所言:"现在有一部分人道德非常堕落,时常是假公济私的。"他们将条件提到资本家面前强迫其接受,如不接受便命令工人以罢工相要挟,"本来政府规定凡在罢工前先调解,而他们偏不调解,不惜违反法规,指使工人罢工。他们的阴谋是自私自利的,以为一经罢工,则资方自有很大的损失,当然希望把风潮快点解决,请人疏通,但是这些执行委员非钱不行,等到自己拿到钱以后即教工人复工。因此现

---

① 邵雍:《秘密社会与中国革命》,商务印书馆2010年版,第210页。
② 乡波:《黄金荣事略》,中国人民政治协商会议上海市委员会文史资料工作委员会:《旧上海的帮会》,上海人民出版社1986年版,第134页;章君谷:《杜月笙传》(三),《传记文学》第10卷第6期,1967年6月。
③ [美]裴宜理:《上海罢工——中国工人政治研究》,刘平译,江苏人民出版社2001年版,第130页。
④ 《中国劳工运动史》编纂委员会:《中国劳工运动史》(2),中国劳工福利出版社1966年版,第660—663页。

在的劳工运动,竟有为几个人造发财机会的"。① 由此所造成的后果便是上海工人运动出现"破产与消沉的样儿"。工人自身的组织日见崩溃,工人没有了依赖,"他们不能呐喊,更不会起来改善自己的生活而奋斗。……一般的工人领袖,虽然他们在起初主观上是定下了为工人群众奋斗的决心,然而经过了一年来的恐怖、威胁、利诱,在有意无意之中,终于渐渐地为自私的烈火所软化,而失去了原来的形质;而且这时候,这些领袖不但不能代表工人的利益,而且包办了群众一切的行动和要求,作为自己权利的交换品"。② 这一切无疑加速了工人对国民政府及国民党的离心力,进而削弱了国民党对劳工运动的控制力。

与此同时,此阶段劳工运动的诸多乱象却使杜月笙对工人运动有了全新的认识,"如欲在黄埔滩上生根、萌芽、壮大,必须抓住社会基层中的基层,众多的、有组织的工人"。于是,杜月笙开始从三方面着手:一、继续加强运用帮会的力量;二、结纳工人中的新锐领袖;三、必要时出面调解劳资纠纷,直接争取工人的好感。③ 实际上,所谓的"新锐"主要就是与沪市党部关系密切的各界工会领导者。

国民党不得不接受帮会尤其是杜月笙强化对工人组织掌控的事实,这不仅是因为帮会在国民革命后期给予南京国民政府的行动支持,更是由于帮会头目的政治倾向性与利益趋同性,有助于其与国民党的接近,并进而实现国民党阶级调和的工运政策。此外,租界的存在也使得国民党被迫承认帮会对工人组织的现实控制。由于当时的工厂大量存在于租界之内,国民党的政治势力却难以进入。而与此形成鲜明对比的却是帮会势力在租界内的现实存在,这亦使国民党不得不借助帮会势力来操纵工人,甚至是主管民众运动的国民党中央党部也不得不通过帮会来做上海的"工人运动"了。④

---

① 潘公展:《中国国民党劳工政策的研究序》,张廷灏《中国国民党劳工政策的研究》,第18—19页。
② 中国国民党民众运动指导委员会:《上海工人运动史》,本会印制1935年版,第420—421页。
③ 章君谷:《杜月笙传》(九),《传记文学》第11卷第3期,1967年9月。
④ 赵澍:《CC的扩张活动》,中国人民政治协商会议全国委员会、文史资料研究委员会《文史资料选辑》(第37辑),中国文史出版社1989年版,第155页。

虽然，鉴于国民党与帮会的历史关系，在国共双方的政治争斗中，帮会成为打压和控制工人的重要工具，但即使这样，仍然不能掩盖国民党与中国共产党所面临的同样问题——工人组织基础薄弱所造成的政治理念难以深入其中。虽然，国民党一再指责国民革命时期中国共产党包办了工农运动，工人运动成为中国共产党的专利品。但这样的言辞却从侧面反映了国民党在工人中组织涣散的现实。① 再加上国民革命时期的国民党为了应付局势，不能集中精力指导民众运动，"而党内的不断的纠纷和国内的循环战争，都宿命似的相继发生，致使本党的主义和政纲，减少了在最短期间完全实现的可能性……民众心理即由奢望转为失望，便于不知不觉间，对本党发生了一种离心的倾向。……长此以往，革命的动力和运用此动力的革命的机构总不易恢复了联系"。②

可以说，国共双方在劳工问题上的组织薄弱及政治理念的难以深入是当时劳工组织趋于帮会化的必要条件。与此同时，国民党由于"防共"进而"防民众"的政策使得民众正常的自由和安全得不到充分保障，"大家都抱着动辄得咎还不如苟且偷安的感想。因之对于任何政治活动都不愿再积极地参加"。虽然，所谓的"盲动主义"得到了"纠正"，但取而代之的却是另一种主义——不动主义或者是得过且过主义。③ 这样，各种条件叠加使得此一阶段的劳工组织更愿意去与帮会结合。而在这一过程中，最为典型的便是上海邮务工会帮会化。虽然，帮会势力与工人之间的渊源颇深，但帮会在最初时对工人的控制范围更多地集中于诸如纺织、码头等底层工人群体中，而此类工人个人素质有限，即使有工会的存在，也很难形成一股统一的力量。而反观此时的上海邮务工会，由于其成员素质较高，且组织较为完备，不仅成为各地邮务工会实际的领导者，④ 而且在沪工界的影响力也是一般工会所不能企及的。时任职于上海市党部

---

① 孙佐齐：《中国工人运动之史的观察》，民众运动月刊社《民众运动月刊》第 1 卷第 3 期，1932 年 10 月。

② 大风：《在转化中的民众运动与中国国民党》，民众运动月刊社《民众运动月刊》（创刊号），1932 年 8 月。

③ 同上。

④ 《卷头语》，《上海邮工》第 1 卷第 2 期，1928 年 8 月。

的吴开先就称：当时的邮务工会实为上海市各工会之"翘首"。① 因此，在杜月笙看来，帮会势力要"脱胎换骨"就必须掌握像陆京士这样的工会"新锐"。②

在1928年上海邮务工人罢工结束后，虽然，沪邮务工会的领导者表示了对国民党的某种服从，但对国民党一系列限制工人运动的政策及行动却颇为不满，这使其加紧了与青帮的接近。甚至是作为国民党在沪邮局重要代理人的陆京士都认为要使邮务工会在七大工会中出人头地，"非走杜老板（即杜月笙）的门路不可"。因为，当时上海最主要的工厂、公用事业等都在租界中，国民党市党部和市政府的力量都很难渗入，因此，要想在劳工界打开局面，就必须在租界中寻找靠山。③ 于是，陆京士在国民政府交通部、邮政总局及上海邮局拉拢了11人，经市党部执委、职工事务委员会主任陈君毅的介绍，拜杜月笙为"先生"。④ 而此时的杜月笙已然基本控制了非技术性工人，但"如果杜月笙要争取上海工人，他就必须寻找到更进步的盟友。"⑤ 这样，双方找到了共同的利益点，帮会势力成功地进入到邮务工会中了。根据朱学范的统计，在上海邮局中，入帮的职员占到职工总数的20%。⑥ "杜月笙正是从驯服的邮务工会开始插手工会事务的……杜月笙与其来自邮务工会的追随者之间的互利关系是建立在对工人的控制之上的。"⑦ 在此过程中，帮会与工人的关系却抵消了国民党对工人的直接控制力，因此，在陈立夫眼里，"陆京士的忠于杜月笙，超过忠于国民党"。⑧

虽然，现实的情况使国民党不得不接受与帮会共同控制劳工组织的

---

① 吴开先：《痛悼故友陆京士兄》，《传记文学》第44卷第4期，1984年4月。
② 章君谷：《杜月笙传》（九），《传记文学》第11卷第3期，1967年9月。
③ 朱学范：《我的工运生涯》，福建人民出版社1991年版，第33页。
④ 沈以行等：《上海工人运动史》（上卷），辽宁人民出版社1991年版，第530页。
⑤ ［美］裴宜理：《上海罢工——中国工人政治研究》，刘平译，江苏人民出版社2001年版，第134页。
⑥ 朱学范：《朱学范文集》，团结出版社1990年版，第498页。
⑦ ［美］裴宜理：《上海罢工——中国工人政治研究》，刘平译，江苏人民出版社2001年版，第135—136页。
⑧ 郭兰馨：《杜月笙与恒社》，中国人民政治协商会议上海市委员会文史资料工作委员会《旧上海的帮会》，上海人民出版社1986年版，第319页。

局面，但在国民党看来，包括邮务工会在内的各工会始终有被"赤化"的可能。也正因如此，国民党逐渐收紧了劳工政策，并希冀借助劳工立法来压制劳工的活动空间。但这样的举措并未落到实处，反使各业劳工组织寻求多种联合。

1928年9月，上海邮务工会向全国邮工发出了建立"全国邮务总工会"的号召，其称："上海邮务工会决不单单独为上海邮务工友着想，全国邮务工友的痛苦和利益，都在上海邮务工会的顾虑中。……我们希望全国邮务工友，各区各地邮务工会同情我们，援助我们和我们建立联合战线，创造一个强大的全国邮务总工会共同解除一切痛苦和压迫，废除过去的黑暗，努力争得切身的利益，希冀未来的光明。"① 此议得到了各地邮工组织的响应，1929年12月1日，"全国邮务总工会筹备委员会"成立（简称邮筹总会，下同）。② 其常委会中国共产党有12名成员，而上海邮务工会就占了6人。③ 虽然，根据此前通过的《工会法》，邮政系统工人不得组织工会，更不能成立全国性的总工会。但这样的规定却难以发生效力，因此，邮筹总会虽然处于非法状态，但它一面进行申请，一面照常进行筹备工作。④ 更为奇怪的是，国民党对此也表现出相当的"容忍"甚至是某种"认可"，因此，邮筹总会虽然长期未得到法律上的认可，但它一直能公开活动，而且在其举行的历次代表大会上，国民党的党政机关都派代表参加并"训词"，表扬邮务工会的工作。⑤

如此有违中央法令的事情不仅此一例，1931年，陆京士等人在杜月笙及沪市党部的支持下成立了"上海特别市总工会"。⑥ 与此同时，黄金荣的弟子浦东英美烟厂工会的陈培德也组织了"上海市总工会"。虽然，两会很快合并成立了"上海市总工会"，但权力却落入邮务工会重要领导

---

① 《上海邮务工会告全国邮务工友书》，《上海邮工》第1卷第3期，1928年9月。

② 《全国邮务总工会筹备委员会会务志要》，《上海邮工》第3卷第4、5、6期合刊，1930年4月。

③ 饶景英：《关于"上海邮务工会"——中国"黄色工会"的一个剖析》，《史林》1988年第2期。

④ 朱学范：《我的工运生涯》，福建人民出版社1991年版，第43页。

⑤ 同上书，第44页。

⑥ 朱学范：《我的工运生涯》，福建人民出版社1991年版，第58页；复农：《上海市工人运动概况》，《上海党声》第1卷第3期，1935年1月。

者、杜月笙的"学生"——朱学范手中。① 1932 年，该会进行了改组，朱学范成为主席委员，其他五名常务委员也均为帮会中人。通过总工会这一平台，朱学范开始在各行业中招收"学生"，而朱学范也成为杜月笙在工界的最重要代理人。②

之所以国民党中央的劳工政策难以落实，不仅有来自劳工组织的颉颃，更有地方党部的"阳奉阴违"，甚至是对"非法"工会的"袒护"。根据《工会法》的规定，包括邮务工会、上海市总工会在内的很多工会均属非法，然而，事实存在的各工会却掌握着大量的会员，如何现实、有效地开展劳工运动成为国民党地方党部必须解决的问题。而在国民党直接控制劳工组织的努力失败之后，要想在工人中寻求代理人并保障代理人所掌握的工会组织在工人中的"权威"就必须在事实上承认工人组织的"合理性"，如果进一步否定各工会存在的事实，就会使各地党部及行政部门在法律意义上失去了掌控这些工会组织的权力，进而会切断与各业工人的联系。除此之外，该法改变由总工会、各地工会构成的纵向工会格局，而代以各业、各地工会的横向组织系统。③ 虽然，表面上看来，这样的规定可以避免因总工会势力"独大"而造成的对党政机关的威胁，但各工会横向的联系却使国民党人面临工作的困境——如何对每一个工会施加影响，由于缺乏纵向联系，地方党部不可能通过对上级工会的领导来强化与各业、各地工会之间的关系。这无疑增加了控制工会的难度，而要解决这样的问题，只能在两方面做工作。其一，就是为了能够得到工人的认同，国民党人加入帮会，以便顺利开展工作。④ 其二，地方党部"容忍""非法"工会的存在，并通过拉拢工会领袖以换得对其工作的支持。由此看来，中央政策与现实需要的差异性是工界中的"怪象"频生的根本原因，同时也是造成帮会势力在工界中再次"膨胀"的主要原因。

---

① 朱学范：《我的工运生涯》，福建人民出版社 1991 年版，第 59 页。
② 朱学范：《上海工人运动与帮会二三事》，中国人民政治协商会议上海市委员会文史资料工作委员会《旧上海的帮会》，上海人民出版社 1986 年版，第 8—9 页。
③ 中央民众运动指导委员会工人科：《中国国民党领导下之工人运动今昔观》，本部印制 1934 年版，第 62 页。
④ 姜豪：《"和谈密使"回想录》，上海书店出版社 1998 年版，第 141 页。

然而，这样的状况又会带来另外的问题，就是这些"非法"工会一旦出现劳资纠纷，由于党政机关未被赋予"法律"意义上的调解资格，无法发挥应有的作用。正如时人所言："此等工会，既已存在，依照现行工会法，自属非法组织，然非法自非法，存在自存在，法律所影响于各工会之生存者，究属为何？法律虽明定其不得罢工，然而海员之罢工如故，邮务之罢工如故。罢工之先，无法预防，罢工之后，又无法制止。"① 而在这样的情况下，帮会又成为最大的"利益获得者"，因此，在很长的一段时间内，杜月笙也一度取代上海的党政机关成为劳资纠纷的重要调解人了。② 在此，杜所依赖的权威主要就来源于他个人在体制外所谋得的各种非正式权力。③

可以说，在从事工人运动的过程中，国共双方都不得不面临工人中的帮会问题。虽然，在国民革命期间，国共双方均可以利用弥散于整个中国的"民族主义"来抵消帮会对工人的影响。但在复杂的社会与政治环境下，国共双方都未能完全隔断帮会与工人之间的联系。而随着国共双方矛盾的公开化，国民党借助与帮会的历史渊源重新在工人中占据了形式上的优势地位。

然而，当政后的国民党却始终对包括工人运动在内的民众运动存在着疑惧，"国民党自从反共，不敢复言农工运动，仿佛一言农工，则畏共党窜入"。④ 因此国民党最初试图通过直接控制民众组织来弱化其"赤化"的可能性。但在此过程中，国民党却面临着干部缺乏的问题。因为在1927年的"清共"中，"旧的政治分子和腐化分子装扮成反共的样子，于是他们反倒成了'忠诚的同志'。另一方面，真正的革命者，因他们同群众运动或激进的改革者打成一片，惨遭杀害和镇压"。⑤ 甚至连国民党人也坦言此时的国民党戴上了蓝色眼镜，"一切与群众接近的人物，做农

---

① 中国邮政学社：《公用机关人员及公务员结社权与罢工权之研究》，《全国邮务职工总会半月刊》第1卷第5期，1932年7月。
② 章君谷：《杜月笙传》（九），《传记文学》第11卷第3期，1967年9月。
③ 王奇生：《工人、资本家与国民党——20世纪30年代一例劳资纠纷的个案分析》，《历史研究》2001年第5期。
④ 《将来之农工问题》，《大公报》1928年1月11日，第14版。
⑤ 易劳逸：《流产的革命——1927—1937年国民党统治下的中国》，陈谦平等译，中国青年出版社1992年版，第18页。

工运动,反对帝国主义的人物都是共产党,不然至少也是共产党的走狗。由于这种错觉,他们简直不把这些同志认为同志,讥笑怒骂、排挤倒轧,无所不用其极。于是这些同志有为的被压迫的彷徨无主,而共产党却又乘机威逼利诱,只好将错就错,入了共产党的牢笼"。[1]

此种"政治恐怖"不仅使国民党丧失了大量从事基层工作的骨干,而且还使自"清党"以后,工农运动成为"雷区",国民党人很少有人愿意从事劳工运动。蒋介石对此十分担忧,因此,曾希望从一些留俄学生或被捕中学生中选拔一些人从事工农运动,但"这班人都是醉心升官发财的,谁也不愿去做工农运动"。[2] 其实,这样的状况不过是造成干部短缺的表象罢了,一个更为现实的原因就是从事工农运动给个人所带来的政治风险。"凡是做工人运动的,不论他是忠实者或是三民主义的信徒,都有被诬的可能。""说他们是捣乱份子、共产党,说是煽动工潮,扰乱治安。"[3] 如此,国民党人往往忌惮所谓的"赤色"帽子故不过多介入劳工运动中,而此无疑为帮会势力的"崛起"提供了便利条件。这样的恶性循环逐渐使国民党与工人趋于"绝缘"的状态。

当然,在国民党中央看来,通过政策及立法调整可以将工人运动纳入其"正轨"中,然而,国民党的民众运动"单有消极的计划而没有积极的计划"。[4] 而所谓计划的核心就是禁止工人的组织建构,使其难以形成合力。但这样的措置却使某些工人处于地方党政机关的控制之外,所形成的"盲点"很容易被帮会势力所填充。除此之外,一系列的调整在无形中增加了地方党政机关控制工人的组织成本与困难,而为了解决这样的难题,最为有效与现实的方法就是利用工人中始终存在的组织系统——帮会来完成对工人的间接控制。因此,国民党人或利用工人中的帮会来做工人运动,或者是直接加入帮会来求得某种程度的"身份认

---

[1] 陈孚木:《如何使共产党没有反攻能力?》,中央军事政治学院政治部《清党运动》,本部1927年印制,第131页。

[2] 康泽:《复兴社的缘起》,中国人民政治协商会议全国委员会、文史资料研究委员会《文史资料选辑》(第37辑),中国文史出版社1989年版,第146—147页。

[3] 镜如:《怎样解决劳资问题》,《上海邮工》第1卷第3期,1928年9月。

[4] 陈公博:《民众运动与党的根本问题》,民众运动月刊社《民众运动月刊》(创刊号),1932年8月。

同"。这样的状况为帮会势力深入工人组织之中提供了契机。

与此同时，工人及工会组织在国民党的打压下，主观上更愿意去寻求一个实际的力量——帮会。正如朱学范指出的："当他们不愿依附国民党，但又没有达到靠拢共产党的觉悟程度时，就选择这些合法的社会传统组织作为暂时保护自己的工具。"[①] 这样的情况在个人素质、工资待遇等方面相对较高的邮局员工中尚且如此，更遑论其他产业的工人了。此言可以解释为何当时入帮的工人会如此之多的问题。但对于工会的领导者而言，工会的存在不仅需要帮内工人的支持，也需要政治的认同。因此，要想在工会中长久干下去，并维护工人的利益就不得不加入国民党了。[②] 这也就是意味着，只有同时具备上述两个条件才能在工界中"脱颖而出"。而此时沪邮务工会的重要核心人物陆京士，不仅是杜月笙身边的红人，而且还与上海市党部CC系关系密切。[③] 在1931年7月16日，中国国民党中央执行委员会第一五〇次常务委员会通过了中央组织部圈定的上海市党部组织构成，陆京士还成为候补执行委员。[④] 这样，通过上海邮务工会与上海市党部的联系，陈立夫掌控了邮筹总会，并使其成为国民党工会的重要台柱。[⑤]

这也成为沪邮务工会能够在全国邮工及上海工界中影响日隆的重要原因了。[⑥] 当然，在入帮的国民党人看来，帮会势力的膨胀与国民党的利益并无太多的冲突。"杜月笙和上海市党部对于领导工运的渐趋一元化。上海劳工界领导分子，工人领袖，不分华界租界，不论各行各业，莫不纷纷投入杜门，这一股巨大力量的形成合流，乃使杜月笙在黄埔滩上的

[①] 朱学范：《朱学范文集》，团结出版社1992年版，第499页。
[②] 陆象贤等：《朱学范传》，团结出版社2005年版，第28页。
[③] 《中国国民党中央执行委员会第二十三次常务委员会会议纪录》，中国第二历史档案馆《中国国民党中央执行委员会常务委员会会议录》（十七），广西师范大学出版社2000年版，第178页。
[④] 《中国国民党中央执行委员会第一五〇次常务委员会会议纪录》，中国第二历史档案馆《中国国民党中央执行委员会常务委员会会议录》（十五），广西师范大学出版社2000年版，第359页。
[⑤] 陆象贤等：《朱学范传》，团结出版社2005年版，第33页。
[⑥] 饶景英：《关于"上海邮务工会"——中国"黄色工会"的一个剖析》，《史林》1998年第2期。

潜势力益为深厚。"①

然而，也正是由于上述原因，使当时的工会领袖有被政治环境同化的可能，而此不仅使工会更容易被卷入到国民党内部的派系争斗中，而且还会使工人丧失对工会事务的热情，在某种程度上加深工会组织与工人的间隙。② 就此，工界被延伸为国民党政治派别斗争的领域，原本属于经济领域的劳资关系变得更加复杂、诡秘。

第三节　1932年"巩固邮基运动"中的政治角逐与工人运动

1932年5月，一场被时人称作"巩固邮基运动"的邮务罢工发生了。表面上看来，此次罢工中，邮工组织的主要诉求是反对行政当局的措置，这使劳资双方不再是普通意义上的工人与资本家。③ 劳方是宣称代表全国所有邮务工人利益的邮工组织，而资方则成为国家行政机构。这一切使得劳资双方的诉求发生变化，劳资双方的矛盾不再仅仅局限于劳方自身利益的获得，而是上升为国家行政制度层面。进一步而言，国家行政机构在处理此种事件中，其角色扮演是相当复杂的——既是当事一方，又是最终裁决者。不仅如此，此次运动在当时还引发巨大的社会反响，其台前幕后也成为社会热议的焦点。然而，迄今有限的研究成果，不是粗略勾勒了事态发展的基本走向，就是简单描述了一些缺乏逻辑关联的片段，都未能给出令人信服的结论。④ 即使一些当事人的回忆，也是或隐

---

① 章君谷：《杜月笙传》（九），《传记文学》第11卷第3期，1967年9月。
② 中国邮政学社：《邮务职工运动述略》，《全国邮务职工总会半月刊》第1卷第7期，1932年8月。
③ 在相关的研究中，劳资问题大多以工人与资本家为研究对象，主要成果有：徐思彦：《20世纪20年代劳资纠纷问题初探》，《历史研究》1992年第5期；王奇生：《工人、资本家与国民党——20世纪30年代一例劳资纠纷的个案分析》，《历史研究》2001年第5期。
④ 相关研究成果可参见沈以行等《上海工人运动史》（上卷），辽宁人民出版社1991年版；中共上海市邮电管理局委员会《上海邮政职工运动史》，中共党史出版社1999年版；[美]裴宜理《上海罢工——中国工人政治研究》，刘平译，江苏人民出版社2001年版。

晦，或语焉不详。① 这不禁令人疑窦丛生。首先，此次运动的诱因是交通部的邮资加价。按理说，邮政收入的增加是有助于邮工待遇提高的，那为什么邮工组织还要罢工？其次，上海邮务工会等邮工组织一直被认为是受到国民党控制的典型"黄色工会"，它们为何要举行旨在反对政府当局的罢工？政府当局又是如何解决这场特殊的劳资冲突的？最后，罢工的具体指向到底是什么？回答这些问题需要我们了解一下事件发展的前因后果。

1932年1月底，因蒋介石扣押胡汉民所引发的宁粤对峙告一段落，国民党内部的政治博弈终于有了初步结果：曾经在宁粤对峙中获利的孙科，因财政紧张以及得不到蒋介石、汪精卫等人的支持而不得不辞去行政院院长的职务，汪精卫继任其职。3月，国民党四届二中全会选举因宁粤之争下野的蒋介石为军事委员会委员长，正式宣告蒋、汪合作权力新格局的形成。

虽然政局甫定，但中华邮政的经济状况却因长江流域的水灾及东北被日军占领而日益窘迫。3月，时任交通部部长陈铭枢就以"减省邮政亏累"为由，宣布将采取以下三项重要措施：一是自5月1日起实行邮资加价；② 二是取消上年年底邮工刚刚争得的"金贵银贱"补贴；三是限制邮工晋级定额。③ 16日，行政院原则上通过了邮资加价方案。④ 谁也没有想到，这一举措竟引起轩然大波。

22日，北平邮务工会率先反对邮资加价。⑤ 27日，天津邮务工会也发表反对意见称：邮政亏累的原因实为交通部措置失当。从1929年兴办中美航空公司到1930年成立专门的、独立于中华邮政的邮储总局，不仅没有扩展中华邮政业务，增加收入，反而使中华邮政经济出现亏损。交通部对此非但不反省，反将邮工加薪与邮资加价联系起来，意图挑唆邮

---

① 参见霍锡祥《回忆国民党时期的邮政》，全国政协文史和学习委员会《文史资料选辑》（合订本）第65辑，中国文史出版社2011年版；吴开先《痛悼故友陆京士兄》，《传记文学》1984年第44卷第4期；朱学范《朱学范文集》，团结出版社1992年版；姜豪《"和谈密使"回想录》，上海书店出版社1998年版。
② 《邮资又将增加》，《申报》1932年3月12日，第6版。
③ 《交次陈孚木谈话》，《申报》1932年3月11日，第2版。
④ 《行政院决议案》，《申报》1932年3月17日，第2版。
⑤ 《增加邮资之反对声》，《申报》1932年3月23日，第6版。

工与民众关系，并增加民众负担。① 为争取社会的广泛同情与支持，天津邮务工会采取的策略就是有意淡化有关邮工福利的内容，以避免落下仅为邮工谋私利的嫌疑，而是突出反对邮资加价，以煽动社会大众的不满情绪。稍后，作为各地邮务工会实际领导者的全国邮务总工会筹备委员会（简称邮筹总会）也公开表示：邮资加价不过是挽救邮政亏损的"治标"之策，唯有改良邮政，归并邮储总局，停止支付航空邮政津贴，确立以邮养邮政策，才能彻底节流。②《申报》据此以邮筹总会"不赞成邮票加价"为醒目标题向社会做了报道。岂知时隔三天，邮筹总会常委发表谈话，声明本会"以为邮票加价，势在必行，但同时更应注意于紧缩政策之实行"。至于日前各报以"不赞成邮票加价"为题，刊发本会消息，乃是对本会本旨的误解。③ 显然，邮筹总会与平津邮务工会对邮资加价的态度略有不同，这是有历史和现实原因的。

首先，无论是邮筹总会还是天津邮务工会，矛头都指向航空邮政和邮储分立，其目的不过是希望借邮资加价解决历史遗留问题。中美航空公司开办于1929年，一直处于亏损状态，为此，交通部决定用中华邮政的部分收入来弥补其亏空。截至1932年，中华邮政共补贴相关航空公司近270余万元。④ 这打破了中华邮政自开办以来所制定的"以邮养邮"政策，即中华邮政收入除每月交解交通部的正常费用外，政府对其余部分没有支配权，该部分收入是存入银行，以备发展邮政之用。⑤ 不仅如此，1930年1月，时任交通部部长王伯群根据其亲信原邮政总办刘书蕃的建议，决定成立邮储总局，将原本由中华邮政办理的储汇业务转于该总局，并规定盈余除三分之一留作公利金及特别准备金外，其余部分均需报解交通部。⑥ 此举被各地邮工组织认为是国民政府进一步打破中华邮政经济

---

① 《津市邮政工会反对邮费增加》，《大公报》1932年3月28日，第7版；《天津邮务工会对邮费加价之表示》，《益世报》1932年3月31日，第6版。

② 《全国邮务总工会不赞成邮票加价》，《申报》1932年4月4日，第1版。

③ 《全国邮务总工会常委反对邮票加价之谈话》，《申报》1932年4月7日，第1版。

④ 张樑任：《中国邮政》（下卷），周谷城《民国丛书》第二编（40），上海书店出版社1989年版，第185—186页。

⑤ 《北平邮管局抄呈北平邮务工会提倡邮务公款应存国立各银行以抗拒帝国主义经济侵略、充裕我国金融的呈文及总局指令》，J10—1—28，北京市档案馆。

⑥ 《邮政储金汇业机关》，《申报》1930年1月25日，第11版。

"独立",方便其随时提取与侵占邮政收入的阴谋。① 此时,坊间沸沸扬扬的传言进一步加剧了民众对该局设立的疑虑。② 虽然邮储总局一再辩白其成立的"合理性"③,但随着邮储的分立,邮政收入锐减,以致1930—1932年共亏损1500余万元。④ 为维护邮工自身利益,巩固组织基础,上海邮务工会联合上海邮务职工会⑤多次上书有关部门,请求彻查刘书藩,取消邮储分立。⑥ 然而,邮储分立的最终决策者与真正的支持者恰是时任国民政府主席的蒋介石,刘书蕃不过是具体执行者罢了。⑦ 因此,"驱刘反储"受到多方压制,不了了之。⑧ 然而,时局的变动,尤其是邮资加价给了邮工组织旧事重提的可能,但面对仍暗潮涌动的政局,此时邮筹总会并没有急于表态,而是借平津邮务工会来试探当局对津贴航空邮政及邮储分立的态度。

其次,邮筹总会与陈立夫CC系的历史渊源,决定了它在蒋介石重新上台后,各方对陈铭枢出台邮资加价等措施态度未明之际,不得不暂取较为谨慎的态度。邮筹总会是由上海邮务工会提议并于1929年发起成立的,其成员包括北平、天津、南京及上海等地数十个邮务工会,在12名

---

① 霍锡祥、楼祖贻:《邮政储金汇业局见闻》,全国政协文史和学习委员会《文史资料选辑》(合订本)第65辑,中国文史出版社2011年版,第200页;《反对另设储金汇业总局运动之经过》,《上海邮工》1930年第3卷第4、5、6期合刊。
② 《交通部邮政储金汇业总局训令第二/七九号》,天津市档案馆,W2—550。
③ 《邮政储金汇业总局经过概况》,J10—1—1477,北京市档案馆;《王伯群谈话》,《民国日报》(上海)1930年2月26日,第1张第4版。
④ 修晓波:《邮政史话》,社会科学文献出版社2000年版,第140页。
⑤ 上海邮务工会主要由上海邮局的低级员工组织,而上海邮务职工会则由上海邮局的高级职员组成。在两会成立之初,二者曾经发生过矛盾。1929年后,在反对中美航空合同及反对邮储分立的过程中,二者的意见逐渐一致,经常联合发表声明。当然,在具体问题上,由于上海邮务工会人数众多且力量雄厚,因此其态度往往会直接主导事态的发展。参见沈云龙《刘承汉先生访问纪录》,"中央研究院"近代史研究所1997年版,第60—65页。
⑥ 《邮工继续驱刘反储》,《申报》1930年11月17日,第9版;《两会要求刘书蕃撤职查办事呈中央党部监察行政院交通部及上海市党部文》《两会为反对另设邮政储金汇业总局事呈中央党部立法院行政院交通部及上海市党部文》《为反对另设邮政储金汇业局事呈四中全会文》,《上海邮工》1930年第4卷第1、2、3期合刊。
⑦ 李勇、张仲田:《蒋介石年谱》,中央党史出版社1995年版,第171、198页;杨天石:《蒋氏密档与蒋介石真相》,社会科学文献出版社2002年版,第296页。
⑧ 《两会呈一中全会文》,《上海邮工》1932年第5卷第1期。

常委中上海邮务工会占据了6人。① 这意味着上海邮务工会凭借其成员素质较高、组织较为完备，成了各地邮务工会实际的领导者，② 邮筹总会能得到了陈立夫CC系的青睐，也与上海邮务工会有着莫大关系。

蒋介石"四一二政变"后，由国民党直接控制的第四届上海邮务工会由于得不到工人支持很快就倒台了。第五届上海邮务工会成立后，为避免陷入政治"旋涡"中，其领导者坚决反对工会接近政治。③ 这样的态度间接导致了1928年上海邮务罢工的失败。此届邮务工会垮台后，陆京士凭借1925年就加入国民党的资历以及曾经在"清除"沪工界中国共产党势力过程中发挥的作用，受到了国民党上海市党部CC系骨干吴开先的青睐，不仅逐渐掌握了上海邮务工会的实权，还成为后者处理工潮的重要帮手。④ 在完成对上海邮务工会的掌控之后，陆京士又积极筹划了全国性的邮工组织——邮筹总会，并使其与国民党上海市党部及陈立夫CC系建立起密切关系，邮筹总会也被认为是国民党工会的重要台柱。⑤

虽然交通部的邮资加价引发了邮工组织对相关问题的再讨论，但在邮筹总会采取进一步行动前不得不考虑当时的形势。蒋、汪"合作"局面刚刚形成，蒋为此做出许多让步，汪派中的重要人物被安置在各部担任要职。在邮筹总会看来，蒋的如此诚意，使其不可能不顾邮资加价对解决新政府财政困难有所帮助的事实，而蒋与在外界看来属于蒋派的交通部长陈铭枢⑥更不可能主动推翻原本是在蒋执政时期制定的相关政策。因此，在社会各界未对邮资加价做出反应、政治态势仍不明朗的情况下，邮筹总会要想实现诉求，避免逞口舌之快，静观其变才是最佳的

---

① 饶景英：《关于"上海邮务工会"——中国"黄色工会"的一个剖析》，《史林》1988年第2期。
② 《卷头语》，《上海邮工》1928年第1卷第2期。
③ 沈天生：《回忆一九二七到三二年的上海邮务工会》，上海工人运动史料委员会《上海邮政职工运动史料》（第一辑），本会印制1986年版，第78页。
④ 中共上海市邮电管理局委员会：《上海邮政职工运动史》，中共党史出版社1999年版，第81页；《陆京士先生年谱》，谷正纲等《陆京士先生纪念集》，出版项不详，第318页；吴开先：《痛悼故友陆京士兄》，《传记文学》1984年第44卷第4期。
⑤ 陆象贤等：《朱学范传》，团结出版社2005年版，第33页。
⑥ 刘叔模：《一九三一年宁粤合作期间我的内幕活动》，全国政协文史和学习委员会《文史资料选辑》（合订本）第17辑，中国文史出版社2011年版，第136页。

策略。

最后，邮工组织"尴尬"的法律地位，使其希望以谨慎态度来换取新政府的承认。各地的邮务工会大多是依据1924年由孙中山颁行的《工会条例》而成立的。但根据1930年5月30日，国民政府国务会议公布的《工会法施行法》，不仅禁止国家行政、交通、军事工业、国营产业、教育事业、公用事业各机关职员或雇员组织工会，更不允许有纵向的全国性工会组织。① 因此，各地邮务工会以及在此法颁布之前成立的邮筹总会竟成为"非法组织"了。此后，它们仍得以存世，不过是依靠"事实上与上海市党部及政府之间关系迄未断绝"。② 虽然，邮务工会各级组织举行历次代表大会时，国民党党政机关都会派代表参加并作"训词"，③ 但这并不意味着国民党已在法律上承认它们的地位。

蒋汪"合作"后，时任民众运动指导委员会主任委员的陈公博迅速完成了与邮务工会性质相同的，且与汪派关系密切的铁路工会及海员工会的改组工作，④ 并在1932年3月10日国民党第四届中央执行委员会第十二次常务会上通过了由其起草的《指导民众运动方案》。该方案特别规定：海员及铁路工会可设总工会及分会；邮电工会于所在地设立，其组织法规单独制定中。⑤ 虽然此举有明显压制邮务工会生存空间的意图，但毕竟留有余地，两害相权取其轻。邮筹总会明白，这时反对业已经过行政院同意的邮资加价，不仅会恶化与汪派的关系，不利于自身利益的实现，甚至还可能授人以掀起"政潮"之柄，引来蒋介石的微词，因而对反对邮资加价暂时保留了意见。

综上可见，出于各种考虑，尤其是邮资加价所衍生出的复杂政治关系，邮筹总会暂时采取了较为和缓的态度。然而，就在邮工组织举棋不定之际，蒋介石与陈铭枢的关系恶化很快便使邮筹总会改变了立场。蒋

---

① 《第七十八次国务会议》，《申报》1930年6月1日，第10版；《工会法实施法已公布》，《申报》1930年6月8日，第9版。
② 《中国国民党中央执行委员会第二十三次常务委员会会议纪录》，中国第二历史档案馆《中国国民党中央执行委员会常务委员会会议录》（十七），广西师范大学出版社2000年版，第177—178页。
③ 朱学范：《我的工运生涯》，福建人民出版社1991年版，第44页。
④ 郭绪印：《国民党派系斗争史》，上海人民出版社1992年版，第96页。
⑤ 《指导民众运动方案》，《中央党务月刊》1932年第42、43、44期合刊。

陈的矛盾最早可追溯到1930年的中原大战，当时陈奉蒋之命率十九路军北上，却因此失去了广东省主席职务。① 陈从此秘密投入到邓演达等人的反蒋行列中。② 虽然在宁粤对峙中他积极斡旋促成了双方和解，但同时他又迎合粤方要求，逼蒋下野，且恐其"退之不速也"，这使蒋大为不快。③ "九一八"事变发生后，陈对蒋的对日政策十分不满。④ 随后的"一·二八"中，陈对"上海人"指责蒋不派兵增援抗日前线的所谓"反动之言"，"闻之毫不动声色"。这使蒋视其为与陈炯明一样的"无血心之人"，⑤ 蒋愤愤不平地在日记中写道："真如（陈铭枢字——引者注）之愚庸则我所知，真如之奸鬼则我所不知，而真如之能为陈炯明第二，是又我所万万不及料者也。"⑥

此外，陈铭枢执掌交通部后的人事变动更触犯了蒋介石等人的利益。曾长期担任国民政府财政顾问的美国人杨格就指出，交通部在国民政府各部中一直是属于"有钱衙门"，且经营收入独立于中央财政之外的。⑦ 更有媒体公开批评交通部每年收入甚巨，却无须向财政部"报告"，其长官"视国产如私有，一切收入均可任意支用"。⑧ 正是鉴于交通部这一"特殊"地位，南京国民政府成立后，交通部长一直由蒋的亲信——何应钦的舅哥王伯群担任，直到1931年底王随蒋下野宣布辞职后才改由陈铭枢继任。陈上台后，随即安排改组派骨干、广东同乡陈孚木为交通部次长，⑨ 委任曾是自己秘书的杨建平为邮储总局局长。⑩ 此外，还将与他有直接、间接关系的人尽力安插至其他各部，大有权倾朝野之势。"这样的

---

① 李宗仁口述，唐德刚撰写：《李宗仁回忆录》（下），广西师范大学出版社2005年版，第493页。
② 朱宗震等：《陈铭枢回忆录》，中国文史出版社1996年版，第72—73页。
③ 《蒋介石日记》1931年12月12日。
④ 天津编译中心：《顾维钧回忆录缩编》（上册），中华书局1997年版，第162页。
⑤ 《蒋介石日记》1932年3月4日。
⑥ 《蒋介石日记》1932年3月7日。
⑦ [美]阿瑟·恩·杨格：《一九二七至一九三七年中国财政经济情况》，陈泽宪、陈霞飞译，中国社会科学出版社1981年版，第87页。
⑧ 崇实：《国产如私有》，《生活》周刊1932年第7卷第22期。
⑨ 朱宗震等：《陈铭枢回忆录》，中国文史出版社1996年版，第112页。
⑩ 同上书，第114页。

情形……自然非蒋先生和他左右所能忍受的"。① 随着蒋陈矛盾的逐渐升级，陈甚至还在暗中策动政府人员总辞职，加紧联络国民党内各派人士反蒋，② 这些都无疑激怒了蒋介石。

反蒋离不开财力，陈铭枢掌管的交通部尤其是邮储总局可以为此提供资金支持。尤其邮储总局是交通部增强独立支配相关收入能力的重要部门。因而，4月25日，陈针对邮工组织关于邮储合并的要求，通过邮储总局局长杨建平向外表示，邮储总局的成立是利国利民之举，不能分而再合。③ 邮筹总会等邮工组织眼见要求遭拒，而陈立夫CC系方面又不断传来蒋以为陈很可能"为反动派所煽惑亦随之叛变……如不预防，必有近忧"的信息，④ 随即意识到唯有追随蒋，迫陈交出交通部权力，截断其经济来源，预防"叛变"，才有可能借机实现有关诉求。当然，邮工组织也明白政治操作需要一个冠冕堂皇的理由，在其看来，交通部邮资加价无疑就是触发各种矛盾的关键。

另外，对陈铭枢表示不满的不仅是蒋介石，1932年1月，为了解决孙科政府的财政危机，孙科、陈铭枢等人提议提用公债基金，暂行停付公债本息。⑤ 虽然，此议受到上海、北平、天津等地金融业的强力反对。⑥ 但陈铭枢却坚持己见，并得到了冯玉祥的支持。⑦ 此时，已经插足上海金融界的杜月笙也公开发表声明反对公债延期偿付。而由其控制的持券人会更拟定了"维持内债信用办法"：其一为由持券人自行接收债券抵押各税之税收机关；其二为对于现在经收税收之中央银行及保管内债基金之负责人员，责成其负责保守政府从前法令；其三是对于破坏公债信用及截留税收之政府官员，社会上应严重反抗之。⑧

全国的反对浪潮使陈铭枢等人不得不取消该案。随后，陈铭枢等人要求沪银行公会及沪商会每月赞助政府一千一百万元，此议再次遭到了

---

① 陈公博：《苦笑录》，现代史料编刊社1981年版，第209页。
② 朱宗震等：《陈铭枢回忆录》，中国文史出版社1996年版，第110页。
③ 《杨建平谈邮政储金》，《申报》1932年4月25日，第4版。
④ 《蒋介石日记》1932年4月14日。
⑤ 朱宗震等：《陈铭枢回忆录》，中国文史出版社1996年版，第90页。
⑥ 《停付公债本息拟议汪电京请慎重》，《京报》1932年1月15日，第2版。
⑦ 中国第二历史档案馆：《冯玉祥日记》（三），江苏古籍出版社1992年版，第561页。
⑧ 《银界抗争》，《国闻周报》1932年第9卷第4期。

各方的拒绝。与此同时，陈铭枢将兼任财政部长的消息更使舆论一片哗然，甚至国民党内部也是纷纷反对。① 可以说，此时各方的矛头都指向了陈铭枢，而杜月笙等人的行为也被认为是对蒋介石继续效忠的表现。②

就在政治势力相互纠结的同时，交通部的邮资加价使交通部成为众矢之的。不仅邮工组织表示或多或少的不满，各地之书业界、学界、商界也对邮资加价极力反对，纷纷指责行政当局的措置失当，徒增民众负担。③ 针对社会舆情的反应，交通部次长陈孚木称：时值内忧外患之际，邮政经济已近破产，因此，为了弥补亏空，发展邮政不得不实行邮资加价。具体而言"使用邮政最多者，非多数之贫苦民众，而是较为富裕之商业者及都市之有产份子"。因此，加价不会为多数普通民众所累。而且经过邮局寄递的书籍大多为神怪淫秽小说，邮局年赔巨款传递此项阻碍文化之小说，"为无道德之书商渔利，亦为不合理之事"。除上述两点外，交通部也将力行节俭，邮工加薪亦有相当限制，以免再有收支不敷而行加价之举。④ 陈孚木的解释无疑将矛头指向"有产份子"、书商及邮工，然而，这无疑进一步激怒了掌握部分"话语权"的社会精英阶层。

5月1日，邮资加价如期实施，交通部并没有表现出要解决邮工所关心问题的诚意。书业界、商界等社会团体的反对之声也没有牵出邮筹总会等邮工组织最为关心的问题。再加上蒋陈矛盾的逐渐公开化，如果此时邮筹总会仍取暧昧态度，极有可能丧失实现诉求的机会。因此，邮筹总会顺势发表公开声明，明确表示反对邮资加价，并称将拟订"巩固邮

---

① 《月助千一百万》，《京报》1932年1月16日，第2版；《财政与外交》，《京报》1932年1月17日，第2版。
② ［美］帕克斯·M.小科尔布：《江浙财阀与国民政府（一九二七——一九三七年）》，蔡静仪等译，南开大学出版社1987年版，第69页。
③ 《书业同业公会为邮费加价呈陈次长》，《申报》1932年4月19日，第3版；《邮费增高之反响》，《申报》1932年4月20日，第8版；《市商会电交通部请免书籍邮寄费》，《申报》1932年4月21日，第8版；《两团体请缓加邮费》，《申报》1932年4月22日，第9版；《成都书业反对书邮加价》，《申报》1932年4月24日，第8版；《书业公会请减邮费》，《申报》1932年4月25日，第4版；《平书业反对邮费增加》，《申报》1932年4月26日，第6版。
④ 《交次陈孚木谈邮费加价原因》，《申报》1932年4月11日，第6版。

基便利民众具体方案"。① 同时，还派出代表面见陈孚木，申明意见。当代表问及如何看待诸多社会团体对邮政问题的态度时，陈竟然"蔑视舆论，肆口谩骂之态度，皆为国人曾未前闻"。② 如此一来就促成了社会舆论与邮工组织结成暂时的"利益同盟"。

此后，一些主流媒体开始积极讨论有关邮政经济亏累的原因了。其要点为：一是交通部开办航空邮政与成立邮储总局等才是邮政经济颓势的主因，政府行政失当何故转由民众负担？③ 二是针对原交通部高层官员相继曝出的贪腐事件，④ 质疑所谓邮政亏累，纯由交通部营私舞弊，以致"公家为亏，当局不亏；所谓贴本，公家为贴，私人不贴"。⑤ 不过，这时的媒体也只是试图借此否定邮资加价的"合理性"，并不希望"刺激"现任交通当局而使矛盾更加激化。

与此同时，立法院也向行政院提出了质询，前者认为根据上年国民政府之政令，一切特殊费用的增收均须中政会决定原则，立法院审议方得成立。而交部之邮资加价无论是否合理，却未按程序审议，故宣布此次邮费加价不合法。⑥ 而立法院个别委员甚至认为交通部增加邮资实另有背景：交通部当局本欲利用邮政储金设立银行，但因"一·二八"事变突发，"此计不得实现，故改行增资，以便抽取盈余"。但此不禁令人质疑立法院之动机，因为交通部邮费加价提出已久，"立法院不早提出制止办法，欲于数小时咨询理由，并欲撤回已颁发之部令，事实上当然困难"。⑦

---

① 《对邮资加价郑重表示》，《申报》1932年5月1日，第4版。
② 《邮资加价昨果实行立法院制止无效》，《世界日报》1932年5月2日，第4版。
③ 《反对邮资加价沪杭书商分电呼吁》，《大公报》1932年5月1日，第5版；《国难严重声中之邮资加价问题》，《大公报》1932年5月1日，第7版；《邮资实行加价》，《世界日报》1932年5月2日，第6版。
④ 霍锡祥：《回忆国民党时期的邮政》、霍锡祥、楼祖贻：《邮政储金汇业局见闻》，全国政协文史和学习委员会：《文史资料选辑》（合订本）第65辑，中国文史出版社2011年版，第165—166、204页；《久惹是非之王保婚礼》，《生活》周刊1931年第6卷第27期；李杏南：《汪精卫与邮资加价》，《世界日报》1932年5月5日，第2版。
⑤ 《"节约"不是救国根本办法》，《益世报》1932年5月14日，第2版。
⑥ 《立法院讨论邮资问题》，《申报》1932年5月1日，第5版；《邮资实行加价》，《世界日报》1932年5月2日，第6版。
⑦ 《邮资加价为违法》，《益世报》1932年5月1日，第2版。

社会舆论的沸腾给了邮工组织借力打力的机会，而立法院的质询更释放了明确的政治信号，于是，邮工组织迅速采取实际行动。5月3日，上海邮务工会正式向交通部提交了"巩固邮基方案"（简称方案），具体内容有："纲一：以邮养邮之原则为本方案之总纲，永固邮政基础；纲二：裁并邮政储金汇业总局及其汉口南京两分局，恢复邮政原有组织，使储汇业务仍继续由邮政总局办理，增进实效，节省靡费，以符中央紧缩意旨；纲三：暂维原有邮资，并停止由邮政拨给中国及欧亚两航空公司之各种款项，以减轻邮政之负担，弥补邮政亏累，用固邮政之经济基础。目一：邮政总局如有盈余，除照规定提出百分之十为人员养老金，并存百分之二十为邮政基金以为天灾人祸之准备计外，其余统由邮局充量用于邮政之建设及发展，交通部不得提用；目二：邮政原有之制度及待遇保障应予切实维持，自副局长及以下，除秘书、顾问若干人（有定额）外，应由经过邮政考试之邮政人员充任之；目三：所有局务之处理及员工之升黜赏罚以及款项之调拨、投资，非经专任副局长及主管处长签字不得生效；目四：为裁并邮政储金汇业总局手续便利起见，交通部应派邮政总局局长接管邮政储金汇业总局，以便立将邮政储金汇业总局内总务处、秘书室、会计处、营业处、保险处、联合会计处分别取消、归纳，惟将储金及汇兑两处保留，并入邮政原有组织而收实效，并应立将南京、汉口两储汇分局撤销，以节靡费"，等等。① 为了实际响应社会对邮资加价的反对，上海邮务工会同时宣称将在工作中拒绝使用新邮价。②

从"方案"的内容来看，上海邮务工会的诉求点仍集中在反对津贴航空邮政及邮储分立等问题上，其内容所涉及邮资暂缓加价不过是"应景之作"。因此，上海邮务工会不是反对邮资加价，而是希望借反对邮资加价来争取自身利益。但是对于其他社会团体而言，它们关心的只是能否减轻邮递费用，其对交通部行政措置的指责不过是反对邮资加价的理由，并不是目的。

双方不同的利益诉求很快就使上海邮务工会等组织陷入"孤立"。5

---

① 《护邮运动经过概要》，《上海邮工》1932年第5卷第1期。
② 《反对邮资加价》，《申报》1932年5月4日，第6版。

月6日，行政院决定对所加邮费分别减免，书籍、印刷物暂缓加价。① 上海、北平、天津等地的邮务工会认为行政院减免邮价的策略并不能彻底解决邮政经济亏累的问题，希望继续协力推动"方案"的实施。② 然而，它们的主张却未能得到社会团体的再次响应。情急之下，上海邮务工、职两会不得不宴请上海各界人士，重申"方案"的本旨与目的。应邀出席的上海特别市党部执委、CC系骨干潘公展等人虽公开支持邮务工会的行动，③ 但这样的表态却很难再次激发社会的关注。一场由邮资加价所引发的社会运动在行政院改订邮费后遂成了各地邮务工会的"独角戏"。

行政院改订邮资的新政策成功瓦解了邮工组织与相关社会各界的"结盟"。于是，陈孚木又胆壮起来，在他看来，邮资加价对邮工并无坏处，各地邮务工会公然发表一系列反对言论，挑唆公众的不满，这无异于蓄意捣乱。因此，他表示："本次长在政一日，对此实难忍受，宁愿邮政停业一年，国家交通停止一年，亦不愿此捣乱份子存在邮局一日，誓必加以驱除。本次长认为正当可行之事，任何反对，手枪炸弹亦何畏惧？"④ 同时，外界也对各地邮务工会所提出的有关问题渐生疑窦，认为这都是王伯群任内之事，为何却在陈铭枢主掌交通部后才严重提出，是否有对人的问题？为此，上海邮务工、职两会不得不做出解释："本会历次行动全在维护国家事业，民众利益，绝无其他任何问题。"⑤ 显然，外交辞令式的解释并不能使外界释怀——具有深厚政治背景的邮筹总会有可能借机掀起一场针对新政府尤其是陈铭枢的政治风波。

此后，随着各地邮务工会与行政当局交涉的展开，这样的质疑进一步发酵。5月中旬，传出了上海邮工酝酿罢工的消息。接着，坊间又传出交通部接到密报，称"有人以三万元运动沪邮工罢工"，交通部已请行政

---

① 《行政院改订邮资加价办法》，《申报》1932年5月7日，第6版。

② 《邮资减低》，《大公报》1932年5月8日，第4版；《平津济邮工会代表在津开联席会议》，《大公报》1932年5月10日，第4版；《各地邮务工会一致主张》，《申报》1932年5月14日，第11版。

③ 《邮务工会职工会招待各界》，《申报》1932年5月13日，第9版。

④ 王希曾：《从邮资加价问题谈到陈孚木本身》，《世界日报》1932年5月5日，第2版；《邮务两工会请愿经过》，《申报》1932年5月11日，第9版；《邮工救邮运动》，《申报》1932年5月18日，第6版。

⑤ 《邮务两工会委员谈话》，《申报》1932年5月19日，第9版。

院速电上海市党政军当局切实取缔邮工组织，严禁其罢工企图，并查办主谋。① 对此，上海邮务工会表现得极为激愤，认为这是有人故意构陷，要求交通部究查消息来源，并称如情况属实，甘受严厉处罚。② 然而，交通部对此却不置可否，只是取消了此前有关废除金贵银贱津贴及限制邮员晋级的训令，③ 希望能够缓解与邮工的矛盾。时任上海市市长的吴铁城为平息事态，也约见了邮工代表，劝其慎重行事，未果。5月22日，上海邮务工会率先宣布罢工。同日，陈铭枢及陈孚木以邮政总局局长钱春祺及交通部邮政司司长龙达夫涉嫌鼓动邮工罢工为名，将其逮捕，邮储总局常务监理刘书藩被停职查办，并分别委派黄乃枢、林实继任其职。④ 这样的人事任免，显然暗含深意。黄、林二人为中华邮政旧人，且与刘书藩素有嫌隙。黄是陈铭枢的广东同乡，曾与刘在邮储分立问题上发生激烈冲突，并愤然辞职。⑤ 而林实更与汪精卫交好，是刘书藩在中华邮政中重要的政治对手。⑥ 随后，罢工中出现了"打倒汪精卫、陈铭枢""拥护王伯群"等字样的传单，更让人相信此次邮潮很可能是前任交通部要人从中操纵所致。⑦ 邮筹总会等邮工组织虽极力否认此类传言，但"巩固邮基"的罢工运动远非它们所称的那样简单和纯正。根据有关史料显示，"方案"的实际草拟者是时任邮政总局总务处长余翔麟，余是钱春祺的同学，钱又曾是刘书藩的秘书，并且钱也一直暗中参与了此事。⑧ 5月14日，邮筹总会开会对可能发生的罢工做出一系列的安排与部署。⑨ 据陈铭枢称：钱事先对此都十分了解，在逮捕钱时，检查出由其拟定的罢工标语，甚至还检出上海邮局致该局长的多份电报，均明言罢工日期，该局

---

① 《政院令沪市府取缔邮务职工会》，《时事新报》1932年5月15日，第2张第3版；《交部防范沪邮工潮》，《申报》1932年5月20日，第8版。
② 《邮务工会电交部彻究贿运罢工》，《申报》1932年5月21日，第10版。
③ 《吴铁城劝邮务职工》，《中央日报》1932年5月22日，第1张第3版。
④ 《昨晨邮工罢工后》，《申报》1932年5月23日，第4版。
⑤ 《两会为要求刘书藩撤职查办呈中央党部监察行政院交通部及上海市党部文》，《上海邮工》1930年第4卷第1、2、3期合刊。
⑥ 霍锡祥：《回忆国民党时期的邮政》，全国政协文史和学习委员会《文史资料选辑》（合订本）第65辑，中国文史出版社2011年版，第165页。
⑦ 《上海邮潮爆发》，《大公报》1932年5月23日，第3版。
⑧ 沈云龙：《刘承汉先生访问纪录》，"中央研究院"近代史研究所1997年版，第100页。
⑨ 《全国邮务总工会历次会议大事纪要》，《中华邮工》1936年第2卷第1、2、3期合刊。

长始终未具报到部,"其为蓄意煽动罢工,已属无疑"。① 此外,随着事态发展,媒体要求彻查刘书藩等人贪腐行为的呼声持续发酵。② 这很可能使刘书藩等人在任内期间的"不法"东窗事发。因此,有消息称有人运动罢工实际上是试图借此掩盖舞弊。③ 这些都成为交通部某些人与罢工有所联系的佐证。

然而,就此坐实前交通部高层操纵罢工或许难以令人信服。因为上海邮务工会与刘书藩的历史积怨使后者操控罢工的可能性很小,而且那些所谓打倒某某、拥护某某传单的来源也甚为可疑,发传单的人并非邮工,仅为人所雇,且"邮工反对之当局政策,原多为王伯群所倡导,似与传单主张矛盾……恐有少数人受人利用"。④ 前任交通部要员操控罢工的证据不足,其在此次罢工中的出现不过是为了"搅浑水"罢了。对于纷起的传言,上海邮务职工会自辩称:这一切可能是交通部自编自导的"闹剧",其目的是试图以"受贿头衔加诸邮务职工,使邮务职工为避嫌而不致罢工"。⑤ 它们更认为恰恰是交通部的"污词宣之报端",导致群情"弥觉愤激,而无由抑制",引发了沪邮工罢工。⑥

此外,据《盛京时报》报道,罢工期间,"广东派"也向邮工提供过"资金"援助。⑦ 所谓"广东派",显然是指胡汉民派。虽然《盛京时报》作为日本人办的报纸,难保没有挑拨中国各政治派系的矛盾以渔利的嫌疑,而且迄今也还没有发现胡汉民等人曾介入此事的直接证据,但由于他与蒋介石、汪精卫存在众所周知的矛盾,值此邮工罢工之际趁机支持邮工罢工也不是不可能的,何况还有舆论指证粤方的确以实际行动支持了邮工的罢工:广东当局深觉中央措置失当,因此容纳当地邮工要求,

---

① 《邮员罢工潮由于钱春祺之煽动》,《益世报》1932年5月28日,第3版。
② 《邮资加价矣(续)》,《大公报》1932年5月2日,第4版。
③ 《南京邮务工会苏皖邮务职工会紧急启事》,《中央日报》1932年5月22日,第1张第1版。
④ 《上海邮潮爆发》,《大公报》1932年5月23日,第3版。
⑤ 《上海邮务职工会罢工前后记》,《全国邮务职工总会半月刊》1932年第1卷第3期。
⑥ 《护邮运动宣言》,《上海邮工》1932年第5卷第1期。
⑦ 《上海邮务工人罢业广东派供给资金说》,《盛京时报》1932年5月24日,第2版。

归并了本地的邮储局。① 更有传言说前任行政院院长孙科也卷入了此次邮潮。② 由此可见，此次邮务罢工确实引起了各方政治势力的关注，并试图借此发动政潮。正如吴开先事后回忆："当时南北失意军阀、政客，均寓居上海租界，亟思利用此次全国邮工总罢工机会，扩大工潮，意图造成不可收拾之局面，以达反对中央政府之阴谋。"③

虽然，在当时的政治态势下，鉴于不同的政治目的，各派意图借机"有所作为"是有可能的，但这与能够真正操纵还是有很大区别的。在此次邮潮中真正左右局势的是蒋介石与CC系，其目的是借机搞垮陈铭枢。④不过，为了撇清关系，在罢工发生后，CC系掌控的上海市国民党党部曾矢口否认有党部重要成员参加罢工，⑤ 但事实上其候补执委陆京士就是此次罢工的核心领导，此举无异于欲盖弥彰。因此，即使是罢工结束后，陈孚木仍坚持"运动罢工"一事绝非空穴来风，并公开指责有人筹措党费，指使党员极力"贿运"罢工。⑥

由此可见，上海邮务工会等工会组织的政治背景及动机不仅使事态变得更加复杂，而且也直接影响了行政当局对事态的处理。在交通部看来，为了避免事态的恶化，行政当局先是对邮资进行了调整，后又满足了邮工对福利的要求，但邮工组织仍不依不饶，其背后必定有不可告人的"目的"。因此，罢工开始后，行政当局表现得相当强硬，不仅紧急做出相关的人事调整，而且还指责工会越权干涉国家行政，尤不应以罢工相要挟，破坏地方治安。⑦ 翌日，汪精卫、陈铭枢等人纷纷指摘邮务工会之组织及罢工行为有违《工会法》，如其不听政府劝导复工，"政府将不

---

① 《平邮工会昨招待记者报告护邮运动始末》，《世界日报》1932年6月2日，第8版。
② 《关于邮务工人罢工事给全国工会的信》（1932年5月26日），中华全国总工会中国职工运动史研究室《中国工会历史文献》（三），工人出版社1982年版，第440页。
③ 吴开先：《痛悼故友陆京士兄》，《传记文学》1984年第44卷第4期。
④ 朱学范：《朱学范文集》，团结出版社1992年版，第502页；姜豪："和谈密使"回想录》，上海书店出版社1998年版，第84页；霍锡祥：《回忆国民党时期的邮政》，全国政协文史和学习委员会《文史资料选辑》（合订本）第65辑，中国文史出版社2011年版，第167页。
⑤ 《上海特别市执行委员会巧电》，中国第二历史档案馆《中国国民党中央执行委员会常务委员会会议录》（十七），广西师范大学出版社2000年版，第116—117页。
⑥ 《全国各地邮务工会对陈孚木暂电辟谬》，《上海邮工》1933年第5卷第2、3期合刊。
⑦ 《上海邮界轩然大波》，《益世报》1932年5月23日，第2版。

得不执行严厉之处置"。① 甫经上任的林实也否认交通部与邮工组织有和解之意。②

行政当局的态度进一步激化了事态的发展。为响应邮筹总会的指令，24日，平、津、杭州、福州等地的邮务工会也宣布罢工，工潮进一步扩大。25日，罢工持续高涨，南京邮工组织决定停工三日。陈铭枢下令南京军警搜捕工会负责人。③ 为防止各地邮工组织串通信息，交通部严禁电报局转发邮工电报。④ 同日，汪精卫电令各省市军政长官切实维护邮政通畅，对听从劝导的邮工予以升迁，并严令罢工邮工限期复工，逾期者将一律开革，交通部将另行招工。⑤ 陈铭枢还特别电告平津行政主管，称此次罢工"非仅为要求本身利益所发，实亦有其他作用"，希妥善防止。但平津两市市长认为行政院之通令将使事态日益扩大，无法收拾，况罢工为全国之事，"单独解决某一地点，绝难办到"，表示如邮工并无越轨行为，"自不便横加干涉"，只能力主劝导。⑥ 河北邮务长丹麦人阿良禧更警告行政当局筹划新招邮工"在事实上未必能抵抗全国邮工，徒增该地之纷扰"。⑦

平津行政长官的表态无疑变相拒绝了中央行政当局的有关命令，如果再联系前文中的平津邮务工会率先反对交通部的邮资加价政策，事情就更为复杂了。此时的平津地区是张学良的势力范围，张与汪关系不睦由来已久。在1930年中原大战中，张率东北军入关支持蒋介石，彻底瓦解了汪与冯玉祥、阎锡山政治同盟。虽然在"九一八"事变中，张的"不抵抗政策"遭到各方的责难，但直到1932年4月，汪主持的"国难会议"中才通过了由改组派张居平提出的"撤惩张学良案"。⑧ 而蒋任委

---

① 《邮潮扩大已难收拾》，《益世报》1932年5月24日，第2版。
② 《林实否认调解》，《申报》1932年5月24日，第4版。
③ 《南京护邮运动之经过》，《全国邮务职工总会半月刊》1932年第1卷第6期。
④ 《电报局拒发邮工电》，《益世报》1932年5月26日，第1版。
⑤ 《尽力维持邮务》，《申报》1932年5月26日，第7版。
⑥ 《周大文主劝导》，《益世报》1932年5月25日，第1版；《市政府昨日派员调解》，《益世报》1932年5月25日，第6版。
⑦ 《邮务长报告总局另招员工事势上困难》，《商报》1932年5月25日，第5版。
⑧ 《国难会议通过重要议案》，《申报》1932年4月14日，第7版。

员长的军委会很快做出了回应，以"时机未到"为由拒绝剥夺张的军权。① 就此可推断，平津邮务工会对邮资加价的率先发难正是利用了这种复杂的政治关系，平津当局的态度也有坐视"为难"汪的意思了。

复杂的政治关系使得罢工从一开始就与普通的劳资纠纷相去甚远，虽然，上海邮务工会等工会组织一再表明其行动的"正当性"与"合理性"，但在如此政治局势下，其政治背景已掩盖了它的原有诉求。因为，上海邮务工会等工会组织根本无法解释为何在蒋介石下野之前，它们也曾多次陈情"方案"所提内容，虽然未果，却未有"过激行动"。但随着政局的变化，这时却表现得如此"激烈"。这样看来，此次邮务罢工的发展逐渐超出了普通劳资纠纷的范畴，"异化"成一场国民党内部的派系斗争。

其实，就在工潮不断扩大的同时，解决邮务罢工的转机也出现了。首先，随着邮务罢工的蔓延，各地的通邮陷入停顿状态，给社会大众带来很大不便，民众竟成为最大的"受害者"。因此，从23日起，媒体舆论对邮工罢工的态度便逐渐由同情转变为焦虑，并希望罢工邮工及早与政府当局达成和解。② 正如《大公报》所言：公众不满意政府的颠顿，在"不知不觉之中对邮工表示好感……然而邮工提出此种对人对事性质之复杂之行政问题，而欲以罢工手段，彻底解决之，事实上自不能如此简易，社会亦绝不能容忍久持"。③ 更为严重的是，24日，上海公共租界工部局及日租界宣布设立临时邮局，自行寄递对外邮件。④ 公众开始担心中国邮权将随之落入外人之手，这更加速了社会舆论的转向。不仅如此，上海市总商会也筹划以童子军递送邮件。⑤ 到了此时，"不仅空洞的民众团体文字上的援助已大大减少，而且舆论也一改前数日赞和的态度"。⑥ 邮工本希望通过罢工来阻断交通，借此向行政当局施压，但社会的种种应急

---

① 《张学良查办案一时未能实施》，《申报》1932年4月18日，第7版。
② 《邮务职工罢工平议》，《申报》1932年5月23日，第3版。
③ 《邮政罢工不容久延》，《大公报》1932年5月25日，第2版。
④ 《开办临时邮局》，《申报》1932年5月24日，第3版；《救济会请救济》，《申报》1932年5月25日，第3版。
⑤ 《市童子军表示》，《申报》1932年5月26日，第6版。
⑥ 《上海邮务职工罢工前后记》，《全国邮务职工总会半月刊》1932年第1卷第3期。

举措无疑是釜底抽薪，反使罢工邮工倍感压力。

其次，工界内部的反对加剧了邮务工会的"孤立"。在罢工之初的前两日，由上海邮务工会核心人员朱学范领导的上海市总工会[1]及部分行业工会等数十团体先后发表声明，同情甚至是支持邮工罢工，[2] 有人认为总工会对罢工的支持是受到了邮工的操纵。[3] 其实，总工会实际存在两派，一派以陆京士、朱学范等人为首，另一派则以汪精卫支持的商务印书馆的陈培德等人为核心。[4] 罢工爆发后，朱学范依据邮筹总会的要求息交绝游，自匿其身，总工会的权力暂时落到陈培德等人的手中。25日，陈培德等人即以总工会名义发表宣言，一改此前支持罢工的态度，称邮务工会"固执成见"，本会同人对于邮工组织的错误行动，"认为有纠正之必要"。[5] 此外，汪派掌握的海员工会等数十个工会组织也指责邮工要挟政府，表示绝对拥护政府的决定。[6] 陈公博则利用改组派内的工人运动骨干，发起呼吁复工运动。在其积极运作下，上海各业工会中的绝大多数负责人都在倡议邮工复工信上签了名。[7] 工界的反对使罢工面临中途夭折的命运，邮筹总会不得不表现出一定的和解姿态，以避免事态的进一步恶化。

最后，蒋介石的态度是关键。罢工之初，蒋日记中写道："邮务罢工为陈铭枢所逼成，又须政府为难也。"[8] 这明显表达了他对陈决定邮资加价，并由此引发邮务罢工的不满。25日，蒋电请杜月笙设法调解工潮。[9] 按照蒋汪的政治分工，"专管军事"的蒋就此事出面似有"越俎代庖"之嫌。但对蒋而言，与汪的"合作"需要有所表示，现在汪遇到了信任危

---

[1] 朱学范：《我的工运生涯》，福建人民出版社1991年版，第61页。
[2] 《第三者意见》，《申报》1932年5月23日，第6版；《援助者之继起》《总工会之调解》，《申报》1932年5月24日，第4版。
[3] 《上海总工会纠正邮工错误》，《民众运动月刊》1932年第1卷第1期，第115页。
[4] 沈以行等：《上海工人运动史》（上卷），辽宁人民出版社1991年版，第583页；朱学范：《我的工运生涯》，福建人民出版社1991年版，第58—59页。
[5] 《总工会之态度》，《申报》1932年5月26日，第4、6版。
[6] 《第三者意见》，《申报》1932年5月23日，第6版。
[7] 姜豪：《"和谈密使"回想录》，上海书店出版社1998年版，第85页。
[8] 《蒋介石日记》1932年5月23日。
[9] 《蒋中正电杜月笙设法调解沪市邮工罢工风潮与吴铁城妥商协助解决》，1932年5月25日，《蒋中正总统文物》，台北"国史馆"，002070100025048。

机，他不能坐视不管。而且，邮务罢工的真正动机并不是要"汪内阁"倒台，而是要为难与蒋同床异梦的陈铭枢，如果任由邮潮扩大，后果不堪设想。因此，蒋的适时出手，既可视作蒋给危难中的汪以"顺水人情"，又可让其感受到自己强大的政治影响力，可谓是一箭双雕的好棋。

蒋之所以在此时求助于杜月笙也颇有深意。因为按照当时颁行的《劳资争议处理法》，邮务工人不得罢工，也就谈不上组织仲裁了。① 更为重要的是，此事的政治背景已经闹得沸沸扬扬，如果由蒋派人士出面调解，一旦成功，不仅会引起政府内部汪派人士的不满——政府仍然受到蒋的控制，而且还会坐实此次邮潮受到政治摆布的事实。因此，蒋授意"体制外"的杜来处理此事最为合适，因为杜与陆京士等人有非同一般的关系——1928年，陆投入到杜门下，拜后者为"先生"。② 正是鉴于杜月笙在邮务工会中的影响力，上海市市长吴铁城曾在罢工发生后即拜访杜，希望其能够出面调解，但杜以邮工的要求并未"越轨"为由，拒绝调解。然而，当杜接到蒋介石授命之后，其态度立刻发生变化，承诺如果政府诚意接纳邮工要求的话，可以出面召集社会贤达进行调解。在得到吴铁城愿意负责与行政院、交通部协商的承诺后，杜、吴二人拟出了调解人员名单。③ 邮工代表"亦表示在未得最后解决前，不使工潮扩大"。④ 就在各方焦急等待调解结果的时候，邮筹总会突于26日宣布复工，其理由为"方案"之原则已为国民政府所接受，并将详加讨论。⑤

此次罢工的"骤起骤息"，其中的政治因素是很明显的。正如傅斯年所言：此次邮潮除给人以大不便外，"更使人惊异，何以这样的大事起得这样急骤，不有作用，焉能这样攸然动作呢？于是'背景'之疑人人心上有的"。⑥ 但这样的政治争斗并未因运动的结束而终结，反而继续在邮工组织中上演着。

---

① 《劳资争议处理法修正案》，Q222—1—4，上海市档案馆。
② 沈以行等：《上海工人运动史》（上卷），辽宁人民出版社1991年版，第530页。
③ 章君谷：《杜月笙传》（十三），《传记文学》1968年第12卷第1期。
④ 《调解工潮经过》，《申报》1932年5月26日，第4版。
⑤ 《罢委复工通告》，《申报》1932年5月27日，第3版。
⑥ 傅斯年：《邮政罢工感言》，欧阳哲生：《傅斯年全集》（第四卷），湖南教育出版社2003年版，第3页。

其实，早在罢工之前，上海、南京等地邮务工会的内部矛盾已初现端倪。5月14日，邮筹总会关于罢工前各项准备的会议纪要就被外露。事后上海邮务工会将矛头指向了曾任罢工委员会委员的劳杰明，认为此人"籍隶广东"，因此与同乡陈孚木、黄乃枢勾结，除将邮筹总会酝酿罢工的消息泄露外，更指使上海邮务工会执委邢容照、屠鹤云等人破坏罢工。① 就在罢工消息传出后，所谓的"苏皖邮区邮务全体职工"发表声明，对交通部恢复邮工福利的让步表示满意，并指责邮筹总会中少数人受到巨款运动图谋罢工。② 此后，南京邮务工会及苏皖邮务职工会发表联合启事，否认"苏皖邮区邮务全体职工"的合法性，称"其为不良分子甘受他人利用"，"显系假名招摇别有企图"。③ 罢工发生后，陈公博派出中央民众训练委员会工人科科长伍仲衡等人与邢容照、屠鹤云联络，试图从内部瓦解邮工组织。④ 对于内部的"不忠"，陆京士等人当然要"纯洁"组织，肃清"叛徒"。与此同时，邮工组织在罢工中表现出的力量使汪派人士甚为忌惮，也加紧了在邮务工会培植自己的势力。这样，国民党的派系纷争在罢工结束后仍继续着，只不过变换了一个舞台罢了。

6月6日，邢容照等人刊登广告称：上海邮务工会有人指责其向中央索贿重金以破坏工运等情事实为嫁祸于人，为以正视听并挽回名誉，特委派律师代为登报澄清。⑤ 同日，上海邮务工会对外宣称，邢等人在罢工期间受某方指使，阴谋破坏，该会正在据实审查。在此期间，上述人等的一切对外活动，该会将予以否认。⑥ 13日，邢等人决定成立"上海邮务工会临时联合办事处"，即日开始办公，⑦ 史称"新工会"事件。该组

---

① 《本会宣布邮贼劳杰明在"上海邮政管理局信差监理处主任"任内的罪状》，《上海邮工》1933年第5卷第2、3期合刊。
② 《苏皖邮区邮务全体职工否认罢工声明》，《中央日报》1932年5月20日，第1张第1版。
③ 《南京邮务工会苏皖邮务职工会紧急启事》，《中央日报》1932年5月22日，第1张第1版。
④ 《一九二九"护邮斗争"——巩固邮基运动》，上海工人运动史料委员会《上海邮政职工运动史料》（第一辑），本部印制1986年版，第120页。
⑤ 《范刚、宋士骧律师代表邢容照等警告朱学范等鉴》，《申报》1932年6月6日，第5版。
⑥ 《邮务工会郑重声明》，《申报》1932年6月6日，第14版。
⑦ 《上海邮务工会各分部特别组临时联合办事处成立启事》，《申报》1932年6月14日，第4版。

织被认为是陈孚木勾结劳杰明共同促成的。① 几天之内，到"新工会"登记注册的会员达到400余人，这无疑令陆京士大为恼火。翌日，上海邮务工会发表通告，否认临时办事处的合法性，称其是少数"内奸"盗用工会名义在外招摇，以扰乱视听，并决定将邢等9人开除出会，呈请沪党政机关严令取消临时办事处。② 同日，上海邮务工会各分部也发表宣言称：对所谓的各部各组代表联席会议毫不知情，并拒绝承认临时办事处。③ 18日，临时办事处在陈立夫的授意下被沪公安局查封，邢等人脱逃，"而某方当局特派指挥汤某，则于事后离沪，不知何往"。④ 21日，上海邮务工会召开全体会员大会，议决将邢等人驱逐出局，"并要求当局不得再容留该工贼等在局内办事"。而对于"某部当局侮辱劳工，破坏工运，摧残邮政，举止乖张，行为卑鄙，收买工贼，捣乱工会，罪恶昭著"等情事，上海邮务工会将于必要时，"以最有效方法手段对付之"。⑤

"新工会"事件在很大程度上不仅表现为上海邮务工会内部的权力争夺，更反映了邮工与工会之间的关系。事实上，邮工与工会之间的利益并不完全一致。对于普通邮工而言，最关心的是切身经济利益，因此，当行政当局取消了邮工的各项福利时，必然激起了全体工友的反抗。⑥ 而当行政当局转向妥协，适当顾及其经济利益时，邮工发表反对罢工的宣言也就不足为奇了。虽然，罢工如期实现了，但邮务工会所关注的是如何实现方案与政治目的，并没有更多考虑普通邮工的基本诉求，只是一味要求邮工为工会利益而斗争。这是邢容照等人在罢工结束后仍能利用工友对工会的不满，掀起"新工会"事件的直接原因。

可以说，此次运动公开的诉求并没有得到较好的满足，邮工仅得到

---

① 《本会宣布邮贼劳杰明在"上海邮政管理局信差监理处主任"任内之罪状》，《上海邮工》1933年第5卷第2、3期合刊。
② 《上海邮务工会否认非法组织之临时联合办事处并呈请党政机关严令取缔及查办主动人郑重启事》，《申报》1932年6月15日，第5版。
③ 《上海邮务工会分部特别组否认联合办事处启事》，《申报》1932年6月15日，第5版。
④ 《"新工会"事件》，上海工人运动史料委员会：《上海邮政职工运动史料》（第一辑），本部印制1986年版，第121页；《邮工联合办事处被封》，《申报》1932年6月20日，第10版。
⑤ 《邮务工会全体会员会议》，《申报》1932年6月22日，第10版。
⑥ 《护邮运动经过概要》，《上海邮工》1932年第5卷第1期。

每人每月加二元津贴等少许利益。① 事后，邮筹总会不断上请为解决此次罢工后续问题而成立的"邮政经济制度研究委员会"，要求满足"方案"中所涉及的问题。② 但经过一年多的研究并由行政院核准通过的"方案"，始终未见实施。③ 然而，实际领导此次罢工的陆京士却因此获益，在当年9月，被选为上海特别市党部执行委员。④ 而陈铭枢却在6月5日向行政院提出了辞呈，在其给林森、汪精卫、蒋介石的辞呈中称：当下社会、政治环境恶劣，每每有奸人从中为祸，"假公以快私"，为了避免再生事端，特请求批准其辞职。⑤ 这样的解释无疑是有所指的，据当时人分析陈的辞职与此次邮务罢工有着相当的联系。⑥

客观地讲，处于相对弱势的邮工组织一开始的想法是比较简单的，不过是希望在国民政府发生重大人事变化的背景下，以邮资加价为契机，借民众之力旧事重提。对此，行政当局一方面通过让步成功地改变了社会舆情的态度，并从内部瓦解了邮工组织。另一方面，则对具有不同政治背景的邮工组织处处提防——后者的任何举动都可能是政治阴谋。从某种意义上讲，正由于此，使邮工组织的目的不可能通过正常的方式实现。眼见实现自身诉求的机会变得越加渺茫，邮工组织在得到政治信号的情况下，以"巩固邮基"为口号，发动了邮务罢工，希冀以此来换取自身利益的实现。在此过程中，国民党众多政治派系的介入使整个事件变得扑朔迷离，正如时人评论："大概中国内部的政治形势从来没有像当前这一由彼此冲突的阴谋诡计组成的迷宫更令人迷惑的了。个人和集团在大幕后面的舞台穿梭往来。"⑦ 但不可否认的是，大多数参与其中的政治力量都有"浑水摸鱼"之嫌，其目的不过是为难新政府罢了。真正能够决定事态发展的是暗中布置的蒋介石及陈立夫的CC系，邮务罢工成为

---

① 朱学范：《我的工运生涯》，福建人民出版社1991年版，第48页。
② 《各地邮工会纷电邮经研会》，《申报》1932年9月7日，第14版；《上海邮务工会上海邮务职工会致邮政经济制度研究委员》，《上海邮工》1933年第5卷第4期。
③ 《电行政院文》，《上海邮工》1934年第6卷第4期。
④ 《中国国民党中央执行委员会第三十九次常务会议纪录》，中国第二历史档案馆《中国国民党中央执行委员会常务委员会会议录》（十八），广西师范大学出版社2000年版，第249页。
⑤ 《陈上林汪蒋书》，《中央周报》1932年第210期。
⑥ 《陈铭枢辞职原因》，《世界日报》1932年6月14日，第4版。
⑦ 陈翰笙：《陈翰笙文集》，商务印书馆1999年版，第167页。

其发动政潮"光明正大"的理由和工具。蒋介石一方的政治操作以及只针对陈铭枢的政治目的决定了事件"骤起骤息"的过程。看似主动的邮工组织其实一直处于被动之中，这也决定了事件的最后结果——得到邮务工会主要力量以及帮会支持的蒋介石一方取得了完全胜利，陈铭枢被迫辞职，但邮工组织的诉求不可能实现。如果说邮工组织还从中获得了一些"利益"的话，那就是陆京士等人通过陈立夫的 CC 系清除了上海邮务工会内部的异己，邮筹总会的名声也在社会和工界引人注目起来。[①] 作为个案，此次事件有着某种偶然性，但其中仍有一些值得深思的问题。

首先，此次运动中，包括邮筹总会在内的工会组织为什么会卷入国民党内部的派系争斗中？回答这个问题需要跳出事件本身来探讨国民党劳工政策与实践。中国工会的产生与发展具有一定的"外生性"，即其发展脉络深深受到外部政治力量的影响。国民革命时期工人运动的蓬勃更多是受到外来政治因素的影响，其组织结构并不十分牢固。南京国民政府建立后，虽然国民党试图通过"三民主义""劳资合作"等来消解"阶级斗争"以及中国共产党在工人运动中的影响，但其不过是用一种政治理念去"取代"另一种政治理念，用国民党去"替代"中国共产党对工人运动的领导。换一个角度来看，从中国现代工会诞生以来，其"合法性"更多的是来源于对政治力量的认同。因此，在国民革命时期，上海拥有 400 余工会，"但从法律的观点看来，能合法而组织健全的，恐怕至多十分之一乃至五分之一"。[②] 这样的历史惯性在南京国民政府建立之后并未中断，而是演化成众多工会在国民党内部派系中寻求"合法性"的依据。尤其是《工会法》颁布后，上海原有的 429 个工会、会员 27 万余人，锐减为工会 76 个、会员 6 万余人。[③] 包括邮务工会在内的大量工会"游离"于国民党的法律之外，它们不得不以国民党各派系为政治"盟主"，在法律与派系的夹缝中生存，成为体制内的"非法工会"。工会的政治化逐渐演化成为工会的"派系化"，国民党对这些工会的影响力很

[①] 朱学范：《我的工运生涯》，福建人民出版社 1991 年版，第 48 页。

[②] 潘公展：《中国国民党劳工政策的研究序》，张廷灏《中国国民党劳工政策的研究》，上海大东书局 1930 年版，第 14 页。

[③] 蔡正雅：《上海的劳工》，《社会半月刊》1935 年第 1 卷第 11、12 期合刊。

难在制度、主义等层面体现出来，只能通过奖赏依附于某一派系的工会领导者来实现其间接控制，陆京士的升迁道路就是其中一个很典型的例子。

工会的"派系化"使得工会的权力更多地来自政治"盟主"的认同与支持，而非会员。正是基于这样的历史情状，才使不同派系背景的工会组织对同一事件表现出迥异的态度。这种态度与其说是一种价值判断，不如说是一种变相的"效忠"。同时，这也使此次运动的重心由维护会员福利及工会利益的劳资纠纷转向了打击政敌的政治风波。运动走向的偏离，进一步动摇了工会的基础。一旦领导者漠视会员的权益，二者的关系便会渐行渐远，领导者将遭遇自下而上的挑战，甚至有失去领导地位的危险。而会员也可能为其他政治派系所利用，成为他们争权夺利的工具。"新工会"事件的发生，淋漓尽致地反映了这种情况。

其次，在此次运动中所表现出的工会"派系化"是否就是工会与国民党关系的唯一写照？虽然，在此次运动中，上海邮务工会等邮工组织的"派系"色彩表现得十分明显。但就整个事件的发展理路来看，邮工组织与行政当局的历史"积怨"才是政治力量介入的前提，蒋介石及CC系不过是利用了此次运动来实现"肃清"政敌的目的，根本没有改变有关津贴航空邮政及邮储分立的意愿。而上海邮务工会等邮工组织之所以卷入到政潮中，不仅仅是为了使陈铭枢下台，更是希望借此来实现"方案"。依此而言，双方的旨趣并不完全一致，只是相互把对方作为实现各自诉求的工具罢了。

对有关行政措置的态度如此，在其他方面，上海邮务工会等邮工组织与国民党的关系也非完全"友好"。虽然，国民党可以在现实中默认体制内的"非法工会"——邮工组织的存在，但始终不承认其法律地位。为此，邮工组织曾多次上请希望能颁布针对邮务等公用事业的"特种工会法"，使各地邮务工会尤其是邮筹总会有法可依。[①] 然而，这一努力直到1948年才得以"变相"实现——全国邮务总工会在去掉"总"字后终

[①] 《天津邮务工会为呈请国民政府立法院中央党部速行颁布特种工会法告全国邮务工会暨全国同胞书》，1931年2月3日，W2—1—2784，天津市档案馆；《各地邮工请颁特种工会法》，《申报》1932年1月1日，第23版。

于被"依法"改为"中华民国邮务工会全国联合会"。① 这就不禁使人疑惑，既然上海邮务工会等邮工组织具有如此深厚的政治背景，为何却长期得不到法律的承认？其实，从南京国民政府建立之后，国民党的劳工政策就处于矛盾之中，一方面希望将工人运动纳入自己的政治控制范围内，以"三民主义""劳资合作"等政策来改善劳工的生活状况。而另一方面却始终将其作为潜在的反抗力量加以压制。这使得工界对国民党的认同度很低。据朱学范回忆，当年他之所以要加入国民党，不过是认为如此才能在工会里长久地干下去罢了。② 另据国民党中央民众运动指导委员会1934年的统计，在上海97家工会中，共有国民党党员354人，上海邮务工会有100人，其余的分布在34家工会中，有63家工会没有一个党员。③ 即使拥有相当数量国民党党员的上海邮务工会也每每出于自身利益的考量，屡屡表现出对国民党的某种"不驯"。这更增加了国民党对这些工会存在与发展的疑虑，二者之间的关系也就在现实与法律之间不断摇摆着。而帮会尤其是杜月笙的势力正是在这样的历史背景中积极介入到当时的工人运动中，成为当时各方都不能忽视的力量。

小　结

可以说，国民党在取得政权之后，重新将"劳资合作"作为其执政

---

① 顾锡章：《邮工运动纲领浅释》，1948年，W2—1—3431，天津市档案馆。
② 陆象贤等：《朱学范传》，团结出版社2005年版，第28页。
③ 转引自叶梅兰《南京国民政府时期的上海劳工运动（1927—1936）》，硕士学位论文，台湾"国立"政治大学历史研究所，1992年，第173页。实际上，国民党对此时的阶级差异性也有不同的理解。在国民党的主流看来，中国经济受到帝国主义的压榨，国内尚无如外国相等的大资本家与压迫工人的事，因此，只有通过劳资合作才能使中国的资本主义发展，进而使工人的地位得到提高。而且，国民党将发展资本主义视为提高国家地位的重要方式，因此也要求工人暂时放弃自身利益的获得，而求得国家经济的发展。此点参见《布告邮务工友书》，《大公报》1928年10月14日，第2版；《蒋中正对上海邮潮之表示》，《申报》1928年10月16日，第7版；《中执会告诫全国工会及工人》，《申报》1928年10月18日，第9版。但另一些国民党人却认为阶级差异与阶级斗争是存在的，但无产阶级与资产阶级是相伴而生的"孪生体"，因此，只有资产阶级力量的壮大才能谈无产阶级的利益的获得，而且，无产阶级的斗争并不是就必然带来资产阶级的覆亡。此点参见伍仲衡《中国工人运动的路线》，民众运动月刊社《民众运动月刊》第1卷第4期，1932年11月。由此看来，虽然国民党内部对劳资合作的阶级基础与斗争方式有不同的认识，但总体而言，都认为在当时劳资合作是解决劳资问题的唯一方法。

理念运用到劳工运动之中，试图通过在理论上刻意"掩盖"国内的阶级差异来抵消阶级对抗所带来的社会冲突。显然，这样的理论是建立在理想状态中的，即要求劳方尽量"克己"，资方出自"善心"去改善劳方的生活、工作条件，从而使劳资双方的冲突能够统一在国家利益之下，共谋国家实力的增强。然而，在实践中，国民党首先需要面对的是如何清除中国共产党对劳工组织的影响。虽然通过"清党"使中国共产党在工会中的组织系统受到巨大冲击，但对中国共产党可能重新控制工会的顾虑成为国民党挥之不去的"阴霾"，而此也左右了其相关政策、法规的出台及应用。这样，国民党一再压制劳工组织的生存空间，希冀通过限制劳工组织来消减后者对社会及政治的影响，但与此同时，国民党又难以借助自身的组织力量来影响劳工组织的行动，就此，仅仅以"堵"的方式来避免可能发生的劳资纠纷就使劳资关系进入到压制—反抗—相互怀疑加剧—再压制—再反抗的恶性循环之中。

除此之外，国民党的国家建构也由于国民党内部的纷争而举步维艰，这不仅体现在对劳工运动的掌控上，还反映在具体的施政上。当二者共同作用在诸如邮政等国家事业中，就使国家与邮工组织的矛盾不可避免了。在蒋介石等国民党人看来，无论是航空邮政，还是邮政储金总局都是中华邮政实现"国家化"的必要步骤。而对于邮工组织而言，一系列的举措都会带来中华邮政的"政治化"，从而使中华邮政被迫成为国家行政的"附庸"，最终损害了邮工的利益。表面看来，双方的分歧集中于国家行政力量是否应当"侵入"到邮政等系统中，但实质上映射的却是国家利益与部门利益的冲突。换言之，国家利益与部门或者是民众利益并不是完全等同的概念，双方存在着绝对的利益差异，而当前者可能已经危害到后者的利益时，最恰当的方式是通过建立"体制内"的诉求通道，尽可能避免不同的声音演化成反对的行动。当然，如果国民党是一个意志统一的政党，其力量足可以强大到忽略各方不同利益诉求的话，那么，一切问题确实可以在"专制体制下"来完成。然而，"国民党是一个弱势独裁政党。国民党并非不想独裁，而是独裁之心有余，独裁之力不足。"[①]

---

① 王奇生：《党员、党权与党争（1924—1949年中国国民党的组织形态）》，上海书店出版社2003年版，第361页。

如此，当国民党既没有能力来使其政策一以贯之，又没有建立正常的疏通渠道的时候，必然会在包括国民党党员在内的邮工组织中产生对国民党乃至国民政府的不信任。而这样的心态反映的是当时社会对政治局势的一种"失望"，正如费正清所言：在南京国民政府建立之初，很多中国人都是拥护现政权的，"但是老式官僚主义恶习很快使他们的幻想破灭了"。"凡是关心群众的人都被认为是亲共分子。这种反共立场立刻挫伤了——如果不是阻止了———切改善人民生活的计划。"① 而且随着政局的分分合合，这样的情绪进一步"发酵"，演化成为社会对泛政治化的某种"反感"。

国民党在劳工政策与实践上的"消极"，不仅使工会丧失了在"体制内"表达诉求的渠道，而且使国民党在劳工领域留下诸多"空白"，而这种"空白"很快被与中国工人具有相同来源的帮会填充了。原本没有帮会势力存在的邮工组织也逐渐与帮会接近，② 而此不仅现实地增强了工会的力量，同时也尽可能地摆脱工会政治化的阴影。然而，在当时的政治环境下，纯粹的经济团体是不可能存在的，这不仅是因为国民党需要对劳工组织施加影响，还因为国民党通过帮会来实现间接控制。而且，此时的中华邮政已然成为官僚相互追逐的场所，工会要排除邮政的官僚化，要督促邮政行政的制度化，要使邮政经济能够整个地用在邮政上，就免不了要牵涉到政治上了。③ 更重要的是邮工组织要谋求发展就必须获得国民党的"身份"认同。因此，工会又不得不为此付出代价——陷入国民党内部的政治旋涡中去。这就意味着，工会、帮会、国民党会形成某种博弈，而在此过程中，相对强势的国民党及国民政府却由于内部的纷争进一步弱化其对工会的控制能力；相对最弱的工会不仅因为内外部的压力而难以实现其诉求，而且还使其团体的性质与原本的理想渐行渐远；唯一获利的就是帮会了，帮会在工会与国民党之间实现了利益最大化。从某种程度上讲，以杜月笙为代表的帮会完成了国民党自"清党"以来

---

① 费正清：《伟大的中国革命（1800—1985 年）》，刘尊棋译，世界知识出版社 2000 年版，第 266 页。

② 据朱学范回忆，在 1925 年前后，上海邮局还没有青帮的势力。朱学范：《我的工运生涯》，福建人民出版社 1991 年版，第 32 页。

③ 《本刊使命——代发刊词》，《全国邮务职工总会半月刊》1932 年第 1 卷第 1 期。

未能完成的"夙愿"——对沪市劳工力量的整合。此后，一旦出现劳资矛盾，无论是工会还是劳资调解的主管部门往往不再求助于体制内的"援助"，而是寻求杜月笙的斡旋。[①] 这样，杜月笙不仅通过工会影响着劳资冲突的走向，而且成为国民党调解劳资矛盾的幕后主导者。

[①] 朱学范：《我的工运生涯》，福建人民出版社1991年版，第74—75页；章君谷：《杜月笙传》（十四），《传记文学》1968年第12卷第2期。

第四章

南京国民政府劳工立法与工会合法性

  1932年的"巩固邮基运动"在各方的相互妥协下告一段落，但邮工组织与政治势力的纠葛却并未就此终结。此后一段时间内，邮务工会不仅没有从此次运动中获得更多的利益，其生存环境反而进一步恶化。邮务工会有关"巩固邮基"的诉求并没有得到切实的解决，其法律地位仍然是悬而未决。不仅如此，邮务工会还被行政当局指责为阻碍中华邮政发展的"不稳定因素"，随后，交通部又以"党国"的名义试图通过"邮电合设"等措置来强化国家意志。这样，双方争执聚焦于邮务工会的法律地位上。

  南京国民政府建立后，邮务工会应有的法律地位被剥夺了，但在党国体制下，鉴于现实的考量，国民党对于邮务工会的存在一直采取"默认"的方式，双方也达成了某种"默契"，然而，随着邮务工会与行政当局矛盾的频仍，这样的局面逐渐被打破了。最终，全国邮务总工会及全国邮务职工总会的执监委员不得不以总辞职来表达不满。显然，此次事件绝非孤立、偶然的，而是矛盾积累的结果。虽然，该事件的影响力远不及"巩固邮基运动"，但它却触碰了邮务工会的底线——国民政府竟然用行政力量事实上否认了工会的存在。1936年，有关邮务工会是否具有参选国民大会代表资格的问题将邮务工会的法律问题再次推到"台面上"。可以说，一系列看似无关的事件都是由以下两条线索来串联的：双方的行政纠葛是一条明线，而"党国体制下"工会法律地位的设定则是一条暗线。

  国民党是标榜"革命"的政党，但自南京国民政府成立后，国民党在劳工立法与实践中却并没有表现出"革命性"，因此，不仅其组织系统吸收了大量旧式官僚，而且在立法精神上也继承了北京政府的衣钵。这就意味着，国民党执政前后，逐渐抛弃了向劳工倾斜的"革命政策"，希望建立以"劳资合作"为理念的劳工法律体系。在此理念指导下，国民党从鼓噪劳工运动转到限制劳工组织的发展。然而，立法精神的改变不仅受到了劳工组织的反对，而且在国民党内部也争议颇多，这些直接影响到劳工法律的制定与实施。

国民革命时期的国民党，之所以积极鼓动劳工运动，并不是要推翻资本主义，而是借劳工运动来打击北京政府。因为与有产者相比，无产者更容易受到鼓动，因此，在国民革命时期，国民党有意识地向劳工组织倾斜，以换取后者对前者的支持。然而，随着国民党成为执政党，其社会基础扩大了。而在国家建设中，有产者所表现出的力量要远大于无产者，所以有必要对国民革命时期的劳工政策与法律作出调整。但与此同时，国民党却背负"革命党"的历史包袱，在其解释语系中，"革命是要打破现社会的组织，而革去原有的弊病的"。也就是说，"革命"是一种破坏的能力。① 于是，国民党始终徘徊于建设与破坏、执政党与革命党之间，而在劳工立法及实践上，也表现为某种"摇摆性"。

第一节 邮务工会的"合法性"危机

可以说，自1932年的巩固邮基运动结束以后，行政当局对邮工组织是甚为忌惮的，因此，前者就在上海邮政局暗置了侦探，以预防邮工的"越轨"行为。② 而就在此时，邮筹总会决定于1932年7月15日召开第二届全国邮工大会，届时不仅宣告全国邮务总工会成立，而且还要讨论有关巩固邮基方案等相关事项。③ 但此事很快被民运会驻沪代表姜豪侦知，中央党部特令交通部称："查沪邮务总工会本系不合法组织，复不受党政机关节制。上次全国邮工罢工，已造成莫大错误，兹复定期召集大

---

① 蒋介石：《最后五分钟》，师永刚：《蒋介石自述》，华文出版社2011年版，第118—119页。

② 《十一月九日第十八次执行委员会纪录》，《上海邮工》1933年第5卷第2、3期合刊。

③ 《邮务职工两会将召开全国大会》《时事新报》1932年7月3日，第2张第3版；《全国邮务总工会积极筹备代表会》，《时事新报》1932年7月5日，第3张第1版。

会，难免不发生恶劣影响，除于日前函请行政院转饬沪市府制止，并电沪市党部设法纠正外，特函达贵部查照，转饬各地邮务管理局，在最近期间，对所属员工，不准给假，以便防止出席代表。"① 对此，邮筹总会回应道：全国邮工大会本系每年的例会，为避免各方误会，特推定代表赴南京向中央说明，除此之外，为表诚意，大会将延期召开。② 随后，邮筹总会又通告各地邮务工会称："因国难方殷，当局制止颇力，不故因此细故，再引社会恐怖，故决展期举行，日期暂不规定。"③ 终于，经过邮工代表的多方疏通，国民党中央执行委员会准予大会召开，但会议名称须改为"谈话会"，会址则由上海改为南京，会期由5天缩短为3天，并由民运会规定讨论范围五项：（一）邮政改良建议；（二）工人生活及待遇；（三）工会组织与训练；（四）救国御辱方针之建议；（五）不得攻击个人。此外，各地工会所提之一切议案均须先交民运会审查。④

这样，谈话会于7月25日召开，会议经审查委员会甄别提案122件，虽分为局务、会务、福利三大类，但重点则在邮工福利建设上，并未过多牵涉行政事务。⑤ 作为回报，民运会、南京市党部不仅亲临指导，而且民运会主任陈公博、南京市党部纷纷设宴款待与会代表。⑥

如此看来，此次的谈话会形式重于内容，而之所以如此无疑是行政当局与邮工组织相互妥协的结果。1932年的巩固邮基运动使行政当局看到邮工组织的力量，当然不希望后者通过全国代表会议而增强团结之力量。然而，邮工组织的巩固邮基运动虽告一段落，但事后之事仍颇为复杂，如果一味强硬恐再生变数，因此，不得不变相限制。而此时邮工组织亦对邮政经济研究会仍有一定的冀望，不愿再生事端，因而，对行政

---

① 《北平邮政管理局通令第二五二五号》（1932年7月6日），北京市档案馆，J10—1—142。
② 《全国邮工代表大会展期》，《申报》1932年7月11日，第14版。
③ 《沪邮会停开》，《大公报》1932年7月16日，第7版。
④ 《中国国民党中央执行委员会第三十次会议纪录》，中国第二历史档案馆《中国国民党中央执行委员会常务委员会会议录》（十七），广西师范大学出版社2000年版，第427页；《邮工代表谈话会》，《时事新报》1932年7月24日，第2张第1版；《中国劳工运动史》编纂委员会：《中国劳工运动史》（3），中国劳工福利出版社1966年版，第1105页。
⑤ 《一年来会务述评》，《上海邮工》1932年第5卷第1期。
⑥ 《邮政职工联席会维护邮权宣言》，《申报》1932年7月28日，第3版。

当局也做出一定的让步。然而，邮务工会法律地位的未定始终成为羁绊其实现行政诉求的重要原因，并引发更为严重的危机。

1932年10月28日，交通部突发训令，指责邮工组织"常有逾分要求，稍有不遂，即假借委员代表等名义，对于本管长官，或函电、或宣言、或标语、或登报，傲慢无礼，妄肆侮辱。且甚或怠工罢工，以为要挟，邮政纪律破坏无遗。以致管理上、公务上发生重大之不良影响，经济上、财政上亦遭受严重之损失。此风不改，邮政纵无国难及天灾人祸之摇撼，亦将有自趋崩溃之虞"。随后，邮政总局局长黄乃枢亦发饬令，称："各区邮务员工，每有不遵约束，逾分要求，一切言行竟多秩出邮政纲要规定范围，此固由于少数不良职工从中操纵，而主管长官，姑息养成。"①

可以说，自南京国民政府成立以来，邮政当局就多次公开表达了同样的声音——邮工组织的存在是中华邮政发展的重要障碍。因此，对邮工的指摘与限制成为此一阶段的主线之一。

1933年10月31日，就在邮储分立尘埃方定之时，交通部又对外宣称为了节省费用，方便民众传递讯息，特决定将地方邮政局及电报局合设办公。"惟邮电合作办法，系属创举，是否对于将来办事顺利，遂难预定，故拟先行在附近各地试办，一俟成绩良好，则当推行至全国。"② 1934年3月1日，交通部决定将邮电合作办法改为邮电合设，在设有三等电报局以下各地，均将邮局与电局合设一处或另觅合适地点合设。组织仍照旧，各设局长一人，而经费则相互独立。并决定江浙冀三省及沪平二市先行办理。③ 8日，交通部再发通令称邮电合设将于本月15日开始实施，并确定合设原则："即为合并后之支出不得超过合并前之原数，至于实行合并之后，其他邮电两局之行政与业务，则仍独立，并不合并。"④

---

① 雪崖：《为全国邮工呼冤并忠告当局》，《浙江邮务同人联合会月刊》1934年第3卷第1期。

② 《我在交通部任内的重要改革》，王聿均、孙斌《朱家骅先生言论集》，"中央研究院"近代史研究所1977年版，第414页；《交部订定邮电合作办法》，《申报》1933年11月1日，第4版。

③ 《交部进行邮电合作办法》，《申报》1934年3月2日，第9版。

④ 《邮电两局合并办公十五日起实行》，《申报》1934年3月8日，第11版。

实际上，邮电合设在操作中遇到了不小的困难，其中最为棘手的便是寻觅适当房屋。① 然而，这样的挫折并未使交通部放慢邮电合设的步伐。4月，交通部将邮电合设的范围扩大到全国通商大埠47处，并规定该地之邮局或支局，不分等级，普设电报收发处；以上各处电报局台，均设邮政支局；以上各处电报局台之收发处一律裁撤。② 然而，各地却以房屋狭小、地点不宜为由，推诿拖沓。因此，"电局在邮局设收发处者，已未能普遍，而邮局在电报局台收发处设邮政支局者，尤为罕见"。③ 即使是邮政总局相关人士亦担忧邮电两项事业，历史背景不同、人事制度迥异，如果强行合并，势必引起纠纷。④ 针对如此情状，5月，交通部训令称："查本部所颁邮电合设办法，规定由苏、浙、冀三省及全国通商大埠邮电各局先行办理，其余省区各局，亦经本部五月四日第2173号令饬，一律不分等级，积极筹备，务于七月一日起开始实行。"⑤

对于交通部力促邮电合设一事，各地邮工组织大多表示出某种忧虑。浙江邮务同人联合会就称："电报局每月都要亏损，每月都要向交通部申请协款，交通部不得不想法子将其送出，而挣钱的无线电不要它，有势力的机关也不要它，于是只有尚未破产的邮政可以接受它。但一旦接受了，就意味着邮政离破产的日期愈来愈近了。"⑥ 上海邮工组织认为邮电合设仅一月，然而各种阻碍已然显现，其中适宜的办公地点难以寻觅、原订之房租合同易生争端、邮电两局管理模式不相统属、邮电两局合设后开支难以处置等皆为事实上之困难。"倘有其一，均足不利于合并。其他各地有类此之困难情形者，当不在少数，与行政系统及办事手续上，引起纠纷，自在意中。"因此，建议交通部收回成命，以免精神与物质上的浪费。⑦ 浙江邮务工会更认为邮电合设之性质重大实不亚于邮储分立，

---

① 《邮电支局合设一处尚无成议》，《申报》1934年3月29日，第11版。
② 《交部新订邮电合设办法》，《申报》1934年4月18日，第3版。
③ 《交部新订邮电合设办法》，《申报》1934年4月18日，第10版。
④ 霍锡祥：《回忆国民党时期的邮政》，全国政协文史和学习委员会《文史资料选辑》（合订本）第65辑，中国文史出版社2011年版，第172页。
⑤ 《1934年6月14日河北邮政管理局邮务长科登签发的通令（总字）第1554号》，仇润喜：《天津邮政史料》（第四辑），北京航空航天大学出版社1992年版，第148页。
⑥ 《随便谈谈——邮电合设》，《浙江邮务同人联合会月刊》1933年第2卷第12期。
⑦ 《邮务两会呈请停办邮电合设》，《申报》1934年4月24日，第11版。

并指出：邮电业务不能充分发展的最重要原因是中国政治未入正轨、内战连绵不断、交通的不便利、农村的破产、工商业的凋敝及教育的不普及等。次要原因则为邮电资费高昂、行政经费过滥及手续烦琐等。因此，要发展邮电、方便民众，与其合设不如在上述方面加以改良。况且，所谓合设可以节省办公费用一节，不过是省去了少许房租而已。而合设后又需大肆采办各种设备，无疑违背了节约经济之初衷。再有，两局虽合设，但各设局长一人，这就意味着办事人员在行政上各受本部长官指挥。如此，则一方如有违背对方章程时，他方当不便干涉。①

面对邮工的质疑，交通部常务次长张道藩答称："合设与合并绝不相同，是以节省开支、便利民众为原则，绝不因此而紊乱双方的经济与行政，望邮工勿忧。试办期间，如果发生有背上述原则之事实者，部方当尽量考虑下属意见，另行设法救济。"②与此同时，为了加快合设的步伐，交通部派员检查各地的邮电合设情况。③

就在双方仍纠缠于合设的性质问题之时，又传出电报局与邮储局签订收支合同的消息。该合同的细节并未公布，但传出的核心内容是电报局的一切收入皆由储汇局代收，而前者的开支亦由后者代付。"惟全国电政按月开支超出收入约五十万元之巨，次数悉向储汇局逐月透支。"对此，上海邮务工会致电交通部云：该合同有违邮政经济独立原则，邮政储金虽非邮政公款，但却以邮政为担保，这就意味着邮储如有亏损，邮政负有全责。而电政经营一直不佳，这必然拖累邮政。如此看来，此合同实为电政难以维持而不得不仰仗于邮政而已。"邮电合设尚在开始时期，双方经济已不能维持独立，时日既久，必系有无穷之紊乱，寖至不可收拾。"为此，希冀交通部速令停办邮电合设，以维交通现状。④随后，上海邮务工会联合上海邮务职工会再电交通部称："储汇局存款乃民众血汗，并非国家公款，运用储金应按照邮政储金法慎重处理。今储汇当局，在未取得电政之可靠担保，遽而予电局以巨额透支，于邮政储金之运用

---

① 《对于邮电合设的怀疑》，《天津邮工》1934年第7卷第6期，1934年4月。
② 《邮务工会执委会议》，《申报》1934年5月18日，第12版。
③ 《交部派员视察邮电合作情形》，《申报》1934年6月29日，第9版。
④ 《本会等呈交通部文》，《上海邮工》1934年第7卷第3、4期合刊。

殊欠审慎。本会等以事关民众血汗之储金甚巨，用特电恳钧长，对于邮电收支合同不当之处，予以纠正，以重储金而维邮政。"① 对此，交通部认为邮工组织所述的情况并非实情，纯为道听途说，此合同之办法中邮储局仅为经手人，不负任何其他责任。虽然邮储局代收代支电政之收支，然收支数目，仍由电政司负其全责，绝无透支之事。②

然而，邮工组织却并不认同这种解释，其称根据多方消息可知，电政司与邮储局除订立代收代支合同以外，还订立透支借款合同十项，其中关键内容并未公布，实令各方疑虑。而且储汇局副局长徐柏园亦承认合同中有电政司每月透支储金十万元等款项。③ 鉴于邮工组织的质疑，徐柏园不得不作出声明：邮工组织已与交通部及储汇局达成谅解，而根据七月份的情况，邮储局共代收电报局70万元，支出为62万元，双方相抵尚有盈余，而储汇局因此也得汇水数百元。邮工组织所称每月50万元储金透支一节，实无其事。④

就在双方各执一词相持不下之时，交通部决定于1934年9月1日召开邮政会议，商讨改进邮政等事宜。⑤ 对此，邮工组织认为邮政已成立三十余年，事权统一、一切设施均秉承当局命令办理，"似无召开全国邮政会议之必要"。但交通部如意欲召开此会，当将开会宗旨予以宣布。"再如全国邮政会议如期召开，则属会等以邮务员工立场，夙抱爱护邮政之热忱，对于此次与邮政本身有密切关系之全国邮政会议，更自关怀，因亦甚愿派代表参与会议。"⑥ 然而，交通部却并未理会邮工组织的请求。随后，交通部公布了会议简则，对与会人员做出规定为交通部部长、次长、邮政司长、科长、邮政总局正副局长、各区邮务长或代表、邮政储金局正副局长等。⑦ 这实际上就是拒绝了邮工代表参会的要求，为此，邮筹总会及全国邮务职工会派代表赴南京，并携带了邮工组织提案十一项。

---

① 《电政司与邮储局订立收支合同》，《申报》1934年7月28日，第12版。
② 《邮电收支合同内容》，《申报》1934年7月29日，第9版。
③ 《邮务两会常委谈话》，《申报》1934年8月1日，第14版。
④ 《徐柏园发表谈话》，《申报》1934年8月3日，第11版。
⑤ 《交部筹开邮政会议》，《申报》1934年8月11日，第8版。
⑥ 《呈交通部文》，《上海邮工》1934年第7卷第3、4期合刊。
⑦ 《邮政会议简则公布》，《申报》1934年8月15日，第10版。

其大概内容有：邮储合并已经立法院通过，应请交通部迅速实施，以巩邮基；邮电合设应以原订之原则实施；尽可能在一定范围内改善邮工待遇；停止航空津贴；兴建或修葺各地局所；邮政经济公开等。①

可以说，邮工组织的提案并未超出以往的要求，但其派代表参会的要求仍被交通部以此次会议仅限于负邮政行政职务之人员参加为由而否决，甚至开会期间拒绝新闻记者旁听。如此秘密的安排，很难不使人怀疑其真实用意。② 8月31日，两邮工总会派代表参会，希望能够列席会议，但交通部竟派宪兵将代表押送回上海。这使得邮工组织不得不揣测会议的真实目的实为借此损害邮工利益，并使邮政经济再陷危机之中。③针对如此情事，上海邮务工会及上海邮务职工会发表宣言称："查大部历次举行会议及其它行政设施，均能抱大公无私态度与邮工合作。此次会议，何至严守秘密，不准邮工代表及外界如新闻记者等与会，显见另有作用。如果该会有破坏邮政原有良好制度及摧残邮工等案，本两会誓率全国邮工，不予承认。"④

事实上，邮工组织之所以强烈要求参会，是因为事先得知在邮政会议中有两项提案是不利于邮务工会的。其一为邮政司提出的"各邮区设置部派督察专员"案，此案不仅有破坏邮政用人制度嫌疑，而且设置此职务的原因是因为要预防不肖之徒互相团结，假借工会生事。其二为交通部职工事务委员会所提"整顿纲纪"案，该案规定邮政员工不得以工会名义建议局所，邮务长不得直接处置工会事务等。⑤

然而，两总会赴京代表被押解回沪使事态变得异常严峻，8月31日晚，两总会委员认为所受之奇耻大辱愧对全国邮工之期许，因此，提出总辞职。⑥ 9月1日，两总会委员对外发表辞职宣言称：本两会之历次行动均以国民党之主义为意旨，旨在维护邮政，体现邮工爱国爱党之情事，实为今日最纯洁最忠实之工人团体。然当局始终歧视本党指导下之工人

---

① 《邮政会议期近全国邮工代表晋京》，《申报》1934年8月30日，第12版。
② 《邮政会议》，《浙江邮工》1934年第3期第7、8期合刊。
③ 《紧急代表大会纪录》，《天津邮工》1934年第7卷第11期。
④ 《本会等电邮政会议文》，《上海邮工》1934年第7卷第3、4期合刊。
⑤ 《邮政会议出席未遂后之经过报告》，《上海邮工》1934年第7卷第3、4期合刊。
⑥ 《紧急代表大会纪录》，《天津邮工》1934年第7卷第11期，1934年8月。

团体，而不开诚与之合作，"非欲摧残本会破坏本党工运基础而不止"。全国工友甚为愤慨，然本会仍力为劝慰，设法保持合作状态。但当局之压迫使本会委员难以行使职权，恐难负邮工及党国之期望，因此，只能对邮工运动不再过问，以为党国社会计、邮政前途计。① 随后，沪邮务工会召开紧急会议，议决慰留总会委员，并通电各友会一致行动，对邮政会议有碍邮政原有良好制度及摧残邮工组织的内容，邮工组织绝不承认，等等。②

两总会委员辞职以后，各地邮工组织挽留函电纷至沓来，均对行政当局之"颟顸"表示极度愤慨，"工潮大有一触即发之势"。③ 3日，上海邮工组织宣布怠工以为有效之对付。④ 这样，沪局邮工虽仍工作，但故意拖延，以致邮件迟滞局中。⑤ 怠工之后，沪市党政机关甚为焦虑，因此一面电请交通部派员到沪商讨对付办法，一面召集沪邮务两会代表，嘱其恢复工作。"代表等虽秉承党政领袖意旨，转告工友，惟无解决途径，全体工友，均不能安心服务。"⑥ 除此之外，鉴于历次邮工运动中，邮工组织颇能利用舆论造势，为了减轻社会焦虑，杜绝邮工与社会的联系。在此期间，除广告外，一切新闻都被检查，邮工组织的消息均不能在各报登载。⑦

事实上，两总会委员的总辞职实为无奈之举。因为此时邮工组织的核心领导陆京士不仅成为沪市党部的执行委员，而且其与上海市总工会主委朱学范二人还被蒋介石委任为南昌行营参议。⑧ 作为全国邮务总工会及上海邮务工会的实际领导人，陆京士及朱学范等人既负有党国之"厚

---

① 《全国邮务总工会全国邮务职工总会执监委员朱学范、陆京士、史诒堂等为全体总辞职事掬诚敬告各界郑重宣言》，《申报》1934年9月3日，第9版。
② 《总会简讯——交通当局激起之邮潮情势》，《天津邮工》1934年第7卷第11期。
③ 桢：《写在全国邮务职工总会执监委员总辞职以后》，《全国邮务职工总会半月刊》1934年第3卷第1、2期合刊。
④ 《邮政会议出席未遂后之经过报告》，《上海邮工》1934年第7卷第3、4期合刊。
⑤ 《六百袋邮件暂时搁起》，《申报》1934年9月7日，第14版。
⑥ 《中国劳工运动史》编纂委员会：《中国劳工运动史》（3），中国劳工福利出版社1966年版，第1207页。
⑦ 《邮政会议出席未遂后之经过报告》，《上海邮工》1934年第7卷第3、4期合刊。
⑧ 《蒋中正电熊式辉委陆京士朱学范为行营参议月支三百元托吴醒亚转交》，《蒋中正总统文物》，台北"国史馆"，002070200055048。

望",又需满足工人的要求。而行政当局拒绝邮工代表参与邮政会议无疑使陆京士等人陷入两难境地——如强力反对,则有违党国之信托,如不反对则难以应对邮工之期许。因此,只能以辞职作为变相的抗争了。而辞职不仅可以引起各方注意,而且还可以推脱此后邮工怠工之责任,这不可谓陆京士等人最佳的选择了。

虽然,陆京士等人已然撇清了与怠工的关系,但这丝毫没有阻止怠工形势的继续恶化。戴笠(江汉清即戴笠的化名,笔者注)即向蒋介石汇报称:南京邮工亦将响应沪邮工的怠工,并准备于8日赴南京市党部请愿。[1] 7日,行政院院长汪精卫电告蒋介石称:上海邮务工会正酝酿罢工,已嘱朱家骅等整饬纪纲,并请中央党部纠正上海市党部煽动工会态度之情事。[2] 汪精卫所称的沪市党部煽动罢工无疑是在指责沪市党部执委的陆京士是此次邮工怠工的幕后指使者了。面对形势的紧迫,朱家骅也不得不电询蒋介石,如何处理两邮工总会坚持出席邮政会议一事。[3] 虽然,蒋介石的回复不得而知,但从事态的发展来看,蒋介石应当与朱家骅的态度一致。同日,上海市党部召集沪邮工组织代表谈话,承诺此次邮政会议绝无违背原有良好制度及不利于邮工利益的决议案;所有总会重要悬案,均由市党部负责解决。[4] 会后,邮工组织代表将会谈经过通告全体会员,并由工会派员赴各局所面加劝导会员,工作遂告恢复。[5]

8日,汪精卫再致电蒋介石称:此次事件,沪市党部尚能合作,怠工已趋和缓。[6] 同时,蒋介石电行政院汪精卫及中央党部秘书长叶楚伧,询问沪邮工怠工真相。[7] 汪精卫答称:此次邮工酝酿罢工的主要目的是反对

---

[1] 《江汉清电蒋中正南京邮务工会准备响应沪邮工怠工并于八日赴南京市党部请愿》(1934年9月8日),《蒋中正总统文物》,台北"国史馆",002080200177124。

[2] 《汪兆铭电蒋中正上海邮政工会酝酿罢工》(1934年9月7日),《蒋中正总统文物》,台北"国史馆",00208020000178028。

[3] 《朱家骅电询蒋中正应如何处理邮务职工会与邮务工会坚持派员出席邮政会议》,《蒋中正总统文物》,台北"国史馆",002080200177133。

[4] 《邮务总会执监委员总辞职之经过》,《全国邮务职工总会半月刊》1934年第3卷第1、2期合刊。

[5] 《邮务两会会员工作恢复常态》,《申报》1934年9月8日,第12版。

[6] 《汪兆铭电蒋中正此次上海市党部尚能合作邮政怠工风潮已趋和缓》(1934年9月8日),《蒋中正总统文物》,台北"国史馆",002080200178020。

[7] 《蒋委长电询沪邮怠工真相》,《申报》1934年9月11日,第6版。

此前南昌行营所颁布的禁止鄂赣等五省工会征收会费的命令，并称工会向政府开列了七大条件，以期一并解决。① 事实上，早在当年的4月间，中央社就报道称虽然《工会法》规定工会有权征收会员会费，但在"剿共"区域及"剿共"的关键时刻，蒋介石为了消弭鄂赣等五省工潮，减轻工人负担，以利"剿共"，特令该五省主席，暂行禁止工会征收会员会费。② 对于此一命令，在两总会的文件中，却并未见到有反对的信息。而所谓的七大条件为实现裁并储汇局；请交通部另拨款发展航空事业；工会的执监委不得调任；邮政会议如有破坏旧有良好邮制、摧残员工等决议案，请交通部不予实施；建筑全国邮务总工会会所基金，请邮政总局令各邮区管理局代扣；两总会向邮政会议的提案，请交通部予采纳实施等。③ 这些条件大多为巩固邮基运动中的旧有条件，此次再次提出不过是督促政府实施而已。而且，早在前日，朱家骅已经电告蒋介石，此七项条件除代扣邮务总工会会所基金等两项外，其他各项已与邮工组织基本达成一致了。④ 这样看来，汪精卫如是说，似有转移矛盾之嫌。

10日，朱家骅在上海会见沪邮工代表，讨论解决邮政悬案及工潮办法，此间，朱家骅再次表明邮政会议绝无不利于邮工之处，这样，双方初步达成谅解。⑤ 然而，由于此时邮政会议具体议决案仍未公布于众，而鉴于行政当局屡有出尔反尔的情事发生，因此，虽然各地邮工组织纷纷函电恳切挽留，但辞职之两总会委员仍以尚须待悬案圆满解决后，再行决定为由并未复职。⑥

然而，由此次事件所引发的政治恐慌与不信任感仍在工界中蔓延着。9月12日，就在怠工事件已基本解决之时，有报道称蒋介石以南昌行营

---

① 《汪兆铭电蒋中正》（1934年9月8日），《蒋中正总统文物》，台北"国史馆"，002080200441050。

② 《蒋令五省查禁工会征收会费》，《申报》1934年4月29日，第6版。

③ 《邮政会议出席未遂后之经过报告》，《上海邮工》1934年第7卷第3、4期合刊，1934年10月。

④ 《朱家骅电蒋中正邮务工潮业已复员》（1934年9月7日），《蒋中正总统文物》，台北"国史馆"，002080200177134。

⑤ 《朱家骅昨到沪》，《申报》1934年9月10日，第13版；《邮务总会执监委员总辞职之经过》，《全国邮务职工总会半月刊》1934年第3卷第1、2期合刊。

⑥ 《邮政会议出席未遂后之经过报告》，《上海邮工》1934年第7卷第3、4期合刊。

军事委员会委员长的名义向各地政府及党部发布命令称：各地工潮大多以增资为目的，因此，为了防止工人罢工及怠工，特令禁止各地工会征收会费，以此方式增加工人收入，从而减轻工人经济痛苦。① 这样的通令无疑是将原有五省禁止征收工会会费的扩大化，因此引起了各工会极大惶惑，上海市总工会即称：工会的正常运营基本依赖征收的会费，而如停止征收会费无异于停止工会活动，取消整个工人运动。为此，各业工会纷纷电询总工会真相。而面对整个工界的质疑，上海市总工会召集紧急会议商讨对策，会后，总工会致电蒋介石，声明沪市的工潮原因，并非由工人加资而起，希望能取消成命。② 14日，沪总工会经过调查称：该命令实为某通讯社断章取义的结果，各地政府及党部并未接到该通令。③ 而且根据15日朱家骅与蒋介石的电报内容看，所谓的通令确属无稽之谈。其内称：五省邮政管理局已遵照前之命令，自六月份起停止代扣工会会费，其余未奉指定之省仍照旧办理。④

实际上，这种恐慌是各种原因叠加而成的。早在4月，蒋介石就为防止工潮，特令江苏省政府及上海市政府称：在此国难期间，劳资双方须合作，工会应当服从党政机关的调解，不得以罢工及怠工相要挟。⑤ 随后，淞沪警备司令部发布公告，要求劳资双方应互相体谅，切实合作。工厂厂主不得有虐待工人的情事，而工人亦应努力工作。如有工会不遵此令，擅自罢工、怠工，将依照《工会法》勒令其解散，以期工潮得以迅速解决等。⑥ 这样看来，既然此前就有了禁止罢工、怠工及禁止五省邮务工会征收会费的通令，而后沪邮工却发生了怠工之事件。这不禁会使人担忧政府会因此惩戒工会，以示"报复"。而这种情绪又被扩大"加工"成为一种"可信"的谣言，引发更大的恐慌。而此不过是反映了工界与政府之间的不信任罢了。

---

① 《蒋委员长通令消灭工潮安定社会》，《申报》1934年9月12日，第11版。
② 《总工会紧急会议记》，《申报》1934年9月14日，第11版。
③ 《总工会昨发通告》，《申报》1934年9月15日，第14版。
④ 《朱家骅等电蒋中正》（1934年9月15日），《蒋中正总统文物》，台北"国史馆"002080200436152。
⑤ 《蒋委员长通令防范工潮》，《申报》1934年4月9日，第9版。
⑥ 《淞沪警备部严令制止罢工怠工》，《申报》1934年4月12日，第10版。

虽然，在解决沪邮工怠工中出现了如此的插曲，但在10月8日，交通部次长张道藩仍与邮工代表举行了商谈，对于邮工组织提出的能解决的全部接受，稍复杂者，则继续商讨解决办法，俾得相当解决。为此，全国邮务总工会决定于28日复职。①11月14日，两总会委员正式宣布复职，并称将继续追随全国同志之后，为邮政及国家谋利。②

这样，此次事件终告一段落。表面上看来，此次两总会委员辞职事件是巩固邮基运动的一种延续，但实质上却牵涉邮务工会的法律问题上。邮务工会自成立以来即以"邮工代表"的身份示人，并以此为组织基础不断挑战邮政当局的"权威"。然而，由于邮务工会法律地位的未定，使其在与行政当局的历次交涉中往往处于"有理"而"无据"的状态。邮务工会的组织发展不仅受到行政的干预，而且更有来自于法律的窒碍。虽然，在党国体制下，国民党在事实上默许了邮务工会等特种工会的存在，但邮务工会也认识到，邮务工会的立脚点并不是绝对稳固，其组织也没有得到法律的保障。③因此，自巩固邮基运动结束之后，邮务工会的生存环境日益恶化。甚至连陆京士都认为当局对邮工组织欲去之心，则倍深于前，环境之艰难实倍于往昔。因此，希望全国邮工加倍努力，以期打破此种险恶之环境。④

虽然，此次事件的解决似乎使国民党与工会的关系重新回到原状，然而，如何确定邮务工会等特种工会的法律地位仍然是国民党劳工实践中难以回避的问题。

1936年初，《中华民国宪法（草案）》的制定工作已基本告竣，为此，国民党决定召开制宪国民大会加以审订通过。3月4日，国民党中常会通过国民大会代表选举法及组织法。其要点为：（一）区域选举与职业选举并用；（二）代表人数为800人至1200人；（三）职业团体代表总额

---

① 《全国邮务总工会总务部通函第十九号》，《天津邮工》1935年第7卷外卷第1、2期合刊。
② 《全国邮务总工会、全国邮务职工总工会通电》，《天津邮工》1935年第7卷外卷第1、2期合刊。
③ 克昌：《所希望于第三次全国代表大会者》，《中华邮工》1936年第2卷第1、2、3期合刊。
④ 《第十二届邮务工会大会》，《申报》1934年8月19日，第13版。

35%—40%，区域代表65%—60%；（四）有下列情形之一者，不得有选举权：反叛国民政府者；曾任公务员有贪腐行为者；剥夺公权尚未恢复者；禁治产者；有精神病者；吸食鸦片或其他代用品者；（五）职业团体候选人资格除具有选举人资格外，应以在各该团体有选举权，而年龄在25岁以上者。①

4月24日，立法院进一步审议国民大会组织法，明确了国民大会的职权，按照国民党中央之精神，规定此次国民大会的职责为制定宪法及宪法所赋予之其他职权。同时，具体量化了各种代表名额，其中各省市区域代表为687名；各省市区域职业团体代表为322名；自由职业团体代表58名；蒙古、西藏等代表40名；东北代表23名；侨民代表40名等。②5月2日，立法院最终通过国民代表大会选举法，并对代表名额的产生作出了解释，其称：区域代表名额的分配以区域内人口的多寡为标准，各省之代表最低额为9人，最高额为44人；职业团体代表的分配按照实业部之各省市职业团体调查参考资料为依据；等等。除此之外，立法院对各种代表的名额也作出了调整：国民大会代表总额为1200人，其中区域代表665名，职业团体代表380名，等等。③国民大会职权的确定就意味着，国民大会代表不仅具有参与宪法修订的权利，而且还有监督实施国家行政的权利。而能否成为国民大会代表不仅关系到个人的利益问题，更牵涉到组织的合法性问题。

然而，在立法院所规定的职业团体分配名额中，包括邮务工会在内的所谓"特种工会"却并未列入其中。"彼辈既不能参加此次任何一处之代表选举，又不能以服务舟车经过之省市而分别参加，尤以服务关系，更不能回到原籍参加。"这无异于剥夺了"特种工会"从业人员的选举权与被选举权。为此，国民党中华海员特别党部不得不电请国民党中央，酌加代表名额，以分配于海员、铁路、邮政等工团；如不能酌加名额，是否可将上述工团，加入自由职业团体，或将自由职业团体中移出部分

---

① 《国民大会法规原则》，《申报》1936年3月5日，第6版。
② 《立法院审议国民大会组织法》，《申报》1936年4月25日，第3版。
③ 《国民代表大会选举法》，《申报》1936年5月3日，第3版。

名额分配到上述工团中。① 同时，全国邮务总工会也称：对于特种工会应有代表参加国民大会一事，该会与海员等特种工会的意见一致，希望国民党中央予以考虑，重新分配名额。②

5月29日，中华海员工会、全国邮务总工会等工会召开联席会议，决议组织联合请愿团赴南京向国民党中央及立法院请求增订国民大会特种工会代表名额。③ 6月4日，赴南京请愿的特种工会代表分别向国民党中央党部、国民政府、行政院、立法院递交请愿呈文，其内称：国民大会代表选举法中对特种工会并无明确规定，"际此宪政推行伊始，独特种工会置之于国民大会代表之外。全国特种工人，殊难缄默"，恳请重新修订国民大会代表选举法。④

7月，行政院公布国民大会代表选举办法，铁路及海员工会被列入特种工会代表，而邮务工会再次被排除在外。对此，行政院解释为铁路及海员工会曾经在1932初年根据《工会法》进行改组，并得以设立特别党部，而邮务工会一直拒绝改组要求，因此，不具备法律资格。对此，邮务工会宣称：各地邮务工会均受各地党部节制，"既未认为非法之团体，抑且誉为工会之模范。是今日邮务工会之组织，事实上岂容否认其存在？"此次国民大会特种工会代表只有铁路、海员工会列入其中，为何独将邮务工会置于其外？如果当局不设法补救，"则我全国三万六千邮工为维护法益计，为维护宪政计，实难忍受缄默，将作誓死抗争"。⑤ 显然，邮务工会对于被剥夺国民大会代表的资格是异常愤怒的。"此次国民大会特种工会代表，当局竟称邮务工会尚无法的依据，未予列入。是诚给予我人强烈之刺激，促请各地邮运同志从速解决法的问题之切要。"⑥ 虽然，陆京士、朱学范等人仍然作为沪市国民大会代表竞选人，但二人并不是

---

① 《海员党部电请中央酌加国民代表名额》，《申报》1936年5月17日，第12版。
② 《全国邮务总工会明日常会》，《申报》1936年5月23日，第11版。
③ 《海员等工会为争国民代表权案》，《申报》1936年5月30日，第12版。
④ 《全国海路邮电党部工会前日在京请愿情形》，《申报》1936年6月6日，第13版。
⑤ 克昌：《所希望于第三次全国代表大会者》，《中华邮工》1936年第2卷第1、2、3期合刊；树声：《力争国民大会代表名额》，《中华邮工》1936年第2卷第6、7期合刊。
⑥ 雪崖：《从速解决法的问题》，《中华邮工》1936年第2卷第6、7期合刊。

以邮务工会代表的名义参选。① 即使这样，两人仍然未能当选。

10月15日，国民党中常会决定，国民大会延期举行。邮务工会是否能够参与国民大会代表选举一事也告一段落了，但邮务工会的法律地位问题仍然未能解决。可以说，邮务工会与行政当局的争执，使国民党及国民政府对如此组织甚为忌惮，而作为某种"报复"，一直拒绝承认邮务工会的法律地位。这就意味着，在法理上，邮务工会失去了代表"邮工利益"的权利，进而被剥夺了参与中华邮政行政设置的权利。

实际上，邮务工会的有关法律问题不过是南京国民政府成立后劳工立法的一个缩影罢了。邮务工会作为当时影响力颇大的工会组织，其行政诉求一直受制于法律地位的缺失，这使得邮务工会等"非法工会"长期游离于国民党的控制之外，但为了体现国民党对此类工会的控制，国民党往往采取的方式是以各种形式来奖励工会的核心领导者，试图通过工会领导者的"党化"或者是"官僚化"来化解可能出现的纠纷。

如此的情形可以在一定程度上反映国民党对当时工会组织的一种复杂心态，一方面，作为"革命党"当然需要得到民众的支持，其前提就是要承认民众组织的存在。另一方面，作为"执政党"又希望民众组织能够在其控制之下，尽量避免社会矛盾的激化。但鉴于国民党对民众组织控制力的现实状况，又不得不对某些民众组织的发展加以限制。然而，国民革命时期，工会组织的发展使国民党背负了巨大的历史包袱，国民党难以通过强制力将党的组织系统植入到所有的工会组织之中。此外，如何将"劳资合作"的理念渗透进劳工组织也是南京国民政府成立后国民党必须经历的过程。然而，实现这一过程的前提是承认劳资双方法律地位的平等。但在具体实践中，南京国民政府的立法往往注重形式，而有意、无意地忽略实行，致使法律如同一纸空文。"最显著者，如劳工、农民之未能依法受到切实的保护，言论、出版、集会、结社未能依法享有完全的自由……都是一种人人周知的事实，而莫可讳言的。这种情形在当局或者都因一种特殊的关系，而有不得不如此因循敷衍的苦衷，但

---

① 《国民大会上海市代表选举事务所通告第廿二号》，《申报》1936年9月2日，第7版；《国选协进会宣布竞选人履历》，《申报》1936年9月15日，第12版。

如此下去却非国家之大福也。"①

作为一个长期的历史现象，在有关劳工组织法律地位的问题上，国民党在从"革命党"向"执政党"的转型过程中，缺乏一定的政治智慧，仍然延续了北京政府时期在劳工立法上的某些做法，这不仅使邮务工会在政权更迭中陷入从无法可依到有法不依的"合法性"危机中，而且也使南京国民政府在具体实践中往往是有法难依，其权威性因此亦大打折扣。

第二节 有法不依到有法难依：南京国民政府的劳工立法与实践

从某种意义上讲，南京国民政府相关法律的制定是继承了北京政府劳工立法的精神。事实上，这样的转变在国民党宣布"北伐"前后就表现出来，国民党内部、国共双方及工会与党政之间的矛盾已初现端倪。关于这方面的内容已见述于前文，在此不必累述。因此，只以第三方视角观之，从而全面审视国民党此一阶段政策及法规的转变过程。

1926年5月，《申报》就曾报道称："粤省工人团结，组织工会，其发达为各省冠。盖粤省为国民党根据地，国民党固以培植农工为政策也。又数年来之执政者，亦尽力赞助劳工事业。廖仲恺为省长时，常与工人周旋，工人得此奖掖，既觉荣幸，亦觉无形中进于无上权威境地。骄横之心习即已养成，今日各工会遂似以法律非为工人而设，绝不以恪守法律为念。月余以来，工商间或工人与工人间，发生纠纷叠出层见。"这使得当地政府甚为难堪，不得不发布公告称：对工人痛苦将加以援助，但对商人亦须体恤，并严令禁止任何工会械斗。由此观之，"盖官商两方，似渐觉厌工人矣"。②

其实，媒体认为国民党之所以能够在两广站稳脚跟实与工农支持有莫大关系，然而，"两广统一后，国民政府对于农工指导者精神不能一贯，致内部自启纷扰，影响政局前途甚大"。而且，随着国民党的"北

---

① 张知本：《国民政府成立后立法之总检讨》，《东方杂志》1937年第34卷第1号。
② 铜驼：《广州官商对工人举动之不满》，《申报》1926年5月6日，第9版。

伐"即将成行，对各地工商界发放公债以为军费，而此竟激化了其与工农间的关系，工人以罢工相抗。蒋介石对此颇为恼怒，在其对政治部人员演讲中，更称：军事期间，革命政府下不得自由罢工，当集中工农力量，共抗革命敌人。凡在党及政府下罢工者，均视为反革命，但对付敌方者不在此列。由此观之，"蒋氏对付工农，在战时另采一种方略"。①

随后，国民革命军总政治部宣布北伐期间，后方将限制自由集会、限制罢工等。②然而，这样的禁令却并未有效制止罢工的发生，因此，工人部部长陈树人以工人叠生纠纷、政府难以调停为由，要求国民党中央速订劳工法。③而国民党之政治会议也鉴于形势严峻，决定颁布劳工仲裁条例及工人相互间仲裁条例，组织仲裁会以解决雇主与雇工及工人间的争执。④其所定劳资仲裁条例共九条，大致内容为：组织劳资仲裁会解决劳资纠纷；仲裁会由政府派员一人、劳资双方各派两人组成；仲裁期间，各方不得采取直接行动，等等。与此同时，还颁布了劳工仲裁条例十条，其要点为：劳工仲裁委员会之设立宗旨为解决劳工组织间之争执；劳工仲裁委员会由政府及关系各方各派代表一人组成；仲裁委员会之仲裁范围有工人纠纷、工会范围等；在仲裁期间，各方不得持械斗殴；如不满意仲裁委员会仲裁，可上述国民政府，国民政府之裁定为最后判决，各方须遵照；工会间发生争执时，不得危及第三者；等等。然而，在媒体眼中，广州所发生的罢工及工人间的内斗并非仅仅由于经济问题，而是国民党左右派不和，右派组织广东总工会，而左派则以工人代表会与其抗衡，双方各自拉拢工人为其所用。这样，双方工人械斗不止，但政府既表示将援助工人，因此对于工人的案件，往往不能过于偏袒一方，而压制另一方。这样的状态实际上是因为各方的工人都以国民党内部派系为后盾，因此，政府难以处置，除调和之外，不能执行职权，而法律之制裁更有所顾忌。"政府既办理棘手，工人之势愈益张。"即使政府颁布相关法规，但如果不能解决工人间的派别争斗，这些法律不过是一纸具

---

① 锡：《蒋介石变更对工人态度》，《申报》1926年7月7日，第9版。
② 《总政治部关于出师时后方政治工作》，《申报》1926年7月22日，第5版。
③ 《本馆专电》，《申报》1926年7月29日，第5版。
④ 《本馆专电》，《申报》1926年8月9日，第5版。

文罢了。①

媒体眼中的国民党左右派应当包含中国共产党在内，而所报道的两个条例并未赋予仲裁委员会强制执行权，由此看来媒体所称的"一纸具文"并非妄言。广州等地的劳资矛盾及工人间的械斗并未因法律的颁布而停止。因此，广州国民政府代理主席谭延闿在国府迁往武汉前夕特别召集工界代表，要求工界团结一致，巩固后方。而拖延多日的银行业的工潮却因仲裁委员会调解不力，难以发挥效力。② 因此，当兵工厂、邮务、银行业等的罢工后，国民党政治会议决定军用品制造事业、金融事业、交通事业、公共生活有关事业等工人罢工，仲裁委员会裁决绝对有效，由政府强制执行。③

除此之外，广州国民政府农工厅还拟定了解决工潮办法，其内容分为三大部分。第一部分有关商店主和工厂主者：商店主及工厂主在罢工期间，只能自行经营或运作，不得临时雇用工人以破坏罢工；商店、工厂如遇事停业，须得一月前通知工人，并发半月工资。如遇临时停业，须向工人发放两月工资；商人不得无故解雇工人，工人若如故解雇时，须向工人发放两月工资；店主方面不得组织自卫工会，以破坏罢工；商人、工厂主为工会会员时，有选举权而无被选举权、有发言权而无议决权；商人不得禁止工人参与工会活动；罢工期间，商人不得收买部分工人及不良分子，以取对抗之态度，如发现此类情形，农工厅将从重处罚。第二部分有关工会方面之规定：工会工人在未得政府许可下，不得擅捕工人、商人，或妨碍他人人身自由；罢工期间，不得没收商人、工厂之物品；罢工期间，工人不得封闭工厂及妨碍商人自行作业；工会未得官厅许可，不准成立，在批准前不得征收会费及组织纠察队、自卫队等；工会不得以武力及其他强迫方式以募集会员；工会不得携带武器游行，违反者将解散或逮捕之；第三部分关于手工业者及小商人：自行劳动或使用工人不及五人者视为手工业者和小商人；上述人等自行决定是否加入工会，工会不得胁迫其加入；罢工时之作业，仅许其经营者自身为之；

---

① 毅庐：《粤省最近之工人纠纷问题》，《申报》1926年8月16日，第9版。
② 《粤要人劝工界勿生纠纷》，《申报》1926年12月14日，第3版。
③ 《南方罢工仲裁之效力》，《申报》1926年12月10日，第4版。

上述人等对于罢工解决条件须无条件承认，不得反对解决办法；在家庭中自行作业者，不适合上述条例，等等。①虽然，这样的规定对商人及工厂主仍多有限制，但亦对工会的权力有所遏制，因此得到广州等地商人及工厂主的欢迎。②当然，此条例的出台并不意味着就此可以化解劳资矛盾了。此后广州劳资双方就有关阴历正月初二商家是否有权自行决定辞退店伴的问题发生争执。③而此最终以广州国民政府农工厅修正解决工商纠纷条例，增加阴历正月初二，商家可依营业状况，自行决定更换店伴之条款而告终。④

此外，鉴于广东工人间内斗不止，无论是中国共产党还是国民党都希望能够统一广东的工人运动，但双方的意见却难以统一。中国共产党控制的全国总工会要求工人代表会统一广东工人运动，⑤而广东省政府要求工人代表会及其他各工会统一归广东省总工会管辖。⑥这样看来，由于国共双方的分歧使得工人运动的统一是不可能实现的，进一步而言，此时工人运动中的内争无疑是国共双方斗争的缩影。而其争夺的焦点就是由谁来控制工人。

可以说，各地工人运动的迅速发展成为"北伐"期间的重要面相之一了，但各地所表现出的特征却有所不同。如果说在广东等地工人运动中最重要的是如何解决工人间争斗问题的话，那么在其他地方则是如何调解劳资矛盾，恢复社会秩序了。

1927年3月，为了配合国民革命军的"北伐"，上海工人举行第三次武装起义，并宣布同盟总罢工。为此，国民党上海特别市党部发表宣言称将保护人民集会、结社、言论、出版等安全自由；扶助农工及小商人组织工会、农民协会、商人协会；优待工人、店员、学徒，确定劳工保障法；制定工会法，改善工会组织，免除工会间之冲突；设劳资仲裁会，

---

① 《广省政府规定解决罢工办法》，《申报》1926年12月31日，第7版。
② 《粤政府注重农工生活》，《申报》1926年12月30日，第5版。
③ 此点可参见霍新宾：《"无情鸡"事件：国民革命后期劳资纠纷的实证考察》，《近代史研究》2007年第1期。
④ 《粤省修正解决工商纠纷条例》，《申报》1927年2月28日，第7版。
⑤ 《本馆专电》，《申报》1927年1月17日，第5版。
⑥ 《粤政府决统一工人运动》，《申报》1927年4月18日，第5版。

以调处双方之矛盾等。① 4月，国民党实行"清党"，上海总工会被封，取而代之的是"工统会"。18日，蒋介石以国民革命军总司令名义颁布了《上海劳资调节条例》，其内容为："一、承认工会为代表工人本身利益之团体，但须立案于当地政府及当地党部；二、按照生活品物价指数规定一般最低工资；三、每年中须按照物价指数增进工资；四、根据本党规定之时间，参考工业状况，规定工作时间；五、废除工头垄断之包工制，但厂家可派管理员；六、改善厂规及雇佣契约，设立劳资问题委员会；七、星期日为节假日，工资照给，不休则加倍给予工资；八、雇主不得因罢工而开除工人；九、不得打罚工人或滥罚工资；十、实行劳动保险及工人保障法，其条例由政府制定之；十一、规定因工作而死亡之抚恤金；十二、工人因工作而伤害者，雇主须为其医治，并负责发放半数以上之工资；十三、男女工同工同酬，女工在生产前后，休息六周，期间工资照给。童工不得做过重工作；十四、改良工厂设施；十五、由政府及工厂安置失业工人。"②

其实，此条例与其说是"劳资调节条例"，不如说是工厂法、劳工保障法及劳资调解法的一个混合体。虽然其内容过于抽象、含糊，但无论如何，此时的国民党在形式上仍是将保障劳工利益作为立党的宗旨之一。因此，国民革命军东路军政治部陈群进一步解释该条例时称："此条例之立意为：拥护总理农工政策、保障劳工利益，原有劳资契约，继续有效；厂主、资本家、企业家不得压迫工友，所有劳资纠纷，另有正当解决；工友须在国民党指导下组织；土豪、劣绅、奸商、地痞及一切反革命都在打倒之列"，等等。③

随后，国民党中央政治委员会上海分会委员陈其采提议在上海设立劳资仲裁委员会，并拟具了《上海劳资仲裁委员会暂行条例》《解决工商纠纷条例》。在前者中，拟议成立的委员会有委员十一人，其名额分配为政治分会两人、东路军政治部两人、警察厅厅长一人、上海市总商会一人、上海县商会一人、上海市党部一人、上海市商民协会一人、工统会

---

① 《特别市党部之宣言》，《申报》1927年3月22日，第10版。
② 《上海劳资调节条例昨日公布》，《申报》1927年4月19日，第9版。
③ 《陈群通告保护农工》，《申报》1927年4月20日，第14版。

两人。该委员会之裁决有强制效力,如任何一方有不遵守者,委员会可以惩治之。在后者中规定,工商者必须遵守该条例,如有纠纷须由委员会裁定,在此期间,工人不得罢工、商人不得关闭商店等;经委员会裁定后之订立条件,双方必须遵守,否则政府有强制执行权;如裁定后,商人不执行,工人方得自由罢工;工会未经政府立案,只许用筹备处名义,工会不得以武力或其他强迫手段征集会员或对付商家;工会征收会费或基本金,不得超出工会条例所规定数额,等等,其余各项与广州国民政府时期农工厅订立的解决工潮条例类同。①

上述两条例与此前蒋介石颁布的《上海劳资调节条例》有明显抵触。如果说后者代表了劳工的某些利益的话,那么前者则充分体现出党、政、军、商的媾和了。在委员会中,所谓的工人代表只有两人,而正如前文所言,工统会本身就不是一个工人组织,因此,它所自称的工人性质从一开始就受到众多工人的质疑。这不禁使人怀疑如此之委员会如何能在具体工作中体现工人的利益?此外,在条例中对工人之权益设置了种种障碍,仅如有关罢工的条款,虽并未明确禁止工人罢工的权利,然而,却设定了罢工的前提。

可以说,上述两条例更多地体现了资方的利益,这一点毋庸置疑了。然而,关于委员会委员的分配问题却成为各方争执的焦点。工统会意欲与商民协会组成临时调解委员会,并商定工人代表三名由工统会选派,商人代表三人则由商民协会、上海总商会、上海县商会等派定,该委员会定于1927年6月17日成立。② 这样的组织无疑是将党、政机关排除在外,因此,必然难以成行。为此,7月14日,不得不再次议定组织问题,最后议决委员会由党政机关、资方、工方各派代表三人组成。③ 随后,又决定委员会委员十三人,党政机关三人、工商各派员五人,并邀请市政府及工商代表起草组织大纲。④ 8月,工界代表已由工统会派定,而商界代表则由总商会、县商会、闸北商会、商业联合会、商总联会各推一人。

---

① 《上海将设劳资仲裁会》,《申报》1927年5月5日,第14版。
② 《劳资调解委员会明日成立》,《申报》1927年6月16日,第14版。
③ 《工商界协商劳资调解问题》,《申报》1927年7月14日,第13版。
④ 《工商两界合组劳资调解会》,《申报》1927年7月17日,第13—14版。

同时议定委员会之经费由商民协会及上述五商会分别负担。① 这样的规章意欲在组织及经费等关键问题上最大限度保障商家的利益。虽然，在沪市政府公布的劳资调节委员会的组织大纲中规定该会的经费由市政府每月拨给五百元。② 而从事后情况来看，委员会的费用的确也并非由商会供给，③ 但商人在该委员会中的主导作用仍然是明显的。

8月14日，上海劳资调节委员会正式成立。④ 17日，《劳资调节暂行条例》经市政府核准公布，其内容与此前议定之内容大致相同，但却在第十一条明确规定"每年中应由市政府、农工商局规定一日，商店、工厂得自行决定营业继续或停歇，并得更换工伴"。⑤

无论从组织上还是具体规章上，劳方处境都更为艰难了。因此，在该委员会开始办公后，上海各公司及工厂大量开除工人，这不禁使人质疑委员会的功能。⑥ 其质疑之要点主要有以下三点：首先，关于组织问题。工会及商业团体代表如何选出？代表有无任期？各代表是否有资格限定？其次，条例中内容多有相互矛盾或者语焉不详之处，如遇具体情况，当如何处置？尤其是条例中第十一条规定更与其他规定有相互抵触。此条不过是广州按照当地风俗而定，并非全国惯例。虽然，上海亦有相类似之风俗，但事前都有关照。"所以这条例实行了之后，劳工连从前事实上的少许保障，也被消灭了。这种商业上的恶习惯，本来应在废除之例，那里还可以再去援用呢？"最后，该委员会隶属于农工商局，并非独立机关，而其审议过程既无当事人代表参加，又不公开，劳资双方焉能就此认定其议决公平？尤其对于处于弱势的劳方，难免有该委员会被资方收买的担心，从而使劳资矛盾更加激化。⑦

可以说，劳资调节委员会的成立是国民党"劳资合作"的产物，但事实上，国民党将劳资纠纷的主因归咎为劳工方面，因此需要在两个方

---

① 《劳资调节委员会代表推定》，《申报》1927年8月1日，第13版。
② 《劳资调节委员会组织大纲已公布》，《申报》1927年8月3日，第13版。
③ 《呈为遵签会核上海特别市劳资调节委员会呈请核定经费职权会址三项一案》，《上海特别市市政公报》1927年第1期。
④ 《上海劳资调节委员会昨日成立》，《申报》1927年8月15日，第13版。
⑤ 《市政府核定劳资调节暂行条例》，《申报》1927年8月22日，第9版。
⑥ 《商工对于劳资调节条例之意见》，《申报》1927年12月3日，第15版。
⑦ 《商工对于劳资调节条例之意见》（续），《申报》1927年12月4日，第15版。

面加以纠正。一方面在限制劳工利益的前提下提升了资方的利益。正如其委员冯少山称："共产党把持工会之时，资方至无发言余地。"后来工统会成立方有劳资调节之事实。在实际上，劳资两方同属国民，即同为一家人，只要相互体谅，自能合作。而劳工局局长马超俊则更称"如仅专提高劳工之地位，而不问生产机关之存亡，势必自贻伊戚"。①另一方面则是要改善劳工生活、实行劳工教育、救济失业、统一组织，从而实现劳资协进、消除阶级争斗。②

上海劳资调节委员会的成立具有一定的示范效应，福建、南京、浙江等地相继成立了劳资调节委员会，并制定了相关的组织及调节条例。③然而，劳资委员会的成立并未能够真正解决劳资问题，各地工潮仍不断发生。而且，国民党试图统一工人组织的举措也受到工人的抵制，因此各地工会尤其是上海工界出现的乱象亦使劳资调节举步维艰。

这样的局面被各省商联会认为是由于国民政府及国民党在处理具体问题时，专重于农工而舍弃商人所致，阶级斗争因之而起，各地风潮不断。因此根据1927年年底之决议请求国民政府从速颁布劳工法，以保护农工商之权益。④此局面亦非国民党所乐见的，因此在1928年年初，各地均出现了停止民众运动的举措。⑤到该年2月召开的国民党二届四中全会，谬斌更提出了"建设的民众运动"的提案。在其提案中，谬斌指责中国共产党控制了民众运动，其结果"农民运动只落得抗租废耕，工人运动只落得工厂倒闭，商民运动只落得商业停顿，学生运动只落得终年罢课。……这种民众运动，不是唤醒他来革敌人的命，简直是唤醒他来革自己的命"。虽然经过了"清党"，但却没有把民众这种思想清理出去，如果照旧如此，民众对本党的信仰将日益没落。而要解决此问题的关键

---

① 《上海劳资调节委员会昨日成立》，《申报》1927年8月15日，第13版。
② 《马超俊揭示四项政策》，《申报》1927年8月18日，第14版。
③ 《福州劳资仲裁会》，《申报》1927年5月24日，第4版；《南京劳资仲裁会成立》，《申报》1927年8月1日，第9版；《浙省补充解决劳资争执条例》，《申报》1927年11月13日，第9版。
④ 《各省商联会请订劳工法》，《申报》1928年2月13日，第14版。
⑤ 《鄂省各团体被解散》，《申报》1928年1月4日，第7版；《浙省停止民众运动》，《申报》1928年1月9日，第4版；《粤省令禁民众运动》，《申报》1928年1月16日，第4版。

第四章　南京国民政府劳工立法与工会合法性　/　165

就是对农、工、学、商等旧有组织完全取消，另组织符合党义之团体。①

谬斌的提案引发了国民党内部关于此问题的争论，一派以王乐平为代表，其称：国民党应以民众为基础，党之干部应领导民众为积极之奋斗，故主张设立"民众运动委员会"以便领导各界之民众运动，而以李石曾为代表的国民党元老派却激烈反对，其理由为："在野之党为运动民众以夺取政权，今我党既统一全国，为何还要运动民众？在此时运动目的何在？岂为运动民众来反对自己吗？"为此，全会不得不将"民众运动委员会"改名为"民众运动训练委员会"。而随着胡汉民主持党务，李石曾等元老派最终取得了胜利。② 与此同时，全会所制订的"民众运动的方针"也体现了双方调和的意味。其原则为："唤起民众解放被帝国主义压迫的一切民众；反对阶级斗争，实现阶级调和；实行民众训练。其目的是：国民党对民众运动的绝对领导；扶助农工与农工商学联合并行；民众团体必须服从党的领导；中央政府制定相关法律以管理各阶级团体。"③

谬斌的有关提案不仅引发了国民党内部的争论，而且还触发了工界的集体反对，此点在前文中已有所述，在此不必赘言。但即使这样，四中全会所透露出的信息仍然持续发酵。2月，各省商联会要求取缔国民革命时期所设之劳资仲裁机构，应此要求，国民党委派叶楚伧起草有关法条。3月，国民党中央政治会议开始审议《劳资仲裁暂行条例》，其概要为：省之仲裁委员会须另行组织，撤销县、市原有之仲裁委员会；有关劳资纠纷事件，除关涉刑事及社会治安外，法院及军政机关不得受理；本条例所称之行政官署为各级政府；劳资仲裁委员会由地方行政官厅、地方党部、劳方、资方及独立第三方组成；行政官署认为有召集仲裁委员会之必要时，须通知关系各方派员组成；当事人申请仲裁时，须提供书面书状；仲裁采取公开之形式；当事人不服地方仲裁时，可以以书面形式提出上诉；未仲裁前，中央及省仲裁会得酌量情形，命已罢工之劳动者或已停闭之商店、工厂先行复工或复业；中央或省仲裁委员会之裁

---

① 《中央执委谬斌之提案》，《申报》1928年2月4日，第9版。
② 王子壮：《王子壮日记》（1935年3月19日）（第二册），"中央研究院"近代史研究所2001年版，第266—267页。
③ 《四次全会中之两要案》，《申报》1928年2月7日，第8版。

决为最后之裁定；裁决确定后，由该地方官厅执行，有必要时得函请驻军协助；在仲裁期间，非经仲裁委员会许可，不得罢工，雇主不得关闭工厂及开除工人；等等。①

显然，此草案修改了上海的《劳资调节暂行条例》中部分语焉不详或引起误会之处，将原为常设机构的劳资仲裁委员会改为临时性质，采用了公开调节及仲裁的方式，这当然是要显示某种独立性，从而凸显其公正性。然而，该草案仍是将仲裁作为解决劳资矛盾的主要方式，但从上海等地的实际情况看，仅仅用此方式并不能达到应有的功效。因此，法制局在审议该草案后，决定采取先经调解后付仲裁的办法。②

虽然，此草案并未超出上海的《劳资调节暂行条例》的立法精神，但各省商联会却认为该条例中"劳动者或劳动团体因要求条件被拒绝而罢工时，其罢工期间内之工资，仍应由雇主照给，如系因要求加薪而罢工，其罢工期间内之工资，须照新定工资发给"有鼓励罢工之倾向，其称：一为劳动者之要求，绝非全部合理，如其无理要求被拒绝而罢工，而按照该条例，雇主仍需付其罢工期间工资，不啻主张劳工好逸恶劳之天性。二为加薪问题，并无限制，各地方常有同一年多次加薪之事件，"今若规定在罢工期间，根据新定之工资发给，则好利为人之第二天性，不惟求而无损，且有利焉，此后孰不为加薪之要求者？以此点足以致资方之死命"。为此，要求法制院加以修改。③ 随后，各省商联会致电国民党中央政治会议，要求派员参加该法条的审议工作。④ 各省商联会的要求受到了沪工界的批判，其称：各省商联会片面要求修改条例实有违劳资互利之本旨，而且罢工绝非工人所愿，因此不存在资方所称之情况。而资方所提出的在罢工期间可以自由任用职员之条款以为抵制罢工之策，更无异于决堤止水，只会令罢工更加激烈。⑤

事实上，此时国民党关注点是如何"除旧布新"地建立劳资机构与

---

① 《审查中之劳资仲裁条例》，《申报》1928年3月2日，第8版；1928年3月3日，第9版。
② 《首都纪闻》，《申报》1928年3月11日，第4版。
③ 《各省商联会对劳资条例意见》，《申报》1928年3月4日，第1版。
④ 《草拟劳资仲裁条件之商榷》，《申报》1928年3月3日，第13版。
⑤ 《上海各工会反对各省商联会修订劳资条款宣言》，《申报》1928年4月15日，第1版。

有效的劳资调解程序，因此，对劳资双方的争论不置可否。随后，法制局对外公布了其立法精神：该法仅适用于"团体争议"，即劳动团体或劳动者若干人以上者与雇主之间争议；劳资发生争议时，先由行政官署组织调解委员会调解，如当事人不服，可申请组织仲裁委员会予以仲裁，仲裁决定为最终结果；特种公用事业及军需制造业，不服调解时，必须仲裁，在此期间，不得罢工与闭厂；仲裁委员会由政府、党部、地方法院院长或代表、与当事人无关的劳资双方各一人组成。①

4月底，《劳资调节暂行条例》改名为《劳资争议处理法》，并经国民党中央政治会议通过。其条款将劳资争议分为两个部分，第一为调解程序，调解机关由行政官署派员一或三人、劳资双方当事人各派二人组成。第二部分为仲裁委员会，由省政府（特别市政府）、省党部（特别市党部）、地方法院院长或代表人、与劳资当事人无直接关系的劳资代表各一人组成。此外，对各省商联会的修改要求做出了回应，将原有条款改为"罢工期间之工资给付问题，应由调解委员会或仲裁委员会连同争议事件一并决定或裁决之"。该法条为保障劳资调解或仲裁的执行力，还规定如劳资当事人不履行调解或仲裁协议时，将对违者处以一百元以下罚金或四十日以下之拘役，并由法院强制执行，构成刑法上之犯罪行为者，仍以刑法处断。② 6月，《劳资争议处理法》将交于国民政府公布，并以一年为限试行，在此期间，不议变更事宜。③

从四中全会到该法条的制定与修改可以看出在国民党由"革命党"变为"执政党"后在如何处理民众运动的两难处境。虽然，此时的国民党在形式上或者理论上都需要标榜自己的"民众性"，但由于其控制民众的能力有限，使其逐渐对民众运动产生了某种抵触甚至是恐惧的心理，因此，本希望以各阶级的协进来抵消各阶级的斗争，但这样的理念却与现实的困境相左，使得国民党意图以所谓的"训练"来抵消民众运动中的"不安"因素。然而，国民党所谓的"训练"是有前提的，即取消原

---

① 《劳资仲裁法之原则》，《申报》1928年3月14日，第4版。
② 《中央政会议决劳资争议处理法》，《申报》1928年4月27日，第10版；1928年4月28日，第9版。
③ 《公布修正劳资争议处理法》，《申报》1928年6月27日，第16版。

有的民众团体，在国民党的指导下对民众团体实施"整理"。可以说该法条的修改与制定是赋予了工人团体协商权利，但其条件是否定原有劳资调解机构尤其是工人团体存在的"合理性"与"合法性"。而现实情况却是各地存在着大量的游离于国民党之外的工人组织，如果不能很好地处理这些工人组织必将使《劳资争议处理法》难以发挥真正效果。

正是在这样的形势下，上海工会整理委员会成立。在国民党中央公布的工整会组织章程中，赋予其改正现有工会组织、负责工会注册、登记等权力。随后，国民党中央党部成立了"民众团体整委会"。① 从这些举动看出，国民党试图重新组织民众团体，并以此为其群众之基础，从而调和各阶级之间的冲突。②

然而，这样的理念不仅在现实中受到抵制，而且在理论上也受到国民党党员的怀疑：是否国民党不要民众了、国民党是否要离开民众了。为此，中央民众训练委员会的秘书不得不出来解释其要义：国民党即为民众，当然不会也不能不要或离开民众了。之所以要暂时停止民众运动就是要清除中国共产党及土豪劣绅对民众团体的控制。与此同时，该人也承认国民党现在承受着巨大的政治及社会压力——迅速恢复民众运动，但此时无论是基层党员还是国民党上层对如何恢复民众运动都缺乏具体的办法。③

7月，为了配合"整理民众团体"的方案，国民党中央通过了民众训练委员会草拟的《工会组织暂行条例》，其大概内容为：凡十六岁以上，同一产业或职业之体力、脑力男女劳动者，四十五人以上者，得组织工会；工会以各厂工会或区会为单位，以小组为组织基础；有虐待工友、欺骗工友者、反动言论及行动者、不得为工会会员；组织系统由全国总工会、省（特别市）总工会、县市总工会、各厂（区）工会、工会分会等组成，各级工会的组织监督委员会；组织工会须得当地党部认可后，向当地政府注册等三十条。④

---

① 《中央规定整理各级民众团体办法》，《申报》1928年6月9日，第10版。
② 《上海工会整委会组织条例》，《申报》1928年4月26日，第9版。
③ 《赖特才报告中央对民运态度》，《申报》1928年6月14日，第10版。
④ 《中央议决工会组织条例》，《申报》1928年7月12日，第10版。

可以说，这样的组织条例在一定程度上是复制了国民革命时期中国共产党对工人组织的领导策略，即希望通过纵向的组织系统加强各级工会的联系，然而，这是需要前提的——有足够的、有能力的工运干部充实到各级工会中，只有这样才能使国民党的相关政策一以贯之。而正如前文所言，国民党并不具备这样的条件。

事实上，国民党四届二中全会通过的"停止民众运动"的议案所引发的政治争论与社会反弹是国民党没有预料到的。因此，在1928年8月召开的二届五中全会中，国民党重新讨论民众运动问题。谬斌之"确定民众运动之方针"中，申明其要义为：民众运动须归属于党的运动，不是把民众运动范围缩小了，而是把党的运动范围扩大了；民众运动的目的是增进物质的建设与业务的发展；民众运动的组织不应为政党式的组织。① 同时，国民党中央执委陈嘉佑亦提出"确定民众运动新方案案"，其要旨是要向民众各阶级灌输三民主义，从而使其实现互助。② 虽然，二人的关注点有所不同，但都在不同程度上将民众运动归结为社会及经济问题，以此希望使民众团体能够"去政治化"。但为了强化国民党统一的领导权，避免重蹈党政军之间的纷扰，在其通过的议决案中则厉行禁止军政机关干涉民众运动。③

该议案的通过无疑是调整了国民党简单禁止民众运动所引发的社会焦虑，而此后禁止民众运动亦废除了。但与此同时，该议案确定了各级党部领导民众运动的旨趣。当然，该案的通过还反映了国民党对相关问题的"无奈"。正如陈嘉佑所言：国民党基础薄弱，因此各种反对势力不断出现。五中全会后，国民党以觉此之关键在于党员之团结、党力之集中。而要解决这些问题的关键是要强化党对民众运动的领导与训练。如此才能使民众对党有深切认识，使其认识到民众运动即为党之运动。"从前因民运有纠纷用消极方法而停止，同时共产党及反动派乃施其积极手段，操纵民运，乘机活动。总之党与民众，势不能分离。"④

---

① 《确定民众运动之方针案》，《申报》1928年8月8日，第23版。
② 《确定民众运动新方案案》，《申报》1928年8月8日，第24版。
③ 《五中全会昨开大会两次》，《申报》1928年8月12日，第4版。
④ 《陈嘉佑之民运谈》，《申报》1928年8月17日，第4版。

9月，国民政府法制局局长王世杰向国民党中央政治会议提交了《工会法修正草案》，其内容共23条，大致内容为凡十六岁以上的体力、脑力劳动者，集合四十五人以上者得组织工会，但国家机关服务人员，除国营企业机关之雇员外，不得组织工会；工会在不抵触法律法令之范围内可以从事职业介绍，关于会员疾病、死亡、失业等救济事务，关于会员技术增进，关于会员娱乐、卫生等事务，关于雇员与雇主争执、会员间互助等事务；工会与雇主或雇主团体订立劳动协约；雇主对于劳动者，以其工会会员之故，所为之解雇行为为无效；工会不得设定会员出会之条件，不得征收高额入会费；工会章程有违法令者，地方行政官署命其改变之；工会之行为有违社会秩序者，地方行政官署可制止之，不服制止者，得由该官署暂行封闭该工会或解散之；不服处分者，得向该地方官署上级官署及工商部提出诉愿；工会发起者在未完成呈报手续前，以工会名义进行活动者，处五十元以下之罚金；本法施行前，依民国十三年工会条例组织之工会，得于本法施行三月后，依法呈报后方视为合法工会；等等。①

与此同时，中央民众训练委员会还将铁路工会、海员工会、矿业工会、邮务工会、电务工会等五种工会确定为"特种工会"。并根据《工会法修正草案》制定了《特种工会组织条例》，特种工会的组织系统仍由全国某总工会—某省（特别市）总工会、某县（市）工会、某区工会—小组构成；特种工会中之各级工会应相应参加全国及地方各级工会，并受其指挥；等等。②

从上述两个法条的内容来看，其对工会权利限制较北京政府更为严厉，不仅限制了国家机关人员组织工会的权利，而且工会还被剥夺了国民革命时期诸如罢工、言论等自由。其立法精神不仅与限制民众运动相因应，而且更与北京政府的理念有异曲同工之处。可以说，在此草案中，将管理工会的责任归为行政事务，以此来凸显行政部门的权威。但这又与此前条文中党部"训练"民众的规定有不少冲突之处，这意味着党部

---

① 《中央政会讨论中之工会法规》，《申报》1928年9月8日，第10版。
② 《中国劳工运动史》编纂委员会：《中国劳工运动史》（3），中国劳工福利出版社1966年版，第819—821页。

与行政部门之间的矛盾非但没有因法律条文的制定减少,反而是增加了。

如果将《劳资争议处理法》及《工会法修正草案》的制定过程与国民党此时的民众政策结合来看,我们会发现一个"奇怪"的现象:即在四中全会通过了限制民众运动议案后,所制定的《劳资争议处理法》尚能在一定程度上保障弱势一方——劳方的基本权益。而五中全会后所制定之《工会法修正草案》却又收紧了劳方在组织及运作工会的权限。也就是说,国民党在政策层面与法律层面并没有完全契合,反而有相违背之处。如此特别之处无疑显现了国民党在劳工问题上的某种踌躇与徘徊。

其实,这样的一种心理状态归根结底是对现有的工会及工人缺乏控制的表现。因此,对于相违背之处也可以做如下解释:即《劳资争议处理法》赋予了工人团体协约的权利,这就意味着工会成为劳资争议中的最重要的主体,而对工会的"整理"成效也就成了能否使《劳资争议处理法》真正发挥效力的关键或前提了。这也就是说,工会问题成为国民政府制定相关劳工立法的核心。然而,对于如何"整理"工会,国民政府与国民党却缺乏统一的方策。如果一味禁止民众运动,必将使民众与党或政府隔阂渐深,最终导致二者关系渐行渐远。如果放松对民众运动的控制,那么国民革命时期的种种"惯性"无疑会延续下去。不管两种方式如何进行都会使国民政府或国民党处于被动状态。而要解决这些问题的关键并不是去限制民众运动,而是要对民众团体实施有效控制,其方法就是重新建立以国民党三民主义为理论基础的民众团体,具体到工人领域,就是有效地组织起相对"驯服"的工会组织,那么劳资问题亦可以在国民党的可控范围内解决了。

然而,即使是如此严厉的《工会法修正草案》仍然没有即刻实施,1924年的《工会条例》仍具有法律效力,[1] 而根据这些法条,中央民众训练委员会曾经对全国工会进行了所谓的"整理",但其成绩不过是登记会员一项,"未见若何绩效,甚且增加不少纠纷"。[2] 由于工会"整理"的效果令人失望,所以也就使得《劳资争议处理法》成为一纸空文了。

---

[1] 邵元冲:《邵元冲日记》(1929年2月25日),上海人民出版社1990年版,第510页。
[2] 《中国劳工运动史》编纂委员会:《中国劳工运动史》(3),中国劳工福利出版社1966年版,第814页。

而随着1928年沪邮工的罢工风潮，国民政府着手进一步修改相关法条。

　　1929年9月，立法院拟定了工会法原则，共十八点。其内容为：第一条，工会法不适用于国家行政、交通、军事工业、国营产业、教育事业、公用事业各机关之职员或雇员；第二条，工会以产业工人或职业工人组织之；第三条，工会应以增进能率而改善其同一职业或同一产业工人之生活及劳动条例为目的；第四条，工会之指导机关为各该地方之最高党部，其监督机关为其所在地之省、市、县政府；第五条，同一产业及同一职业，应只设一工会；第六条，工会之成立，采取申报主义，但未经申报或申报未经核准者，不得享有工会法规定之权利及保障；第七条，工人应加入同一职业或产业之工会，对于工人应予以入会之便利，不得课以高额入会费或年费、月费；第八条，工会不得胁迫工人入会，尤其不得限制工人退会；第九条，工会得办理消费、生产等合作社及职业介绍所、托儿所、失业救济基金与其他一切互助事业；第十条，工会尚未办理如上之互助事业，由该地最高党部协助办理；第十一条，劳资间纠纷，应以调解或仲裁解决之，不得违背法令，实施罢工；第十二条，工会不得因要求过高薪金，而宣言罢工；第十三条，工会在不违法令之范围内，有言论、出版之自由；第十四条，工会对于其职员执行职务时所加于他人之损害，应负赔偿责任；第十五条，雇主对于工人，不得以退会或不加入工会为工作条件；第十六条，工会为法人，工会之解散、合并、清算，依民法法人之规定；第十七条，工会得联合同一性质之工会，组织工会联合会，其成立条件与工会组织相同；第十八条，工会非经政府同意，不得与各国任何工会组织联合。①

　　随后，国民党中央政治会议对其进行了审查，认为其中有关组织工会之宗旨的规定最能体现国民党民生主义精神，促进国家生产之发达。对于组织工会联合会问题则望有法律范围之规定，同时强调国家行政、交通、军事工业、国营产业、教育事业、公用事业各机关之职员或雇员不仅不应宣言罢工，且应不得有缔结团体协约之权利。②

　　对于此，沪工界表示了强烈不满，并提出了修改意见。其称：关于

---

① 《立法院拟定工会法原则》，《申报》1929年9月1日，第13版。
② 《中政会通过工会法原则》，《申报》1929年9月20日，第9版。

第八点之原则似与现实不合，因为在工人中必有与资方关系密切之人，其对工会抱有成见，难免会影响工会组织之成立。如就此原则实施后，必将使已有工会濒于瓦解，未组织之工会窒于进行。"推定立法者之意，或虑工会组织设有不良，故特为上述第八条之订立，以免连累工人。然工会既受党部指导及政府监督，苟有不合，尽可予以纠正，似无须特设此条以为消极防制。"对于第一点则认为，凡脑力及体力劳动者，均为劳动范围之内，而第一条所定义之劳动者自有组织工会之权利，若将其作为例外，实有违劳动立法之本旨。此外，工界另主张设立县市总工会，以便使工会能够统一，从而表现民众团结之力量，等等。①

然而，在立法院随后通过的《工会法》中，并没有采信工界的意见。而就此内容来看，此法条虽然规定工会的指导机关和主管监督部门分别为国民党党部与其所在地之县市政府，但党部的"指导"与县市政府的"监督"有何区别却并没有明确说明，这在现实只会徒增双方的掣肘甚至是矛盾。该法条还禁止了国家行政、交通、军事工业、国营产业、教育事业、公用事业各机关之职员或雇员组织工会的权利，但在其后又规定上述所列举各事业工人组织之工会，不得宣言罢工。此条在执行中，很难明确厘清何为职雇员、工人，因此，什么人可以组织工会，宣言罢工就更难界定了。此外，该法条以横向的职业或产业联合取代了此前工会的纵向联系。如此分而治之的方式是考虑到国民党控制工会的能力及工作成本的，在当时亦是国民党可以采取的最好方式了。

该法条的具体内容公布后，立刻引起了各方的质疑，浙江、河南、上海等省市党部率先发难，指责该法条中禁止国家行政、交通、军事工业、国营产业、教育事业、公用事业各机关之职员或雇员组织工会有违1924年的《工会条例》及1928年的《工会法修正草案》中之相关规定。对此，国民党中央政治会议不得不做出解释称：1928年的《工会法修正草案》适用范围已不如1924年的《工会条例》，"此项规定，非因其为脑力劳动者而限制之，盖工会之对象，为一般雇主之资本家，或因经济上利益上之调和，须组织工会，自谋其利益，而行使其团体交涉权。如属于国家机关与国营产业，即只应以服务为职志。盖国家为民众之国家，

---

① 《上海各工会呈请中央修正工会法原则》，《申报》1929年9月28日，第16版。

而被佣于国家机关与国家产业者，绝不能有劳资对抗之意义。况此种事业与普通一般之职业或产业不同，关于公益上、治安上、行政纪律上有深切之关系，自不能不加以限制"。况且，上述人等不得组织工会但亦可组织其他民众团体。此外，上述所称之职员或雇员之不得组织工会与上述事业之工人并非同一群体，前者虽不得组织工会，但并未限制后者组织工会的权利，只是后者没有团体协约权与不得宣言罢工的权利而已。①

随后，上海特别市政府及工商部亦对《工会法》提请解释。其中要点为：一、工会区域往往不以区域所划分，那么一旦该工会超出设定之区域，区域如何核定，由何机关核定？二、该法条规定工会之主管监督部门为所在地之县市政府，但如一事业超出一省或一特别市，那么主管部门应做出规定；三、该法条规定原有工会须在《工会法》公布实施后，限期重新登记，否则将受到惩罚。但事实上，由于各省市对该法存有极大疑义，因此，建议将此条展期实施。

以上问题都是《工会法修正草案》修改后带来的。取消纵向的工会组织无疑凸显了国民党在领导工会问题上的现实困境，虽然，横向的组织系统可以避免工人组织的"尾大不掉"，但以职业或产业划分工会组织系统却会导致行政紊乱的问题。而对原有工会的重组更遇到现实的阻力，因为，在国民革命时期，组织最为完善的往往就是那些在《工会法》中被禁止组织工会的群体，即使其他行业中，原有的工会也会因种种原因难以满足《工会法》所设定的条件。

虽然，该法条遇到了诸多障碍，但在1930年5月30日，国民政府国务会议仍然决定公布《工会法施行法》。② 随后，工商部对有关问题做出了解释：一、工会法所称工会联合会，系联合不同区域之间同一产业或职业之工会组织；二、工会区域系指市县之区域，省及乡镇均不得认为工会区域；三、工会法并无总工会名称，所有旧日成立之省市总工会，即刻解散；四、关于旧有工会条例，明令废止。③

可以说，从《工会法修正草案》到《工会法》，国民党在工会问题上

---

① 《中政会解释工会法商会法各要点》，《申报》1929年12月27日，第7版。
② 《第七十八次国务会议》，《申报》1930年6月1日，第10版。
③ 《工商部解释工会法》，《申报》1930年6月7日，第7版。

出现了极大的转变，而由于这种转变缺乏一定的联系性，造成《工会法》实施的现实困难。根据《工会法修正草案》的有关规定，1929年9月，上海工界在得到市党部的首肯下成立了市总工会筹备委员会。与此同时，包括邮务工会在内的"特种工会"也积极筹备总工会的设置，但随着《工会法》的实施，如此组织都被定义为"非法"。虽然，此等组织不断请求成立在案，但都被拒绝。然而，由于此时国民政府在相关问题上尚处于法律"真空"的状态，因此，各地总工会及各职业或产业总工会的建立仍难以真正禁绝。而当时的工界对于成立总工会也表现出极大热情，对于当局阻止成立总工会之事更表现出极大愤慨，其称：筹委会成立后，完成了工统会、工整会未完成的"整理"工会的任务，而当局不是称于法不合就是称现在的环境已不需要，此无疑与国民党之宗旨相违背，且学生、商人等组织都可以成立总会，为何单工人不可？①

在这期间，筹委会不仅多次呈请立案，甚至市党部委员也向中央请愿，然而《工会法》出台后，沪市总工会筹委会及各"特种工会"不得不遵照市党部的训令无奈宣告结束。② 与此同时，各"特种工会"总工会的筹备工作也陷入停顿。虽然，成立总工会的呼声被暂时压制了，但随着实际工作的进行，关于成立总工会的问题又随之提出了。

如果说在法条制定受到一定滞碍的话，那么在具体的执行中则困难更大。根据相关规定，店员等职工不得组织工会，只能与雇主同组同业公会。③ 对此，不仅各职业工会表示不满，甚至是党部人员也甚为不解，沪市党部执行委员吴开先就坦言："工会法把原有的职工会取消，要一部分店员参加同业公会，而另一部分的职业工人则组织职业工会。这一个问题，我们觉得关系很大。因现有的职工会，对于资方均订有劳资协约，如其一旦工会取消，则一切契约均成废纸，那是不得了的事情了。上海一二十万的店员，几年来奋斗得来的利益都将无着，那是不应该的。并且店员工人，没有了组织，则将来店东可以随便压迫店员工人，而店员则哭诉无门。那是我们国民党所不忍睹，而且是不允许的。"此外，《工

---

① 《全沪工人代表请愿成立总工会》，《申报》1930年3月3日，第13版。
② 《市总工会遵令结束》，《申报》1930年7月4日，第13版。
③ 《全市职工会请愿》，《申报》1930年8月24日，第14版。

会法》虽规定区内只能组织一个工会,并没有规定区以下各厂是否可以组织厂工会,"那么,上海现在许多已有的工会基础,就根本动摇"。况且,让许多厂工会组织一个职业或产业工会,事实上恐有许多困难,并且其组织也难以完善,将来如发生纠纷,牵涉很大,很难就会解决。而国营事业之职工不得组织工会,更与现实不符。这些现存的工会不仅为民众的一部分,自当有组织团体的权利,而且更对国营事业的发展有督促之责。为何不能组织团体?正是由于这些法条的不完善致使执行不易,更使包括部分党部委员之诸多人等谋求成立工会联合体,阻止《工会法》的实施。而其反对的原因是《工会法》取消了工会委员制,致使许多委员成了干事会的干事,或者就没有了。而这些人为了私利组织起来共抗《工会法》的实施了。①

由此看来,《工会法》所遇到的执行难的问题不仅是由于受到工界的反对,而且还来自国民党内部。因此,该法条公布实施之后,上海工会本应依此整理,但上海市党部却因事实上窒碍颇多,着手匪易而"消极怠工"。直到1931年初,国民政府决定召开国民会议,需要上海推派工会代表时,上海市党部才不得不遵照国民党中央训令决定在2月底将各工会改组完毕。②

然而,在按照《工会法》改组各工会时,却又遇到了三个实际问题:第一,就是工会虽属同一职业或产业,但由于工种不同工会不愿或难以合并;③ 第二,旧有工会与资方签订团体协约,其中内容与《工会法》有相冲突之处,如果工会改组此类协约被宣布无效,那么工会断难奉命改组;④ 第三,根据《工会法》之规定,邮务等国有事业中只有下级工人可以组织工会,大量员役则被排除在工会之外,对此邮务等工会强烈反对改组工会,要求维护原有组织。⑤ 这些问题无疑直接影响到工会改组的效果,虽然,现在尚无数据显示工会改组的比例,但从改组后的上海出版业工会的情况看,其效果难以乐观。沪市出版业工人有两万余人,而参

---

① 《吴开先报告赴京接洽工运经过》,《申报》1931年1月28日,第1版。
② 《党政机关报告整理各工会意义》,《申报》1931年2月3日,第13版。
③ 《党政机关第三日报告整理工会意义》,《申报》1931年2月5日,第14版。
④ 《报界工会商务四工会与社会局谈话之经过》,《申报》1931年2月5日,第14版。
⑤ 《各地邮工拥护原有组织》,《申报》1931年2月10日,第13版。

加此工会的只有四千人。①而许多工会更由于难以满足《工会法》规定之条件，虽成立但却拒绝登记在案。②

就此看来，《工会法》的实施确实遇到了阻力，而且，由于许多工会及工人未被赋予组织工会的权利，因此，当时存在着大量游离于法律之外的组织及群体。这无疑增加了各级党部"指导"工会的难度，更使行政机关在调解劳资纠纷中难以发挥应有效力。事实上，劳资调解难度的增加不仅是因为《工会法》中有关条文与现实境遇相抵触，而且更与《劳资争议处理法》的第一次修正有直接关系。1931年3月8日，立法院通过了《劳资争议处理法》第一次修正案，17日，公布实施。此次修正案最主要的变化有：将劳资争议中劳方人数由30人以上降为15人以上；取消了有关公用事业依职权调解或仲裁的规定；关于调解及仲裁的效力由强制仲裁改为任意仲裁，即"争议当事人对于仲裁委员会之裁决送达5日内不声明异议者"，该裁定方生效，如有异议，则不成立；取消了争议当事人无不履行仲裁决定，将处以200以下罚金及40日以下拘役的条款。③

可以说，站在相对弱势的劳方角度上看，较之于《工会法》的严苛，此次对《劳资争议处理法》的修正却表现得甚为和缓。而对于各级行政机关而言，此法无疑限制了其行使仲裁的权力。因此，对相关法律的修改成为劳方与行政机关的共同诉求，不过，双方所要修正的法条是有所不同的。

1931年5月，南京国民政府召开国民会议。国民会议之代表采取职业代表制，因此，此次会议亦有工人代表参加，这被认为是"空前未有之盛举"。工界当然不能放过这样的机会，因此，工界代表后大椿根据沪工界的要求提出了诸如设立劳工部、制定劳工保险制度、救济失业工人、修改有碍劳工福利之各种法令、制定《特种工会法》等十余项提案。④随后，沪工界增加了设立工人运动最高机关的提案。其称：工商学农为社

---

① 《市出版业工会成立宣言》，《申报》1931年4月2日，第13版。
② 《市社会局严令各工会依法立案》，《申报》1931年7月18日，第14版。
③ 《劳资争议处理法》（1930年3月17日公布），《立法院公报》第16期。
④ 后大椿：《国民会议为工人参加政治之创举》，《申报》1931年5月5日，第14版。

会之主体，本应一体平等，然今商学农皆有总会之设置，为何独工人无此机关？如此不平之境遇必将使工人心理发生变化，而此或为敌人所利用。今政府如一味强调重商主义，而制约工人组织之发展，那么劳资协调如何能实现？① 此外，后大椿亦将沪邮务工会起草的《特种工会法草案》提交国民会议讨论，其提案理由为：值此训政建设期间，工人之需要越多，工人之势力越盛，"工人受赤匪或反动派诱惑之可能性愈大，故工人之组织与训练尤为当务之急。乃自工会法施行法公布后，顿使全国特种工人，即国家工人，限于进退维谷之状，有改组未尽依法者，正以法之不能尽依"。而《工会法》之规定使特种工会之"改组"无法可依，致使各特种工会不愿或不敢改组，因此，急欲制定《特种工会法》为"改组"之准绳。② 该草案不仅设置了全国性的总工会，而且还主张员工混合组织，以打破上下级隔阂支离的现状。③ 实际上，上述提案是对国民党摇摆不定的劳工政策的回应，因此，在大会中，多名代表都要求国民政府确定劳工政策。④

国民会议之后，国民党中央率先对"特种工会"之中华海员工会进行"整理"。⑤ 随后，又修正海员、铁路特别党部组织条例，⑥ 并制定了海员工会改组、组织办法。⑦ 这无疑是在事实上承认了"特种工会"存在的必要性与可能性。然而，这并不意味着国民党就此松动了对工会等民众团体的"整理"政策。因此，就在其实施"整理"海员工会的同时，国民党中央要求未完成"改组"之各民众团体必须在1931年10月1日前改组完竣，否则将视为"非法团体"。⑧

然而，随着日本发动"九一八"事变，整个社会的反日情绪也在工界中有所反映。汪精卫等人就利用社会各界的"反日"情绪及对蒋介石"攘外必先安内"政策的不满鼓动上海市党部王汉良及商务印书馆发行所

---

① 《沪工界要求设最高机关》，《申报》1931年5月9日，第14版。
② 《特种工会法将提大会讨论》，《申报》1931年5月12日，第10版。
③ 《特种工会法草案》，《申报》1931年5月17日，第14版。
④ 《提案开始审查》，《申报》1931年5月10日，第8版。
⑤ 《中央一四六次常会》，《申报》1931年6月19日，第8版。
⑥ 《中央一四七次常会》，《申报》1931年6月26日，第10版。
⑦ 《中央一四八次常会》，《申报》1931年7月3日，第8版。
⑧ 《中央一五二次常会》，《申报》1931年7月31日，第10版。

职工会的后大椿等人组织了"党务改进会"，要求彻底清除原有党部负责人吴开先等人，并恢复民众运动等。① 这样的情况不仅引发了沪政界的纷乱，更使得原本就不睦的沪工界更加混乱。随后，后大椿等人试图组织上海总工会以表示恢复民众运动的决心。对此，与吴开先等人关系密切的陆京士等人亦成立相同组织以为对抗。因此，在12月19日，上海两处分别成立了总工会。② 然而，此时汪派在上海的举动更多的是为了收买人心，并非完全针对蒋介石。况且汪蒋在"合作"事宜上已心照不宣。因此，所谓沪上海"党务改进会"很快以王汉良声明从未参加其事而告终。③ 政治纠纷的解决直接推动了两总工会的合并。④

1931年12月22日，国民党四届一中全会召开，蒋介石宣布下野，汪精卫等人重新进入了国民党中枢，而汪派所宣扬的恢复民众运动的主张使不少人看到国民党修改民众运动政策的希望。因此，在此次全会召开之际，沪工界在邮务工会会所内召开了全市工界代表大会，并通过多项建议案，其中有关整饬工运案之原则为：提高工人地位，保障工人团体；取消现行工会法及相关法规，根据1924年的工会组织条例另行制定相应法条；工会团体应有纵横之组织；工人不得以智识、职业或服务机关而加以区别或歧视，应一律有组织工会的权利；失业工人应由政府救济；承认工人有绝对的罢工自由权；恢复1929年时的工会组织；扶助无组织工人组织工会等。⑤ 借此机会，各地邮务工会及铁路工会也纷纷再次电请颁布《特种工会法》，以便使其有法可依。⑥

可以说，蒋介石等人在民众运动上的"保守"不仅为世人所诟病，而且成为政敌攻击的借口之一。而也正是国民党内部的政治动荡使得《工会法》的执行力大打折扣，上海市党部的内斗催生了上海市总工会的成立。虽然，国民政府对此表示应当切实制止，"以维法纪而杜纠纷"，⑦

---

① 《全市党员紧急大会》，《申报》1931年12月14日，第14版。
② 《昨日南北市两总工会成立》，《申报》1931年12月20日，第17版。
③ 《王汉良等声明》，《申报》1931年12月23日，第16版。
④ 《南北总工会合并》，《申报》1931年12月28日，第9版。
⑤ 《全市工界代表大会呈四届一中全会文》，《申报》1931年12月24日，第14版。
⑥ 《各地邮工请颁特种工会法》，《申报》1932年1月1日，第23版；《铁路工会决组全国工联》，《申报》1932年5月21日，第7版。
⑦ 《国民政府令查本市总工会组织》，《申报》1932年1月17日，第14版。

但这不过是一个"官样文章"罢了。甚至连时任行政院副院长陈铭枢嫡系的新任上海市社会局局长麦朝枢都认为总工会的成立,"在目前实为刻不容缓",对于其于法不合之处,麦朝枢应允将由社会局与市党部共同呈请中央修改《工会法》。① 随后,上海市总工会派代表赴南京,向陈公博等人申明总工会成立之必要,而得到的答复是:《工会法》确有修改之必要,上海市总工会准予维持现状。②

与此同时,对实际存在的各"特种工会"的立法工作也不得不提到议事日程上了。1932年8月,民众运动指导委员会③根据国民党中常会的指示,讨论有关"特种工会"法规问题。最后议决两项:第一,决定修正海员工会、铁路工会、邮务工会、电务工会组织规则;第二,《工会法》中有关设立工会联合会的法条不适用于上述工会。上述决议在未公开前,应保守秘密。④ 随后,行政院颁布了上述四种工会的组织规则,在规则中对工会的组织构成来源实施了限制,仅如邮务工会的组成仅限于邮差、信差及邮务佐三类,而排除了邮差以下的听差、苦力、杂役及邮务佐以上的邮务员等人。此外,不仅禁止组织全国性的产业工会,而且还剥夺了工会团体协约及调处劳资纠纷的权利。⑤ 如此组织的特种工会与邮务工会此前提出的《特种工会法草案》相去甚远,很难令其接受。邮工甚至认为此规则毫无价值,与其说是立法要保障工人利益,不如说是要离间邮工的团结,削弱邮工的力量。⑥

事实上,此规则的出台毕竟给予了邮务等工会行政上的承认,这已经为《工会法》的修改打开了缺口。因此,在1933年7月,为了配合《特种工会规则》的实施,立法院通过了修正后的《工会法》。其具体内容为:修正工会法第三条,国家行政、交通、国营产业、教育事业、公

---

① 《社会局奉令召集总工会谈话》,《申报》1932年1月19日,第14版。
② 《上海总工会暂维现状》,《申报》1932年1月27日,第14版。
③ 其前身为中央民众训练委员会,于1931年12月26日国民党四届一中全会中被取消,另设民众运动指导委员会。
④ 《中国国民党中央执行委员会第三十二次常务会议(临时会)纪录》,中国第二历史档案馆《中国国民党中央执行委员会常务委员会会议录》(十七),广西师范大学出版社2000年版,第13—14页。
⑤ 《行政院公布四种工会规则》,《申报》1932年10月12日,第11版。
⑥ 煌:《所谓特种工会组织法》,《全国邮务职工总会半月刊》1932年第1卷第12期。

用事业各机关之工人，得援用此法组织工会，但其职员、雇佣员役及军事工业各机关之职员、雇佣员役及工人，不在此限。同时还修正了《工会法施行法》中的有关规定。①

然而，对于设置纵向的工会组织一节国民党内部仍有分歧，由陈公博兼任主任委员的民众运动指导委员会已有意恢复总工会的制度，但邵元冲等人似乎对此有所抵触。②虽然，沪市总工会得到沪市党部的同情，允其备案，在上报行政院后，行政院对此表示认可，但因其无法可依，因此只能援引北平、天津成例，将总工会名称改为上海市各业工会救国联合会。③对此，沪市总工会极为不满，"故本会除续请中央修改工会法，并收回成命外，并将召集工界临时代表大会，讨论办法，如不达目的，或将采取有效行动"。④

不过，这样的训令在当时很难发挥效力，而随着中日形势的日趋严峻，蒋介石也试图对民众运动的政策做出修正，对此，丁惟汾分析道：北伐胜利后，蒋介石希冀休养生息，因此党毫无力量领导民众。但"九一八"事变之后，这种政策已不足以应对将来之非常局势，因此，调整民众运动的政策成为当然之事。⑤然而，国民党内部对于修正人民团体法规之事，仍争论甚烈。⑥但最终的结果是以国民党中常会的名义通过了"人民团体指导办法"，从而避免了在法律上引起纠葛，因此其中规定："普通工会依照现行工会法指导进行，县市以下工会，如有特殊情形，当地党政机关为统一指导监督计，呈经中央许可，得成立总的组织。"⑦随后，陈公博任部长的实业部根据民众运动指导委员会之修正人民团体组织方案，制定了"县市总工会组织准则"。⑧这样，总工会终于以一种"别样"的方式获得了国民党的承认。

---

① 《立法院修正工会法》，《申报》1933年7月15日，第3版。
② 邵元冲：《邵元冲日记》（1932年10月15日），上海人民出版社1990年版，第918页。
③ 《行政院令准市总工会改新名称》，《申报》1934年1月19日，第12版。
④ 《中央令总工会更改名称》，《申报》1934年1月21日，第11版。
⑤ 王子壮：《王子壮日记》（第二册），1935年7月25日，"中央研究院"近代史研究所2001年版，第394—395页。
⑥ 邵元冲：《邵元冲日记》（1933年12月13日），上海人民出版社1990年版，第1060页。
⑦ 《人民团体指导办法》，《申报》1934年4月27日，第7版。
⑧ 《党政机关奉令准许各工会组织总工会》，《申报》1934年9月22日，第10版。

就在特种工会及总工会获得法律或国民党的承认的同时，时任上海市市长的吴铁城却要求修改《劳资争议处理法》的相关条文。其理由为："沪战以还，市面萧条，产业疲敝，劳资双方因工资工时之争执，解雇停职之纠纷，冲突日有所闻，终至关厂罢工，各走极端，虽其故不一端，而《劳资争议处理法》之抛弃强制仲裁，改用自愿仲裁，实为促成劳资行动之一大原因，爰向中央政治会议提议修改该法，恢复强制仲裁制度。"① 吴铁城之所以提请恢复强制执行，实因为任意仲裁将仲裁的最后权力赋予了法院而非当地政府，法院可以推翻原有仲裁决定，这在事实上增加了行政机关的办事成本，而一旦仲裁决议被推翻又会使行政部门的公信力下降。吴铁城的提案经国民党中央政治会议讨论后决定修改《劳资争议处理法》，恢复强制执行，并交立法院审议。在交付立法院讨论时，赞成修改者与反对修改者发生了激烈的争论。前者认为强制仲裁的实施可以威慑劳资双方，使其明知必须服从而免生事端，况且，任意仲裁如当事人不服须经法院判定，"是一事再理，徒生纠纷，且案经三审，方可确定，效力迟缓，亦非处理情势严重之劳资争议之良法"。后者则称强制执行的使用范围只是少数华人工厂，而租界内的工厂则无法适用。而且我国本为司法独立的国家，最高裁定权自应归法院。"如以仲裁为最后之决定，法治之谓何？若认一事再理，徒生纠纷，则仲裁未尽适当，致当事人无法执行时，又岂能免于纠纷？且强制仲裁，非劳资双方满意，乃使其恶感日深，并有时仲裁裁决亦难实行，更不足以防止罢工。"反对者维持之甚坚，惟以恢复强制仲裁制度，为中央政治会议所议决，立法院固无权变更，结果，修正劳资争议处理法仍采强制仲裁制。"② 随后，第二次修正后的《劳资争议处理法》公布，将原有的有关强制仲裁之条文，完全恢复了。此外还规定国营、公用等事业亦适用于本法。③

就此，南京国民政府在全面抗战爆发前有关劳工立法的工作基本完

---

① 谢振民编著：《中华民国立法史》（下册），中国政法大学出版社2000年版，第1136页。
② 《中国劳工运动史》编纂委员会：《中国劳工运动史》（3），中国劳工福利出版社1966年版，第1113—1115页。
③ 《立法院修正劳资争议处理法》，《申报》1932年9月11日，第13版；《立法院修正劳资争议处理法》（续），《申报》1932年9月12日，第9—10版。

成。如果说北京政府的劳工立法工作大多停留在书面上的话，那么南京国民政府的立法工作已进入到具体执行的层面了。这样，将法条与实施状况结合起来，我们会发现南京国民政府的劳工立法有以下几个特点。

第一，立法精神随着国民党由"革命党"转变为"执政党"后发生了本质变化，其立法内容与国民革命时期的相关条文缺乏承继性。这样剧烈的变化不仅使民众颇感惊讶，即使是国民党内部也颇有微词，王子壮就在其日记中写道："自国民党公开后，日益右倾，领导民众之力量完全丧失。"[①] 这样的变化与其说是对国民革命时期保护农工政策的"反动"，不如说是与北京政府的立法精神有更多相通之处。在北京政府及南京国民政府眼里，劳工都是智识浅薄且极易受人蛊惑之群体，因此有必要加强训练及指导，而在其认识水平未达到一定程度时，其行动应受到限制。[②] 这样的立论基础直接导致在订立相关法律上试图通过限制工人权利来稳定社会治安及经济秩序。与此同时，南京国民政府建立后的劳工立法亦缺乏连贯性。仅如邮工组织，先是根据国民党中执委《特种工会组织条例》及国民党中常会之特种工会组织系统着手办理，"徒以法令朝更夕改，遂使全国邮务总工会难以立足，而各地邮务工会亦根本动摇"。[③]

第二，《工会法》制定及实施的相对滞后性，导致在相当时期内出现了法律的"空白"。所谓的相对滞后性应从两方面来看，其一为相对于劳工政策改变的滞后性。正如前文所言，早在国民革命后期，蒋介石等人已对原有的劳工政策做出调整，这样的过程一直延续到南京国民政府成立后的几年中。而在此期间，有关劳工的法律问题却只能依照1924年的《工会组织条例》，这无疑与当时的劳工政策相背离。在具体实际中，国民党是以政代法，而工界则以法抗政，政、法之间矛盾是导致各方现实冲突的关键因素。其二为相对于《劳资争议处理法》的滞后性。在诸多劳工立法中，《工会法》应该是其他各项法律的核心。《劳资争议处理法》成立的前提是赋予工人团体协约权，而在当时，劳资纠纷中的劳方往往

---

① 王子壮：《王子壮日记》（第二册），1935年7月22日，"中央研究院"近代史研究所2001年版，第391页。
② 关于此点可以参见北京政府、南京国民政府有关防止工潮之宣言或公告。
③ 王宜声：《邮工运动的回顾与希冀》，《中华邮工》1935年第1卷第1期。

通过工会组织来完成与资方的博弈。换言之，就是《劳资争议处理法》实施的前提是要对工会作出法律上的规定，但是《工会法》却往往后于《劳资争议处理法》出台，这使得许多工会被取消了相应权利，这在实际上不仅增加了调解劳资纠纷的难度，而且还使《工会法》难以发挥实际效力。

第三，国民党对相关法律的"超越"或抵触直接削弱了立法的本旨及执行力。就立法的过程而言，国民党在对待劳工问题上所表现出的"功利性"与"实用性"作用到立法过程中，致使其政策随国内外形势而变化，而政策的变化又导致立法的变更。与此同时，国民党派系争夺及各方对劳工问题的分歧也导致其立法过程充满了前后不一致。虽然，国民党诸人都以三民主义之信徒自居，但在对三民主义的理解或解释上却存在着巨大差异。这些反映在劳工问题上，就表现出：蒋胡合作时，对劳工运动的限制甚苛。蒋汪合作时则在一定程度上放松了对劳工运动的制约。这些都在立法中有所体现，而归根结底则是法律沦为国民党派系争夺的附庸。正是由于国民党内部对劳工立法意见的不统一，尤其是地方党部对此的不认同致使大量"非法"的工会组织长期公开活动。不仅如此，各级地方党部甚至成为相关劳工立法修改的重要推动力。而造成这一局面的关键是由于国民党没有能够正确处理党与法之间的关系，法律被国民党的意志所左右，而国民党内部的分歧又促使法律被"肢解"或干脆无视它的存在。

其实，上述特点都可以用"摇摆"来归纳。在很长的历史时期，国民党始终扮演着"全民党"的角色，在其看来，党之利益即民众之利益。换言之，即民众利益是要服从于党的利益的。与此同时，党的利益却随着各种因素的变化而发生改变，因此，对民众的态度也随之更动。进一步而言，国民党与民众始终存在着相当的隔膜，国民革命时期民众力量尤其是工农运动的澎湃使民众基础薄弱的国民党心有余悸，试图通过"堵"的方式来限制工农的发展。然而，此种形式却与国民党的政治宣扬难以契合。国民党不得不在政治宣扬与政治实践中寻找平衡，这样，其过程就表现出一定的不稳定性了。而这种不稳定性推演出另一种不稳定，即在国民革命时期被组织起来的大量工人或组织被排除在法律之外，成为潜在的不稳定因素。对于它们的存在，国民党很难断然取缔，又不能给予相应的法律权利,因此,只能将问题尽可能地拖延,以期寻求各方都可以接受的解决方法。

小　结

国民革命时期,国民党一再标榜其"革命性",但实质上,国民党对待民众组织的态度是一种"功利"的实用主义。仅仅将民众尤其是工农看作打击政敌的政治工具,而并没有将工农视为国民党的社会基础。

国民党在取得政权后,不断地形塑一个超越阶级、派系的全民性政党的形象。但事实表明,国民党始终是一个面向精英,而不是面向民众的政治组织。[1]这在某种程度决定了南京国民政府与北京政府的执政理念是一脉相承的,在执政者眼里,中国的民众始终是需要精英的"教化"。如此,国民党逐渐将自己与民众隔绝开来,党部及国民政府各机关的官僚气息更加剧了这样的趋势。虽然,国民党在执政期间,一直在宣扬着民族主义与国家主义,并希望以此来掩盖本已存在的阶级差异与派系争夺。但由于其"在建设以合理的与惯例化的准则为基础的国家行政秩序方面几乎没有做过什么努力。要想获得或保住官职,就需要派系关系或其他特殊关系。由于在行政上吸收新成员方面不能秉公办事,国民党当局便依靠非正式程序的派系交易。行政机关不再行使执行机构的职能,变成了又一块派系角逐的地盘"。而这种状况不仅侵蚀了国民党的社会基础,而且这种仅仅依靠非正式的和狭窄的联系渠道的做法,更妨碍了能为政治的目的广泛争取群众支持的正式网络的发展。[2]正因如此,国民党在"国家主义"名义下所做出的一切努力都被人质疑为派系或个人牟取私利的行为。这正是邮务工会反对邮储分立及邮电合设的重要原因。

其实,国民党已然意识到其与民众之间的关系了。正是由于其对民众运动缺乏必要的信心和实际的控制能力,所以在相关政策及法律的制

---

[1] 齐锡生:《国民党的性质》(上),中国社会科学院近代史研究所《国外中国近代史研究》编辑部:《国外中国近代史研究》第26辑,中国社会科学出版社1994年版,第58页。

[2] 田宏懋:《1928—1937年国民党派系政治阐释》,中国社会科学院近代史研究所《国外中国近代史研究》编辑部:《国外中国近代史研究》第24辑,中国社会科学出版社1994年版,第72、80页。

定上,也发生了明显的转向,即从鼓励民众运动转向了限制民众运动。尤其是在工人运动上,其具体表现就是要从组织上禁绝相关工会的成立,使工会在法理上不具备代表工人的权利,从而割断工人与工会的联系。不仅如此,国民党在确定其有关政策及法律时所宣扬的"劳资合作"却是以限制劳方的权利为前提的,其基本要旨是将"防共"与"防劳工"等同起来。因为,在国民党眼中,劳方是一个政治上不成熟、经济上不独立的被动群体,极易受到"蛊惑"而做出种种"过激"的行为,从而成为"劳资合作"最重要的破坏者。而国民党作为执政党,自然负有领导、训练之职责。与此同时,资方成为实现国家建设的重要力量,有必要对资方权益实施"保护"。这样,在制定相关政策及法律上,工人在国民革命时期所获得的诸多权益被剥夺了,"反而给资方各种口实而压抑工人"。① 正是由于对工人运动的某种"忌惮",使其政策及法令在具体实施中受到来自劳方的激烈反对,甚至是国民党内部也对此颇有微词,并在具体工作中出现了"阳奉阴违"的现象。这些都使得国民党所宣扬的理念难以深入人心,反使民众怀疑其"代表性"了。

当然,这些判断都能够在国民党、国民政府与邮务工会的争执中找到依据。前者试图通过中华邮政的"国有化"来实现其施政的目的,但后者认为这样的措置是以"牺牲"邮政的利益为前提的。因此,在国家利益与行业利益出现冲突的情况下,邮务工会"代表"邮务工人率先反对。在此过程中,与其说邮务工会反对的是邮政的"国有化",不如说是邮务工会对国民党与国民政府的某种"不信任"。而相关官僚的贪腐更催化了这种情绪,使双方的互信难以实现。对于邮务工会的颉颃,国民党试图以精英政治来消解。换言之,一方面,国民党禁止邮务工会的成立;另一方面,则对邮务工会的主要领导者予以嘉奖,并意图通过"驯服"其领导者达到"归化"组织的目的。

虽然,邮务工会确实存在着依靠政治力量来获得权力扩张的现象,但邮工的政治信仰是比较复杂的。这就意味着,邮务工会内部缺乏一种统一的思想体系。而工会的官僚化就会因此面临一个巨大的危险,一旦

---

① 赖泽涵:《战前我国的劳工运动》,《抗战前十年国家建设史研讨会论文集(1928—1937)》(上册),"中央研究院"近代史研究所1984年版,第143页。

工会领导者漠视工会会员的权益，那么二者之间的关系会渐行渐远，工会领导者会随时遇到自下而上的挑战，最终会有颠覆其领导地位的可能。因此，在工会的领导者眼里，工会的存在不仅需要国民党及国民政府的承认乃至支持，更需要得到工人的支持，以体现工会的"代表性"。这样，虽然"一些劳资团体中的首脑任职于党、政部门，其团体基础更加稳定，甚至更可能与政府、党部相抗衡"。①

由此看来，同样作为一种组织系统，由于国民党及国民政府所依赖的基础与工会有很大区别，因此，在对待工人的利益上也有所不同。换言之，国民党及国民政府存在的基础并不仅仅来自下层，而工会则不然，它作为工人组织必须得到工人的认可，即使其被动随着国民党与国民政府的"高压"政策及法律出现减退的趋势，但为了维系工会与工会之间的关系，工会也有必要在"适当"的时候主动做出符合工人利益的"主动行动"。②

---

① 田彤：《民国时期劳资关系史研究的回顾与思考》，《历史研究》2011年第1期。
② 此点可以参见［英］理查德·海曼《劳资关系：一种马克思主义的分析框架》，黑启明译，第80页。

第 五 章

关于上海邮务工会性质的反思[①]

判断一个历史事物的性质一般分为两个步骤,第一就是如何认识它,第二就是如何对待它,而前者往往会直接影响到后者。在"黄色工会"问题上,中国共产党对"黄色工会"的定义,基本上是沿用了苏俄对"革命"的解释体系。[②] 将一切在国民党统治之下,非中国共产党领导下的工会组织统称为"黄色工会"。而且,随着中国政治斗争形势的变化,将"黄色工会"等同于"反动工会",成了中国共产党斗争的对象。而赤色工会与"黄色工会"的较量也被理解为国共之间意识形态以及政治上的对抗。

正是基于以上认知,所以,在中国共产党的工运政策上,如何处理"黄色工会"问题,不仅成为中国共产党在土地革命时期制定工运政策的出发点之一,而且也成为中国共产党"左"倾错误在工运实践上的集中体现。虽然,中国共产党在对待"黄色工会"的问题上,其策略在不断调整中,即从反对"黄色工会领袖"到反对"黄色工会",再到建立与"黄色工会"相对立的公开的赤色工会以及在"黄色工会"中建立革命反对派。但策略的调整忽视了当时严峻的斗争形势,始终没有脱离意识形态的禁锢。因此,在中国共产党的理解下,"黄色工会"及工会中的"黄色倾向"一直是中国共产党的敌人,中国共产党的阶级性质决定了其必须与它们战斗到底,但在现实中,"黄色工会"及工会中的"黄色倾向"非但没有消亡,反而出现了扩大化的趋势。

---

① 该部分内容已发表在《中共党史研究》2016年第8期和《史学月刊》2017年第3期。
② 黄兴涛、陈鹏:《近代中国"黄色"词义变异考析》,《历史研究》2010年第6期。

当然，所谓"黄色工会"的扩大既有客观的原因，即国民党统治区域的工会会员忌惮国民党的高压政治，希望能够在当时政府的允许下，取得现实利益。又有主观的原因，则是中国共产党认为除了以阶级斗争为理念的赤色工会以外的一切工会都是"黄色工会"。这些都成为土地革命时期，中国共产党工运难以开展的重要原因。就此而言，对"黄色工会"问题的探讨不仅可以反思此一阶段中国共产党工运政策的实施，而且更可以探究中国共产党一系列工运政策出台的主、客观因素。

具体到上海邮务工会，党史专家将其定义为"黄色工会"的典型，并由此确定了其基本特征为改良主义、党化、帮会化。在中国共产党的政治解释下，改良主义就是在"反动"的国民党统治下实施"劳资合作"，但事实上，邮务工会与行政当局的纠葛是邮务工会发展过程中的重要线索。而所谓邮务工会的"党化"实质上是一种工会成员的"党员化"。虽然，邮务工会内部的国民党党员的数量是在增加，但其认同的"三民主义"是孙中山在国民革命时期的"三民主义"，而非南京国民政府所宣扬的"三民主义"。至于邮务工会中的"帮会问题"更是当时大多数工会都具有的面相，而且，如果将其置于大的历史环境下来审视，就会发现，当时的工会在组织系统上仍然是按照现代社团组织的规制来设定的，帮会只是用来增加工会力量的一种方法。换言之，工会在发展过程中需要借助一种组织形式来强化其主体意识，但在当时缺乏民主氛围的历史背景下，工会并不具备直接实施现代民主的环境，这样，只能通过"传统"的方式，即帮会来完成这一过程。因此，工会的帮会化是历史境遇造成的，是中国工会走向现代社团组织过程中特殊的、无可奈何的"现象"。

第一节 中国共产党话语体系下的"黄色工会"

当我们以邮务工会为中心探究国民党劳工政策、法规及工会的现实境遇后，不禁要反思"黄色工会"的问题。按照中国共产党的传统说法，所谓的"黄色工会"泛指为资产阶级收买、控制的工会。其名称的来源为1887年法国蒙索明市工人罢工，资本家收买工贼组织假工会，破坏工人罢工。愤怒的工人打碎了工会会所的玻璃，资本家只能用黄纸糊窗子，

"黄色工会"由此得名。中国的"黄色工会"是指国民革命失败后国民党控制的工会。它们同西方资本主义国家的"黄色工会"既有相同之处，即都主张改良主义，亦有很大不同，即一般不为资本家直接控制，而与国民党反动当局有密切关系，是国民党对抗革命工会、实行民族改良主义政策的产物和控制工人运动的工具。①

就时间上来讲，中国共产党关于黄色工会的论述集中在1927—1937年，国共实现第二次合作后，黄色工会的称谓基本上就从中国共产党的话语体系中消失了。直到1949年后，学界又将其作为特定阶段工人运动的基点进行了定性研究并形成基本共识：中国的黄色工会是指民革命失败后国民党控制的工会，它们同西方资本主义国家的黄色工会一样都主张改良主义，但一般不为资本家直接控制，而是与国民党反动当局有着密切关系，是国民党对抗革命工会、实行民族改良主义政策的产物和控制工人运动的工具。②另有学者反思了这一阶段中共白区工运工作出现的诸多困难，并将其部分原因归结为中国共产党对黄色工会的策略失误。③过往研究成果虽侧重点不同，但皆将黄色工会作为客观的历史对象来审视。然而，此种话语逻辑不能回答为什么中国共产党在黄色工会的策略问题上几经修正而效果欠佳、症结到底何在等问题，更无法解释既然黄色工会是一种历史存在，那么为什么只出现在1927—1937年。解决这些问题仍需回到"革命史范式"之中，重新梳理中国共产党有关黄色工会的文本叙述与认知逻辑。

1927年之前，"黄色工会"的提法还很少出现在中国共产党文件中，

---

① 常凯：《中国工运史辞典》，劳动人事出版社1990年版，第40页。
② 参见金应熙《从"四·一二"到"九·一八"的上海工人运动》，《中山大学学报》1957年第2期；沈以行《工运史鸣辨录》，上海社会科学院出版社1987年版；饶景英《关于"上海邮务工会"——中国黄色工会的一个剖析》，《史林》1988年第2期；郑庆声《论一九二八年上海的"七大工会"》，《史林》1991年第4期；刘明逵、唐玉良主编《中国工人运动史》（第四卷），广东人民出版社1998年版。
③ 参见杜文焕《学习刘少奇同志关于黄色工会问题的理论策略》，《唯实》1982年第3期；汪洋《略论关于黄色工会的两种策略》，《辽宁大学学报》1989年第2期；汪洋《试论党的白区工运路线和策略的转变》，《辽宁大学学报》1992年第3期；丁丽《浅谈南京国民政府时期黄色工会的发展与赤色工会的萎缩——以华北地区为中心》，《社科纵横》2015年第4期。

故有学者认为此阶段工运中"还没有出现黄色工会这一名称"①。这样的认识是存在偏差的。其实，早在1925年中国共产党就已注意到黄色工会问题，称："国民运动现时正高涨而中国资产阶级与工人阶级的斗争亦日益厉害——现时在工人运动中各地都发现工贼，并且黄色工会亦开始萌芽，这是表现中国资产阶级对迂〔待〕工人阶级的方法更形厉害。所以只认组织工会为工人运动而忽视一般党的政治活动（其实党的这种政治活动是为发展工人运动，是使工人阶级有政治觉悟，工人经济组织可以发展）是有一种工会主义的危险。"② 可以说，此时对"黄色工会"的定义仍然是套用其本意，即"黄色工会"实为一种受到资产阶级影响的经济团体。

1927年4月，蒋介石在上海等地实施"清党"，中国共产党认为这是资产阶级与帝国主义媾和的一次反革命政变，因此，为了对付革命工会，组织了"黄色工会"。虽然，"黄色工会"的性质发生变化，即工会成为国民党意图用改良主义"麻痹"工人的工具，但其表象仍是以保障工人的权益的。③ 随着蒋汪合流，对于此类工会，当时的中国共产党将其定义为假工会。所谓的假工会就是虽然国民党的性质已然变化，但却仍旧打着国民党是革命的假招牌，"还要说保护工农，维持工农等的欺人的空话"，因此，"对于他们摧残工会或所谓改组工会，都应当立刻坚决的号召群众起来反对"。而此时职工运动的重点就是真假工会的争夺。④ 这里所提到的假工会或者"黄色工会"有以下特点：一为实施改良主义；二为工会领袖由国民党委派，并受命改组原有工会。⑤ 由此观之，中国共产党在诸多文件中所提到的假工会或者"黄色工会"，应当是特指以上海工统会为代表的一类工会。

---

① 汪洋：《略论关于黄色工会的两种策略》，《辽宁大学学报》1989年第2期。
② 《对于中央执行委员会报告之决议案》，中央档案馆《中共中央文件选集》（第1册），中共中央党校出版社1989年版，第327—328页。
③ 《职工运动决议案》，中央档案馆《中共中央文件选集》（第3册），中共中央党校出版社1989年版，第73页。
④ 《最近职工运动决议案》，中央档案馆《中共中央文件选集》（第3册），中共中央党校出版社1989年版，第298页。
⑤ 《职工运动决议案》，中央档案馆《中共中央文件选集》（第3册），中共中央党校出版社1989年版，第507页。

正如前文所言，工统会并无群众基础，因此其对原有工会的"改组"很难真正实施。而包括沪邮务工会在内的大量工会虽然亦经所谓的"整理"，但其工会领导者并非由国民党委派，仍然是由工人选举产生，只是其中已"暴露"的中共党员被"清理"了。① 当然，对于此时诸多公开存在的工会的性质，曾有人将其分为反动工会与"黄色工会"。反动工会是直接用武力压迫工人，不准工人起来斗争的"工统会"之类的工会。而"黄色工会"主要是对工人进行"改良主义"的欺骗，将工人运动限制在经济斗争方面。而对于此时"黄色工会"的出现及发展，其分析称：随着国民革命的失败，工人运动已转入低潮，但此一阶段中国共产党的工运政策仍然是以公开的工会活动对抗"黄色工会"，致使残存的革命力量损失殆尽，这样的策略导致了"黄色工会"的抬头。

进一步而言，"中国的黄色工会和欧洲的黄色工会不同，中国没有劳工贵族作为黄色工会的社会基础，中国黄色工会只能以工头、管车和小股东式的职员为社会基础。在这种基础上的黄色工会不能象欧洲黄色工会那样由思想上的派别形成组织，而只能凭借赤色工会不能公开的条件造成的独占地位而发展起来的。由于革命失败后工人群众成份的变化，未受过革命教育的阶级意识模糊的工人增多了，在白色恐怖下他们中间滋生了恐惧，不敢直接起来斗争，因此黄色工会的改良主义欺骗得以侵入，群众一部分受其影响，发生合法运动的倾向，同时在生活痛苦下，改良主义者的小恩小惠也容易起作用。这就是黄色工会发展起来的原因"。②

事实上，在国民革命失败后的一年多时间内，中国共产党的相关文件中，尚很少涉及"黄色工会"的问题。因为，在其看来，中国共产党当时在工界中最主要的敌人是由国民党委派组织起来的"反动假工会"。③

---

① 《中国劳工运动史》编纂委员会：《中国劳工运动史》(2)，中国劳工福利出版社1966年版，第660—661页。

② 金应熙：《从"四·一二"到"九·一八"的上海工人运动》，《中山大学学报》1957年第2期。

③ 《中华全国总工会第一次扩大会议文件》(1928年2月)、《中国工人阶级的指南针——全国总工会目前总任务议决案》(1928年2月7日)，中华全国总工会中国职工运动史研究室《中国工会历史文献》(第2册)，工人出版社1981年版，第8—29页。

但这类工会确实遇到实际困难，很难得到工人的支持。而就在此时，在上海就出现了以邮务工会为代表的"七大工会"。对于此时的"七大工会"，中国共产党认为其并不是绝对放弃阶级斗争的方式，但实际上又脱离了政治斗争，是纯为经济利益而存在的工会组织。[①] 而据李维汉回忆，在当时除了中国共产党领导的赤色工会以外尚有以下几种工会："一是工人为保障自身经济利益自发组织起来的工会。这类工会能够站在工人方面要求改善工人生活，并防止资本家的进攻，但不反对国民党，甚至在形式上还与国民党发生关系，如上海邮务、商务印刷所、商务印书馆、报业、南洋烟草及英美烟草公司、电气等七大工会。这类工会都有两面性，都有相当的群众基础。二是工会组织的头头多半是由国民党指定的，当时叫它'御用工会'。这类工会在政治上完全受国民党的指挥，但大都有一部分群众，在一定程度上尚能站在工人利益方面来调停劳资纠纷，仍有两重性，还不完全是'御用'的，如厦门、福州等地的工会组织。三是完全由国民党指定的'忠实同志'所组织的御用工会。这类工会只有上层机关而无下层组织。他们违背工人利益，利用国民党的势力压迫工人斗争，时常引起工人群众的反对，如上海的工整会（即由上海'工人总会'与反动的'工会统一委员会'合并而成的'工会整理委员会'）等类组织。四是在贵族工人领导下的工会。这种工会在政治上与国民党有极深的关系，历来与我们发生冲突，如广东的机器工会，它是由各个企业的机器工人抽出来成立的。这种工会是分裂工人，不是联合工人。由于机器工人在企业中具有重要地位，它能破坏工人罢工和同一的斗争，是特种形式的反动工会。"[②] 鉴于工会性质的不同，当时中国共产党制定了有针对性的策略，即对工整会一类的工会要无情地揭露，防止其在工人中扩大影响，而对其他工会则"应按其性质与内容的差别，而切实运用统一战线的策略"。[③] 中国共产党文件中对当时工会性质的不同表述反映的是国共第一次合作破裂后国统区工会的复杂状况，而就其本质来说，

[①] 《中央关于城市农村工作指南》（1928年7月26日），中央档案馆《中共中央文件选集（1928年）》（第4册），中共中央党校出版社1989年版，第518页。

[②] 李维汉：《回忆与研究》（上），中共党史资料出版社1986年版，第245—246页。

[③] 《中央关于城市农村工作指南》（1928年7月26日），中央档案馆《中共中央文件选集（1928年）》（第4册），第519页。

相关称呼都暗含着某种政治贬义，明显指向除中国共产党领导的秘密工会之外的所有"合法"工会。

可是，1928年底，上海邮务工人及法商水电公司工人罢工相继结束，中国共产党领导的"中华全国总工会"（以下简称全总）对结果异常失望，同时对诸如邮务工会等工人组织所拥有的巨大力量表现出某种焦虑。非中国共产党系统工会力量的逐渐膨胀无疑进一步消减了中国共产党在工人中的影响力，这对于一个工人阶级政党而言是无法接受的。因此，全总将除赤色工会以外的诸多工会统称为"反动工会"。但其又有不同，"有为各反动军阀直接委任官僚工贼所组织的，他们没有群众，仅是叛徒走狗的衙门。同时亦有'黄色工会'的组织，这是反动工贼领导下的非真正工人的组织，受国民党的指挥的，如上海七（大）工会，而其群众则多左倾。"① 除此之外，全总还结合中共六大要求在革命中突出体现党作为工人阶级先锋队的性质，尤其在工运中要采取更积极态度去争取阶级群众的指示，全总决定放弃在工界建立统一战线的策略，并将"改良主义"作为工人阶级最大的敌人。对反动工会的斗争，亦从过去的"工统会"等扩展到现在的黄色工会等。②

为进一步明确斗争目标，全总负责人之一项英还专门定义了黄色工会——这是中国共产党高层第一次明确定性黄色工会。项英称："黄色工会"是对于赤色工会而言的。它是改良主义欺骗群众的工具，它不主张推翻资产阶级、承认资产阶级的统治，主张向资产阶级妥协，实行劳资合作，因此，反对阶级斗争。由于其主张以妥协的形式在资产阶级法律允许的情况下寻求经济改善，因此，它也可以说是妥协工会。在目前中国革命运动中，它阻碍工人阶级的革命进行，其实就是反革命的行动，因此，"黄色工会也可以说是反革命性的工会。"③ 随后，赤色职工国际也专门对于中国的"黄色工会"问题形成决议案。其认为"黄色工会"之

---

① 《中华全国总工会关于最近中国工运报告》，中华全国总工会中国职工运动史研究室《中国工会历史文献》（第2册），工人出版社1981年版，第54—55页。

② 参见中华全国总工会中国职工运动史研究室编《中国工会历史文献》（第2册），工人出版社1981年版，第126、128页。

③ 项英：《过去一年来职工运动发展的形势和目前的总任务》，中华全国总工会中国职工运动史研究室编《中国工会历史文献》（第2册），工人出版社1981年版，第184—185页。

所以发展的原因为工会人才随着国民革命的失败而损失，大批受到国民革命影响的工人被解雇。在工人阶级成分变化的同时，曾经的工人阶级上层分子掌握了工会的实权，并且在反对日本占领济南的运动中成为一种社会势力。由于"黄色工会"具有一定的"欺骗性"，因此，它对于工人阶级的危险要更大。"黄色工会在中国职工运动中的影响，正在变成上海工人中一个严重的原素，而且全国各地有受这种影响发生相类的黄色工会的可能。""所以现时反对黄色领袖即加紧在黄色工会中工作，尤为革命工会的主要任务。"①

但对于这样的决议，中国共产党方面似乎并不完全认同，尤其是对当时"黄色工会"发展趋势的问题上。它认为"黄色工会"在前一段时间内确实影响很大，但随着邮务工会罢工及法商水电工人罢工的结束，黄色领袖的面具暴露了，继而引发了工会内部的斗争。全国"黄色工会"最有基础的上海邮务商务英美等工会，在群众中已开始动摇，加以国民党各派的冲突反映到"黄色工会"领袖间，发生互相攻击的分裂现象。中国共产党之所以有这样的认识应当与邮务罢工后七大工会分裂迹象的出现有关。与此同时，中国共产党认为"黄色工会"是依赖于"反动"的政治势力，因此，在其内部缺乏思想基础，只有少数领袖接受了改良思想，而大多数群众不应视为黄色的群众。"黄色工会"的群众基础是建立在职员、工头、工贼等人身上的。因此。党对"黄色工会"的策略，不应提出反对整个工会，只能提出反对黄色领袖的口号，不应在"黄色工会"中采取少数运动的策略，组织赤色工会与之对抗，来分裂群众，应当是参加到"黄色工会"的下层群众中，领导群众反对黄色领袖，夺取大多数群众到赤色工会中，进而转变"黄色工会"的性质。② 可以说，此时中国共产党对"黄色工会"的判断基本是正确的，采取的策略具有一定的可操作性。

共产国际及中共中央虽然对"黄色工会"的认识有一定分歧，但上

---

① 《赤色职工国际关于中国"黄色工会"的决议案》，中华全国总工会中国职工运动史研究室编《中国工会历史文献》（第2册），工人出版社1981年版，第226—228页。

② 《职工运动决议案》（1929年6月），中央档案馆《中共中央文件选集》（第5册），中共中央党校出版社1989年版，第280、288—289页。

述对这一问题的密集研讨凸显出二者对当时中国工界形势的研判——黄色工会在工人中的巨大影响力已对中国共产党构成最直接的威胁，大多数工人虽然抵制国民党工会，但又加入黄色工会，这是因为受到黄色工会领袖诱骗，只要在斗争中不断揭露其行径，就可以争取群众参加革命工会。不过，所谓"黄色工会"的发展却并未因此而中断，反而有扩大的趋势。其中一个很重要的原因就是汪精卫改组派将触角伸到工人组织中，并凭借"恢复民众运动""巩固国民党的农工基础"等口号在工人中颇有影响。① 针对新旧情况的叠加，在共产国际有关中国职工运动的决议案中就指出："一部分黄色和国民党工会，现在变成了群众的工人组织。"② 1929年11月上海工联会的会议记录中也提到："黄色工会的活动扩大，他在沪西有二千余人的群众大会，沪东亦有，不独有七大工会，并且在产业工人中活动。"③ 中华全国总工会更认为：此时的"黄色工会"组织除了两广及东三省以外，全国各地都有其发展。"黄色工会在形式上统治了全国工会运动，这是不应该否认的事实。"

鉴于以上事实，1929年10月，共产国际执委会远东局在发给中共中央的信中严厉批评了中国共产党只反对"黄色工会"领袖的做法，并称无论是"黄色工会"成员成立新的阶级工会还是通过赶走黄色领袖使"黄色工会"变为赤色工会，都需要一个前提——就是得到群众的拥护。而要做到此点就需要建立与"黄色工会"相并存的战斗的工会。如果不尝试成立战斗的工会，"而把自己的注意力集中到虚假的方面，这就是争取职位而不是争取群众"。因此，"党不应允许自己的成员成为黄色工会

---

① 参见中国人民大学中共党史系中国近现代政治思想史教研室编《国民党改组派资料选辑》，中国人民大学出版社1984年版，第67页；姜豪《"和谈密使"回想录》，上海书店出版社1998年版，第37—38页。

② 《共产国际执委政治秘书处关于中国职工运动的决议案》（1929年8月30日），中央档案馆：《中共中央文件选集》（第5册），第745页。工联会全称为上海工会联合会，是大革命失败后，上海总工会的公开组织形式。其成立于1929年6月，上级领导为中共江苏省委。但由于组织不断受到破坏，因此，很快转为秘密活动。此点参见上海市档案馆《上海工会联合会》，档案出版社1989年版，"本辑说明"，第2页；《中华全国总工会给赤色职工国际第五次代表大会报告之一部——赤色工会发展的概况及其活动》（1930年6月15日），中华全国总工会中国职工运动史研究室：《中国工会历史文献》（第3册），工人出版社1982年版，第69页。

③ 上海市档案馆：《上海工会联合会》，档案出版社1989年版，第235页。

的负责人，除非是选举产生的"。"当然，新的战斗的阶级工会将会受到迫害，但这会提供很好的政治经验。"①

12月，中国共产党接受了上述指示，并迅速调整了对"黄色工会"的策略。中国共产党对此作出说明：此前只反对黄色领袖，而不打倒"黄色工会"进而建立赤色工会的策略是错误的。因为，如果仍然保留"黄色工会"的组织及纲领，那么就会出现三种情况。第一，虽然能够夺取工会的领导权，但工会的活动仍是在黄色纲领之下的，"反使领袖变为黄色"。第二，虽然获得群众的拥护，并驱逐了黄色领袖，但不积极夺取领导权力，建立赤色工会，反而使党员和赤色会员退出，"让一般中立妥协份子选到指导机关去，使黄色工会继续维持下去，以致不能达到消灭它的目的"。第三，由于过去中央对"黄色工会"的策略是不主张建立赤色工会支部，当不公开地在群众中独立宣传赤色工会的纲领和独立领导斗争，陷于单纯的转变"黄色工会"为赤色工会的错误，助长了在"黄色工会"中的右倾错误的发展。因此，在"黄色工会"的党员，党不能严厉督促，随时纠正一切合法运动的倾向，到了斗争发展时，不是向黄色领袖妥协，就是叛变成为"黄色工会"。因此，建立赤色工会是当前职工运动最中心的基本工作。而与之相对应的便是在"黄色工会"中，不仅要坚决地反黄色领袖，并且要反"黄色工会"。②

中国共产党策略的改变无疑进一步扩大了斗争范围，这对于在国民党统治区域本已势微的中国共产党并不是很有利，但无论共产国际还是中国共产党都急切地调整了政策，这不仅反映了不断增长的非中国共产党系统工人组织力量给共产国际及中国共产党在心理、具体工作上所造成的巨大压力，而且凸显了中国共产党亟须在工人中恢复"存在感"并掌握工人运动话语权的愿望。

实际上，直到1929年11月中国共产党仍在强调革命工会如何在黄色

---

① 《共产国际执行委员会远东局给中共中央政治局的信》（1929年10月），中共中央党史研究室第一研究部：《联共（布）、共产国际与中国苏维埃运动（1927—1931）》（第8卷），中央文献出版社2002年版，第206页。

② 《中央通告第六十二号——接受国际对于中国职工运动的决议案》（1929年12月14日），中央档案馆《中共中央文件选集》（第5册），中共中央党校出版社1989年版，第576—585页。

工会中扩大影响力的问题①，但一个月之后就根据共产国际的要求迅速调整了工运政策。除上文提到的外部原因外，其中还另有内情。然而，中国共产党工运策略的改变在中国共产党内部引发了不同的声音。1929年7月，陈独秀公开发表宣言，指责中国共产党现在执行的是机会主义政策下的盲动主义，政治上有错误的估量遂至有错误的政策。国民党政权并没有像中国共产党那样估计的很快将崩溃，群众的热情也不像中国共产党分析的那样高涨。因此，只有从群众自身的日常生活斗争中获得广大的群众，"若不估计群众自发的革命斗争情绪到了若何程度，而随便暴动，其必然失败的结果，只有使群众更加离开我们，甚至怨恨我们而接受反动派的宣传"。②另外，当时从事沪工运的王凡西也回忆道：在世界经济危机的同时，中国资产阶级却经历着畸形的、殖民地化的经济复兴。另一方面，工人阶级惨遭打击之后，却还是在"经济复兴"的影响下，开始集聚力量。但这点力量是脆弱的、"胆怯的"，希望苟安，害怕革命者的拜访。王凡西认为这样的状况是中国共产党中很多人接受托洛斯基思想的重要原因。③二者对当时革命形势的描述是比较客观的，其主旨是希望通过"退守主义"，注重普通群众的经济诉求，以争取群众、积蓄阶级力量，这与中国共产党此前的工运政策有许多相似之处。然而，他们的判断却被共产国际远东局认为是"取消主义"，是否定"不断革命"的理论。这些都被共产国际执行部远东局认为是"取消主义"，并对其进行了严厉的批评。

为了回应陈独秀等人的质疑，中共中央决定建立常态化的有组织赤色工会支部以及要求赤色工会公开活动等，从而避免造成赤色工会往往落后于群众斗争进而形成"尾巴主义"的现象。最终驳斥许多人尤其是陈独秀等人怀疑中国是否还存在赤色工会的"谬论"。④随着1929年底，中共中央做出开除陈独秀等四人党籍的决定，对托陈取消派的批判也成

---

① 参见中华全国总工会干部学校工会建设教研室、图书资料室编《中国工人运动史参考资料》（二），中华全国总工会干部学校1980年版，第349页。
② 陈独秀：《陈独秀致中共中央》，《陈独秀书信集》，新华出版社1987年版，第435页。
③ 王凡西：《双山回忆录》，东方出版中心2004年版，第117—118页。
④ 文虎：《赤色工会发展的概况及其活动》，《中国职工运动状况（1928年—1930年）》，中华全国总工会中共工人运动史研究室：《中国工运史料》第23期，1983年12月。

为中国共产党工运政策的重点之一了。但是，中国共产党内部有关工运工作的分歧并没有随着陈独秀等人被开除出党而终止，为肃清陈独秀等人对中国共产党内部的影响并彰显赤色工会斗争的革命性和独立性，中国共产党还将矛头指向革命工会中存在的黄色倾向即"合法路线"——"在合法路线之下，在有黄色工会的地方，一切的斗争，都要去请教黄色工会，经过黄色工会和许多合法的形式，才来斗争，不敢去坚决的领导群众来做直接的斗争。并不是说不反黄色工会才是黄色路线，就是反对了黄色工会了，但如果不能坚决的领导群众来斗争，那也仍然还是黄色路线"。而且，黄色倾向已成为右倾的基础进而引发了"取消倾向""尾巴主义""组织上的右倾路线"等问题。①

可以说，陈独秀等人的质疑是共产国际及中国共产党调整工运尤其是对黄色工会策略的重要原因，除此之外，中国共产党作为工人阶级的政党，还长期面临着来自农村根据地不断发展所带来的内生性压力。从毛泽东等人在井冈山地区建立革命根据地开始，共产国际、中共中央就对其表现出某种谨慎态度。与俄国革命迥然不同的模式虽然保存了革命火种，但长期且卓有成效的农村斗争使中国共产党内部出现了轻视工人运动的倾向，中国共产党基层组织更面临可能沦为"农民党"的危险。②对此，共产国际及中共中央不断在文件中强调工人阶级对农民运动的领导，然而与轰轰烈烈的农村武装割据相比，城市的工人运动过于羸弱。表面上看，双方并没有直接的因果关系，但对于当时的中国共产党而言，要想保障无产阶级政党的"纯洁性"并解决"有心栽花花不开，无心插柳柳成荫"问题的关键，就是不惜代价建立最能体现中国共产党性质的赤色工会，从而公开宣扬其纲领，组织发动群众，最终达到消灭黄色工会的目的③。由此看来，赤色工会的发展不仅关乎中国共产党性质的"纯

---

① 项英：《阶级斗争，我们的工作以及中心任务——组织同盟罢工与政治罢工》，《中国工会历史文献》（第2册），工人出版社1981年版，第553页。

② 参见中国人民解放军政治学院党史教研室编《中共党史参考资料》第5册，内部资料，1979年，第295、453页。

③ 参见《中央通告第六十二号——接受国际对于中国职工运动的决议案》（1929年12月14日），中央档案馆：《中共中央文件选集》（第5册），中共中央党校出版社1989年版，第580页。

正"，更牵涉中国革命的道路问题。因此，从1929年底开始，中国共产党扩大了对黄色工会的斗争范围，并将全面推翻黄色工会的组织结构、批判赤色工会中的黄色倾向作为建立公开、独立赤色工会的关键步骤。

对于这一阶段赤色工会的发展，无论共产国际还是中共中央都作出了较为乐观的分析。一方面，在共产国际领导下，中国共产党内部的"错误"得到了纠正，党和群众的关系得以加强，赤色工会会员有所增加[1]；另一方面，世界经济危机波及中国并加剧了劳资间的矛盾，国民党派系争夺甚至军事纷争削弱了"反革命力量"。这些无疑为赤色工会的大发展提供了绝好机会，故"党必针对着这样的形势，坚决执行独立的政治号召"，才能把广大群众吸引到中国共产党的政治影响下并最终"推进直接革命形势更快的到来"[2]。

然而，由于当时的政治环境，共产国际甚至中共中央获取第一手资料的能力十分有限，其决策往往依据的是下级报告或报刊的相关报道，为鼓舞士气，有些信息还经过了有利于革命发展的"加工"[3]，这无疑影响了政策的准确性。但在共产国际及中共中央看来，这并不妨碍工农群众革命的"天然合理性"和战胜现实革命的"不合理性"，故应利用一切可能的机会扩大革命力量。1930年2月，共产国际西欧局决定组织世界反失业斗争，从3月开始，中共中央接连下发文件，决定顺势而为，在全国尤其是上海发动"五一"大示威，扩大中共的无产阶级基础，彰显

---

[1] 参见《共产国际执委会远东局给共产国际执委会的报告》（1930年2月），中共中央党史研究室第一研究部译《共产国际、联共（布）与中国革命档案资料丛书》第9卷，中央文献出版社，2002年，第62页。

[2] 《中央通告第七十一号——组织五一劳动节的全国总示威运动》（1930年3月13日），《中共中央文件选集》（第6册），中共中央党校出版社1989年版，第37页。

[3] 这种情况在共产国际及中共中央文件中常见，在此仅举一例。瞿秋白称，1929年五卅纪念中，中国共产党在上海组织了近三四万人示威游行，群众还捣毁了国民党中央机关报。但据当时负责全总的罗章龙称，此次活动上海仅有数千人参加。事实上，在《申报》的相关报道中，各地纪念活动多在国民党各地党部组织下进行，其中确有捣毁《民国日报》《申报》之事，但是否由中国共产党组织，尚且不得而知。参见瞿秋白《军阀混战与汪精卫》，《布尔塞维克》第3卷第2、3期合刊，1930年3月；文虎《中国职工运动状况（1928—1930年）》，《中国工运史料》第23期，第155页。

并检验赤色工会的力量，为迎接新的革命高潮做准备。① 虽然中国共产党各级组织做了精心安排，但结合当时的报道与中国共产党的各种材料来看，当天只有部分城市组织了零星的示威游行，并没有出现中国共产党所预期的大示威和大罢工。对此，当时实际掌握中国共产党领导权的李立三认为，中国即将迎来革命高潮的形势是必然的，亦是紧迫的，之所以出现小的挫折，不过是中国共产党简单的经济口号让群众感到没有出路，只有政治口号才能发动更广大的群众。② 随后，中共中央政治局会议通过了由李立三起草的《新的革命高潮与一省或几省首先胜利》的决议案，该文件认为：工人的罢工浪潮不断扩大，并从经济斗争转变到政治斗争，"广大工人群众从国民党黄色工会欺骗之下，脱离出来，走向反黄色工会反国民党的争斗，从和平请愿的合法斗争的方式之下解放出来，走到直接斗争，以至武装冲突，这是证明工人群众的政治觉悟，已经向着革命的高潮飞速迈进"。当然，工人的罢工运动尚未形成革命高潮，其主要原因是反革命的镇压与欺骗，因此，要达到这一目的主要条件就是要肃清工人斗争中的悲观怀疑的右倾观念。只要在中心城市能够爆发伟大的工人斗争，就必然形成全国革命高潮。反之，如果没有工人阶级的罢工高潮，没有中心城市的武装暴动，决不能有一省与几省的胜利。③

此文件的出台标志着"立三路线"的形成。"立三路线"中的有关内容遭到何孟雄、罗章龙等人的抵制。何孟雄及罗章龙分别代表了中共江苏省委与中华全国总工会的意见，这些人大多是长期工作在工人运动第一线的领导者，能够比较真实地了解当时工人运动的发展形势与规律，

---

① 参见《中央通告第七十一号——组织五一劳动节的全国总示威活动》，（1930年3月13日）、《中央通告第七十三号——发展产业工人党员加强党的无产阶级基础》（1930年3月22日）、《中央紧急通知——通告第七十五号——关于上海罢工浪潮的高涨与党的任务》（1930年4月25日），中央档案馆《中共中央文件选集》第6册，中共中央党校出版社1989年版，第36、54、81页。

② 同上书，第107—108页。

③ 《新的革命高潮与一省或几省首先胜利》（1930年6月11日），中央档案馆《中共中央文件选集》第6册，中共中央党校出版社1989年版，第115—123页。

因此，对"立三路线"中的许多不切实际的提法表示不满。①

1930年7月底，彭德怀率红三军团一度占领长沙，这无疑鼓舞了部分激进的中国共产党人，同时使李立三感到巨大压力。因为在其理论体系中，工人阶级的政治罢工和暴动应扮演最重要的角色，现实却是城市工人运动虽经持续鼓动仍乏善可陈，这与"革命高潮"的形势格格不入。为强化中国革命的无产阶级性质、凸显工人阶级的伟大力量，8月初，李立三决定成立全国总行动委员会并停止党、团、工会的正常工作以集中领导来发动城市暴动、激发无产阶级革命热情、增强其对中国共产党的信仰。② 如此激进的做法不仅引发中共江苏省委何孟雄等人的强烈质疑，甚至连共产国际都难以接受其理论与实践。③

终于，在1930年9月召开的中共六届三中全会中对"立三路线"进行了部分修正。其中关于工人运动的内容有：应该充分认识工人运动的发展尚落后于革命形势发展的原因不仅有白色恐怖的压迫，而且更与中国共产党在群众中组织作用不充分有关。因此，只要在产业区域和政治中心爆发一个伟大的工人斗争，便马上可以形成客观革命的形势的估量是"不清楚而不正确的，一定可以，而且已经引起了策略上的错误"。对此，一定要通过党及赤色工会的发展，独立领导反对"黄色工会"的斗争。而其方法就是有系统地扩大赤色工会的基础，使其在工厂之中成为真正的群众组织。④

从此次会议之后，中国共产党在工运上的策略从反对"黄色工会"与建立赤色工会并举转为集中力量建立赤色工会上了，赤色工会的发展

---

① 于吉楠：《何孟雄反对立三路线的情况》，中国革命博物馆党史研究室《党史研究资料》（第3集），四川人民出版社1982年版，第520—534页；罗章龙：《亢斋文存·罗章龙回忆录》（中），美国溪流出版社2005年版，第448—451页。

② 参见《目前政治形势与党的准备武装暴动中的任务——李立三一九三〇年八月六日在中央行动委员会上的报告》，《中共中央文件选集》（第6册），中共中央党校出版社1989年版，第223页；李维汉：《回忆与研究》（上），中共党史资料出版社1986年版，第306页。

③ 参见于吉楠《何孟雄反对立三路线的情况》，中国革命博物馆党史研究室编《党史研究资料》第3集，四川人民出版社1982年版，第521页；李维汉《回忆与研究》（上），第311页。

④ 《关于政治状况和党的总任务议决案》（一九三〇年九月，接受共产国际执行委员会政治秘书处一九三〇年七月的中国问题议决案的决议），中央档案馆《中共中央文件选集》（第6册），中共中央党校出版社1989年版，第274—293页。

成为反击"黄色工会"势力扩张及从事工人运动的突破口了。因此,在中共中央第三次扩大会议中通过的《职工运动议决案》中指出:当下中国共产党的中心任务之一就是坚决地独立领导群众斗争的过程中,去努力巩固和扩大赤色工会的组织。[①]

1931年初,中国共产党召开了六届四中全会,进一步清算"立三路线"。在向忠发的报告中指出:赤色工会受到"立三路线"的错误影响受到极大破坏,仅上海一地,赤色工会会员就由4000人减少为1000人。而且许多工人运动都脱离了中国共产党的领导,成为自发性的群众运动。而自六大以来,中国共产党的盲动主义始终未能肃清、对军阀战争分析的不正确、联合富农及在"黄色工会"中的策略错误、对改组派的不正确认识都构成"立三路线"以机会主义的基础。尤其是"立三路线"认为在中国共产党与工会在革命以前是很难发展的,"只要革命一起来,几天之内便可发展到几万人几十万人的组织"。这无疑推动了中国共产党走上了冒险盲动主义政策的道路。因此,要真正解决上述问题,就要引进工人同志加入到中央委员及各级党部中来,恢复群众组织,尤其是赤色工会。当然,在反对"立三路线"的同时,还要反对右倾机会主义的尾巴主义,黄色倾向、富农路线及实际工作中的机会主义。[②]

在对"立三路线"批判的过程中,中共中央在共产国际授意下重点批判了李立三对当时形势的误判及在没有充分发动群众力量的情况下轻率发动武装暴动的策略,并指出,要想扭转城乡革命运动的不平衡、在农民战争中凸显无产阶级的领导,就必须恢复城市党组织及赤色工会的发展,清除以前依托黄色工会做工作的方法,独立领导反对黄色工会的斗争,有系统地扩大赤色工会的基础,使其在工厂之中成为真正的群众组织。换言之,无论共产国际还是中共中央都认为,李立三的错误主要是对革命条件盲目乐观所引发的革命方法和策略的"冒险主义"倾向,彻底清算其错误的重点之一,就是迅速恢复并扩大党、团、工、农群众

---

① 《职工运动议决案》,中央档案馆《中共中央文件选集》(第6册),中共中央党校出版社1989年版,第333页。

② 向忠发:《中央政治局报告》,中央档案馆:《中共中央文件选集》(第7册),中共中央党校出版社1991年版,第3—16页。

组织，尤其要独立、公开发展赤色工会。①

表面上看来，"立三路线"的形成客观上与共产国际的相关指示有关，②主观上是李立三"左"倾错误造成的，但实际上，"立三路线"的出台尤其是其"只要暴动，不要罢工"的思路应该还有更深层的原因。国共第一次合作失败以后，中国共产党将大部分精力放在了国民党统治区域的工人运动上，然而，此时工人运动始终难以像国民革命时期一样兴盛，这当然与国民党的武力镇压有关，但另外一方面则是由于中国共产党及赤色工会处于秘密状态，不能像国民革命时期一样公开领导工人运动。与此同时，工人在国民党的武力镇压下，更愿意去寻求经济条件的改善，而不愿过多参与政治活动。而这样的现实状况却使得李立三认为赤色工会的发展之所以如此缓慢，"黄色工会"之所以如此兴盛不是客观条件变化了，而是从事工人运动的中国共产党组织中大量存在着主观的"取消主义"。工人运动的羸弱是与中国共产党的"工人阶级政党"的性质相违背的，更为陈独秀等"取消派"所诟病。要反映中共的工人阶级性质，就必须用实际行动来回应质疑，进而凸显中国共产党的存在。因此，在工人没有意识到政治斗争重要性之前，应该采取国民革命时期鼓动工人群众的做法，通过暴动来"唤醒"工人的斗争情绪。其实，这样的思路不仅反映了当时中国共产党从相对公开转向绝对秘密之后所显现的政治"焦虑"，而且也映射了李立三等人对工人的一种态度——工人阶级并没有想象中的那么先进，因此，需要通过政治暴动来催发其政治觉悟。③

毫无疑义，工人运动的现实与中国共产党的期望所形成的巨大"落差"并未随"立三路线"清算而终结，因此，此后一段时间内，中国共产党对工人运动尤其是黄色工会的态度没有发生质的改变。

---

① 参见《关于政治状况和党的总任务议决案》（1930年9月接受共产国际执行委员会政治秘书处1930年7月中国问题议决案的决议），《中共中央文件选集》（第6册），中共中央党校出版社1989年版，第282—285、288、290页；忠发：《中央政治局报告》，《中共中央文件选集》（第7册），中共中央党校出版社1991年版，第4—5、14页。

② 此点可参见向青《共产国际十月来信和李立三"左"倾错误的产生》，中国革命博物馆党史研究室《党史研究资料》（第4集），四川人民出版社1983年版，第391—400页。

③ 此点可以参见立三《政治报告》，《中华全国总工会特派员会议文件》，中华全国总工会中国职工运动史研究室《中国工会历史文献》（第2册），工人出版社1981年版，第505页。

1931年1月，在中共六届四中全会中上台的王明希望通过发展赤色工会、建立黄色工会的下层统一战线及成立工厂委员会来恢复在"立三路线"中损失巨大的中国共产党及赤色工会力量①。这样的策略并没有太多创新之处，而中国共产党在城市工作的持续困难又促使共产国际开始有意识地指导中国共产党将工作重心转移到农村武装斗争中去。鉴于中国共产党在城市力量的不断削弱，很难再组织大规模的示威游行，共产国际要求中国共产党抓住一切有利时机，在重大纪念活动中至少要组织失业者或赤色工会的飞行集会。在其看来，这不仅可以用实际行动来配合推翻国民党统治，支持主要在农村建立工农民主专政的苏维埃运动，而且更是发动群众斗争、建立下层统一战线、体现中国革命无产阶级性质的不二选择。②策略的转移没有使中国共产党工运工作有所改观，无论共产国际还是中国共产党都在此问题上一筹莫展，甚至共产国际东方部在讨论相关问题时，其重要领导马季亚尔无奈地称："我们当然不应该撤消在国民党工会中工作的任务，但是如果中国同志问起，如何进行这项工作，我会老实说，我不知道。"③

"九一八"事变的爆发再次激发了中国共产党的革命斗志，中国共产党认为，国民党采取了更加残酷的政策来压制工人运动的发展，而这些政策都是建立在"黄色工会"的基础之上的，"黄色工会"与国民党、资本家及帝国主义已然结成了联合战线。而"黄色工会"在工人中的影响由于受到国民党内部的争夺及其"压迫工人"的政策而逐渐减弱。这为赤色工会的发展提供了客观条件。因此，有必要在"黄色工会"中建立革命的反对派，广泛应用下层统一战线，领导工人反日的经济斗争，并

---

① 参见《中央通告第　号（四中全会后第一号）——目前政治形势与党的中心任务》（1931年1月），《中共中央文件选集》（第7册），中共中央党校出版社1991年版，第88页。

② 参见《共产国际执行委员会远东局给共产国际的信》（摘录）（1931年2月22—28日），中共中央党史研究室第一研究部《联共（布）、共产国际与中国苏维埃运动（1927—1931）》（第10卷），中央文献出版社2002年版，第127页；《关于目前政治形势及中共党的紧急任务决议案》（1931年5月9日），《中共中央文件选集》（第7册），中共中央党校出版社1991年版，第265页。

③ 《共产国际执行委员会东方书记处中国委员会会议简略速记记录》（1931年5月16日），中共中央党史研究室第一研究部《共产国际、联共（布）与中国革命档案资料丛书》（第10卷），中央文献出版社2002年版，第296页。

尽可能将罢工政治化,尽可能争取赤色工会的公开化,"利用罢工委员会在结束的大会上来建立工厂委员会,在可能时直接把罢工委员会转变为群众的赤色工会"。①

事实上,中国共产党在工人运动策略上的改变仍然面临着巨大困难,"黄色工会"在最近几年活动得更加积极了。"残酷的白色恐怖,大批群众的失业,利用破产的农民、妇女与儿童代替和排挤旧的无产阶级的干部,来改变工人的成份,黄色工会在国民党极狭小的'合法'限制中所处的垄断地位,由于政府机关及工厂主的赞助和承认,剥削者有时对他们部分的让步,广大的施用社会和民族武断宣传,工头和走狗们的拥护,赤色工会的错误和弱点等——这些都是黄色工会影响的增长及积极化的事实……黄色工会影响增长到了相当程度,表现出工人阶级要求改善其物质的与权利的地位,及组织和团结起来的愿望。"这些成为在"黄色工会"建立革命反对派的可能条件。同时,赤色工会仍然不是群众的组织,"倒是工会机关及个别企业中的小组织或半公开的辅助组织"。因此,大力发展赤色工会成为革命的工人阶级取得胜利的主要条件。"中国的革命的职工运动的一切工作,都要从积极拥护苏维埃的任务出发。只有坚决反对右倾和'左倾'的机会主义者,反对机会主义的消极,反对掩盖在建立非赤非黄的'中间工会'口号之下的取消主义,加强其组织,夺取群众并领导其斗争,中国的赤色工会才能成为团结无产阶级和半无产阶级的基本群众组织"。②

虽然,中国共产党在整肃了"立三路线"的同时,提出了在"黄色工会"建立革命反对派及赤色工会群众化的发展思路,但这些都是在"保卫苏维埃"口号之下进行的。这从一个侧面表明,无论共产国际还是中共中央都已意识到,中国共产党工作重心从城市向农村的转移是不可避免的,但出于无产阶级政党的"本能",又都不愿放弃对城市工人运动的领导。因为在其看来,工人阶级应该是比农民阶级更先进的领导阶级,

---

① 《中央关于职工运动决议案》(1931年11月15日),中央档案馆《中共中央文件选集》(第7册),中共中央党校出版社1991年版,第512—523页。

② 《中国的革命的职工运动的任务》(1931年12月职工国际执行部第八次会议的决议案),中央档案馆《中共中央文件选集》(第7册),中共中央党校出版社1991年版,第809—827页。

既然在农村可以依靠农民武装建立苏维埃政权,那么在城市为什么不可以复制这样的革命道路?显然,这种理想化的想法对于非苏区的工人而言过于陌生甚至使人感到恐惧,很难引起共鸣。因此,赤色工会不断萎缩,到1931年全国会员不过1100余人。①

当时,由刘少奇领导的全总对共产国际及中共中央的工运政策并不十分赞同,他们一方面批评此前一段时间的工运工作中为显示"革命反对派"的独立性而退出黄色工会的做法②,另一方面则希望组织介于赤色工会与黄色工会之间的群众性的"灰色工会"。对此,中共中央极为愤怒,认为全总犯了严重的"机会主义"错误,甚至指责其内部存在浓重的投降黄色工会的倾向③,不仅对其党团组织进行全面改组,还对工运工作做出重新部署,即在批判两种倾向的同时要最具体地揭露黄色工会官僚的每一个提议、每一个具体步骤,"在一切地方,在企业中,在工房中,在黄色工会中,我们应该将革命的职工运动的政纲和策略与国民党的政纲和策略对立,将群众动员起来,环绕在工人运动的许多基本的问题周围,并且将这个问题与国民党的政策联结起来(土地问题,反帝国主义问题,反苏联问题)"④。也就是说,1932年初,赤色工会与黄色工会力量的此消彼长再一次使中国共产党陷入非此即彼的"怪圈"。换言之,只要是敌人拥护的就是中国共产党反对的。而此时中国共产党对于"敌人"的定义不仅包括帝国主义、国民党、黄色工会,还涵盖了陈独秀等机会主义者及党内的"机会主义"倾向,甚至还有"中间工会"或"灰色工会"。

这样的判断基本构成了王明等人在工人运动中的认识,然而,反对

---

① 刘少奇:《一九三一年职工运动的总结——中央职工部报告的一部分》(1932年初),中华全国总工会干部学校工会建设教研室、图书资料室《中国工人运动史参考资料》(二),本部刊印1980年版,第437页。

② 参见刘少奇《批评"退出黄色工会"的策略》,中共中央文献编辑委员会《刘少奇选集》(上),人民出版社1981年版,第16页。

③ 参见朱佳木《陈云年谱》(上),中央文献出版社2000年版,第121页;《中央为职工运动致同志的一封信》(1932年3月25日),中央档案馆《中共中央文件选集》第8册,中共中央党校出版社1991年版,第165、169页。

④ 《中共中央为职工运动致同志的一封信》(1932年3月25日),中华全国总工会中国工人运动史研究室编《中国工运史料》1984年第25期。

如此广泛的"敌人"却使赤色工会的发展遇到了更为严重的现实困境，到1932年底，上海的赤色工会会员仅剩126名①。赤色工会的组织仍然是非常薄弱的，对"黄色工会"的工作没有比以前更好一些。②到了1933年，甚至全总亦随中共临时中央从上海撤往中央苏区，在国民党统治区域发展赤色工会、反对黄色工会更难以实施组织化和规模化运作，而仅能通过组织飞行集会来彰显赤色工会的存在。革命力量的巨大损失使中国共产党基层党组织表面上"宁左勿右"，实际上却对工运工作十分抵触。中共中央在视察江苏省委工作后指出：江苏省委没有推动每一个党的组织来恢复工会工作，认为工会工作只是赤色工会的问题，并没有给出系统的具体领导。这导致赤色工会发展处于停滞状态，"在国民党黄色工会里的工作也还停留在决议上，没有建立一个革命反对派"。③

工运工作的长期低迷及第五次反"围剿"形势的紧张使中共中央不得不再次调整策略。1934年初召开的中共六届五中全会也认为："白色区域里的工人群众斗争，没有在党的和赤色工会领导之下提到应有的政治高度，而与苏维埃运动密切地配合起来，表现出党与赤色工会的领导落后于工人群众的罢工运动，表现出在争取全国苏维埃区域联合成为一片的有决定意义的中心城市与工业区域，武汉、长沙、南昌、安源、景德镇、成都、重庆、自流井等革命职工运动极端的薄弱，甚至没有恢复过去失去的阵地。五中全会认为白色区域的工会工作，仍是党整个工作最薄弱的一环。"因此，恢复革命职工运动，是当前重要的紧急的任务。为此，五中全会明确提出首要任务就是建立群众的工会，"争取黄色工会内的群众，瓦解黄色工会，转变赤色工会成为群众的工会"。而对于"黄色工会"则要纠正在"黄色工会"进行赤色工会组织的基本错误，团结一切有反对黄色情绪的群众，参加"黄色工会"的一切会议，提出自己的主张，积极争取"黄色工会"的每一个选任位置，坚持用民主的原则与

---

① 《赤色工会会员情况表》，上海市档案馆《上海工会联合会》，档案出版社1989年版，第570页。

② 《中共中央委员会、江苏省委员会给上海工厂支部的一封信》(1933年1月27日)，中央档案馆《中共中央文件选集》(第9册)，中共中央党校出版社1991年版，第52页。

③ 《中共中央关于上海工会工作的指示》(1933年11月23日)，上海市档案馆《上海工会联合会》，第593—594页。

黄色领袖的包办对立。①

显然，对"立三路线"的批判并没有使中国共产党领导的工人运动有太大的转变，而现实的困境使中共在工运问题上再次做出明确调整，即从"立三路线"后建立赤色工会的"单轨制"转为赤色工会的群众化与建立"黄色工会"中的革命反对派的"双轨制"。尤其是在"黄色工会"的问题上，改变了在组织上完全否定"黄色工会"的态度，而意图通过"合法"的"黄色工会"来宣扬自己的政策，建立革命的反对派。然而，这一策略是有前提的，就是在具体的工作中"革命反对派在政治上应该采取一切具体办法与'黄色工会'对立，而组织上则丝毫不能脱离广大工人"。② 而要做到此点就是在"黄色工会"中建立革命反对派的组织系统以替代赤色工会的组织。③ 这就意味着，在"黄色工会"中，中国共产党不再一味地追求赤色工会的组织存在，而希望通过建立下层群众的联合战线，以达到扩大群众基础的目的。

实际上，无论是赤色工会的群众化还是"黄色工会"的革命反对派，都是要在组织上尽量掩盖其政治特性，但在具体的工作中却又要凸显其政治诉求，这样的改变运用到实际工作中，"度"是很难把握的，再加上严峻的军事斗争，中共中央与白区中共组织的联系基本中断，到1935年，中国共产党领导的工人运动几乎陷入了停顿。1936年，随着中国共产党在陕北初步站稳脚跟，中国共产党开始较系统地总结国共第一次合作破裂后工运工作尤其是在对待黄色工会问题上的失误，正如刘少奇所言："我们夺取了黄色工会的群众和领导机关，总是忙于把它'转变'成赤色工会，以至弄到塌台。关门主义与冒险主义似乎是不许党外再有群众组织的。""我们的同志常常自以为'最革命、最彻底'，要打倒一切敌人，打倒一切帝国主义、一切军阀，打倒一切豪绅、地主、资本家、富农，

---

① 《五中全会关于白色区域中经济斗争与工会工作的决议》（1934年1月），中央档案馆《中共中央文件选集》（第10册），中共中央党校出版社1991年版，第54—62页。

② 《中央给河南工委指示信》（1934年3月14日），中央档案馆《中共中央文件选集》（第10册），中共中央党校出版社1991年版，第149页。

③ 《中共中央局、全总执行局关于白区革命工会工作的决定——六月十五日至九月十五日三个月的》（1934年6月15日），中央档案馆《中共中央文件选集》（第10册），中共中央党校出版社1991年版，第312页。

以至打倒一切在朝在野的反革命派别和黄色工会。我们同志是'绝不妥协'、'绝不让步',什么都要打倒,但实际上是什么都打不倒。结果是拒绝了今天还可能与我们合作的同盟者,把他们推到反动堡垒中去,巩固了敌人反对我们的联盟,加强了敌人反对我们的总的力量。"①

为了扭转工运工作中的固有思维,恢复或重建中国共产党的工运力量,刘少奇在1936年4月起草了《关于白区职工运动的提纲》,其中提到:在目前还不是革命与反革命决定斗争胜负的时候,应当避免和敌人进行决定胜负的战斗。因此,必须首先注意保存与巩固我党和工会的现有组织,利用国民党现有的法律进行"适可而止"的斗争。"我们要利用一切方法、一切公开的可能来广泛地联系与组织工人群众。在有国民党黄色工会的工厂和企业中,我们同志和革命的工人均应加入黄色工会,并参加黄色工会中的各种工作和活动,利用黄色工会来组织工人群众和斗争。就是现在还没有群众的黄色工会,我们也要加入进去,就是仅仅利用黄色工会这一公开的招牌和地位,去公开团结与组织工人,也是必须的。……在我们采取这样广泛的方式来组织工人群众的时候,我们应该暂时放弃独立组织赤色工会的任务,过去的那些秘密的赤色工会即行取消"。应当尽可能保持黄色工会的原状,而不是急于在取得黄色工会领导权后立刻转变为赤色工会。此外,还可以按照国民党的相关立法组织新的工会,要与黄色工会中的群众及领袖建立统一战线,等等。②

刘少奇有关工人运动的纲要得到了部分的执行,在1936年中华全国总工会的《职工运动的原则》中提到:"利用一切公开或半公开的可能,取得职工会合法的存在,以便团结更广大的有组织的与无组织的工人……取消过去狭隘的秘密的赤色工会的组织方式。"③

随着国共第二次合作的实现,中国共产党对工人运动的策略及方式进行了根本改变。"我们目前的职工运动再不是打击中国民族资产阶级与

---

① 刘少奇:《肃清关门主义与冒险主义》,中共中央文献编辑委员会《刘少奇选集》(上卷),人民出版社1981年版,第28—29页。

② 刘少奇:《关于白区职工运动的提纲》(1936年4月),中共中央文献编辑委员会《刘少奇选集》(上卷),人民出版社1981年版,第34—40页。

③ 《职工运动的原则(草案)》(1936年),中华全国总工会中国职工运动史研究室《中国工会历史文献》(第3册),工人出版社1982年版,第680页。

打击反苏维埃运动的人们,而现在主要的任务是打击日本帝国主义与号召全中国人民积极抗战。""所以现在职工运动的原则,是在抗日第一的原则之下进行,除去日本产业以外,一切职工,都应在合法的范围之下工作。"为此,"有黄色工会的地方,一律加入黄色工会,在黄色工会中,争取民主制度,实现了民主的黄色工会,就会变成革命的工会,就可变成代表工人利益的抗日救国的工会";"没有黄色工会的地方,可以在斗争中或由小团体的形式去立案,遵照合法的手续争取公开";"革命的工人混入黄色工会上层,起推动上层和启发下层的团结作用"。① 这是中国共产党公开文件中最后一次提到"黄色工会",此后,"黄色工会"的名词就此在中共的正式文件中消失,取而代之的是"合法工会"。② 至此,"黄色工会"成为一个历史名词。

纵观中国共产党有关"黄色工会"问题的发展路径,可以清楚认识到,"黄色工会"的策略问题是中国共产党在土地革命时期最难解决的问题。③ 之所以难解决并不是因为"黄色工会"问题本身有多么棘手,而是由于包括共产国际以及中国共产党难以根据形势的变化突破意识形态的束缚,未能切实改变斗争方式,以积蓄力量来求得最后胜利。正如毛泽东指出:"据我们历来的想法,所谓对于情况的估计,就是根据我们对于客观地存在着的实际情况,加以调查研究,而后反映于我们脑子中的关于客观情况的内部联系,这种内部联系是独立地存在于人的主观之外而不能由我们随意承认或否认的。……如果我们还想改变客观情况的话,那就可以根据这种真实地反映了客观情况内部联系的估计,规定行动方针,转过来影响客观情况,把它加以改造。这时,如果是不利于我们前进的,我们就向群众说:你们前进吧!如果不利于我们前进的,我们就向群众说:你们暂停吧(近乎'等待主义'),或说:你们退却吧(大有'机会主义'嫌疑)!据我想,这就叫马克思主义的起码观点吧!""和平

---

① 《中华全国总工会关于职工运动的经验及转变方式问题》(1937年),中华全国总工会中国职工运动史研究室《中国工会历史文献》(第3册),第711—720页。

② 张浩:《关于抗战中职工运动的任务》(一九三六年十一月五日在六中全会上发言的一部分),中央档案馆《中共中央文件选集》(第11册),中共中央党校出版社1991年版,第724—740页。

③ 刘明逵、唐玉良:《中国工人运动史》(第四卷),广东人民出版社1998年版,第539页。

斗争也有两种，一种是合法的公开的斗争，又一种是非法的秘密的斗争，但都是不流血的、不暴动的、非武装的斗争形式，二者统一起来，就是敌人统治区域的策略路线。"只有利用政府法律、社会习惯的矛盾、间隙、漏洞，采取合法的能够公开的各种各色的斗争形式，才有人来，才能一般地避免政府的破坏，才能保全、积蓄自己的力量。①

但这样的认知在1927—1937年受到共产国际和中共中央排斥，工运工作尤其是黄色工会问题就是这种排斥很有代表性的一个例子。虽然在相当长的时间里，无论共产国际还是中共中央都认为中国并不具备黄色工会生存、发展的必要条件——改良主义的土壤②，但这样的认识更多的是为阶级工会寻找"合理性"依据。中国共产党在土地革命时期的工人运动中一味以"赤色工会"对抗所谓的"黄色工会"，如此，将一个本为经济范畴概念不断政治化，而且将"黄色工会"的范围不断夸大，主观地树立起一个范围广大的敌对靶子。虽然，在对待"黄色工会"问题上曾经有方法上的改变，先是要打倒黄色领袖、进而要求打倒"黄色工会"，"后来觉得不参加不行，就提出打入'黄色工会'，然打入后又想马上变其为赤色工会"。但其宗旨未变的情况下，"黄色工会"转变为赤色工会的工作，可以说是一事无成。③

严格意义上说，中国共产党所定义的"黄色工会"就是当时的"体制内工会"。中国共产党所定义的黄色工会就是当时的"体制内工会"，其实这些工会对于国民党的认同度并不高。仅以上海为例，据1933年国民党中央民众指导委员会调查，在97家工会中有63家工会没有国民党党员，其他34家工会中仅有国民党党员354名④。在当时的情况下，即使有国民党存在的工会，劳资双方亦不可能无底线地"改良"与"合作"，

---

① 毛泽东：《驳第三次"左"倾路线》（1941年），中共中央文献研究室《毛泽东文集》（第二卷），人民出版社1997年版，第339—340页。

② 参见《共产国际执委政治处关于中国职工运动的决议案》（1929年8月30日），《中共中央文件选集》第5册，中共中央党校出版社1989年版，第745页；《全国职工运动目前的总任务》，中华全国总工会中国职工运动史研究室《中国工会历史文献》（第2册），工人出版社1981年版，第210页。

③ 沈以行：《工运史鸣辨录》，上海社会科学院出版社1987年版，第161—162、225页。

④ 叶梅蓝：《南京国民政府时期的上海劳工运动（1927—1936）》，硕士学位论文，台湾政治大学历史研究所，1992年，第173页。

这一阶段此起彼伏的罢工就是明证。与此同时，作为仍然需要依存资方生活的劳方，绝对的阶级斗争可能最先打破的是自己的"饭碗"。因此，中共中央将赤色工会完全与"黄色工会"对立并将阶级斗争作为区别工会性质的最主要特征时，不仅使当时工人群众不愿、不敢加入赤色工会，而且更使中国共产党的力量难以在工人中立足。而这在客观上又促使黄色工会得以发展壮大。为维系赤色工会的存在与纯洁性，中国共产党不得不委派脱产干部从事工人运动的委派制来代替工会组织和系统，"愈使赤色工会与群众工作发展成一种畸形的状态"。① 虽然，此后中国共产党一直希冀通过在工厂或工人中发展赤色工会会员来改变委派制所产生的消极影响，但这样的状态却始终未有实质改变。当中国共产党在工人中的影响力不断弱化时，委派制成了其所能采取的"最佳"形式。然而，即使是这样的制度也受到了各级党部的抵制。中国共产党有许多地方党部不愿将较好的干部派往工会工作，认为这是党的损失。② 地方党部之所以会有如此认识就是反映了当时从事工人运动具有极大危险性，会造成不必要的干部损失。可以说，地方党部的认识部分地是对当时中共中央对工人运动策略的某种"反动"。这样的情状无疑从侧面反映出中国共产党在工人群众中影响力不断弱化。换言之，在当时的形势下，中国共产党的阶级斗争的理念很难与工人群众的诉求相契合，工人不愿也不敢接近中国共产党，从而使中国共产党难以在工人中寻求领导者，即使是发展起来的领导者也很容易暴露或者脱离中国共产党的领导。

对中共中央的工运政策表示不满的不仅是部分地方党部，甚至是当时的中华全国总工会等工会的主要负责人也对此意见颇深。正如前文所言，中华全国总工会与当时李立三为首的中共中央就在如何"革命"的问题上发生了激烈的争执。虽然，中共六届三中及六届四中全会对"立三路线"进行了批判，但在何孟雄及罗章龙等人看来，这两次会议并没有解决实际问题，只是"立三路线"的延续。尤其是中共六届四中全会

---

① 文虎：《赤色工会发展的概况及其活动》，《中国职工运动状况（1928年—1930年）》，中华全国总工会中共工人运动史研究室《中国工运史料》1983年第23期。
② 《中共中央为加强党对工会的组织领导给各级党部的信》（1934年11月26日），中央档案馆《中共中央文件选集》（第10册），中共中央党校出版社1991年版，第411页。

不仅是米夫支持的王明等人的夺权会议,而且其决议"是左之又左极端错误的路线"。因此,罗章龙等人以中华全国总工会及中共中央工委之组织系统为基干成立了"中共中央非常委员会",与王明等人对立,并且"重新讨论党的总任务,重新制定党的组织、工运、农运、土地问题等方案"。①虽然,中共中央以分裂党的名义将罗章龙等人开除出党,但共产国际、中共中央与工会的间隙却难以弥合。1932年3月,中共临时中央政治会议根据共产国际的意见,认为中华全国总工会及中央职工部不能执行中央的路线,存在着严重的机会主义倾向,因此,对其进行了改组。②为此,中共中央特向党内同志解释此一措置实因中华全国总工会及中央职工部已成为赤色工会难以发展的重要原因,并且在其内部存在着浓重的投降"黄色工会"的倾向。③

表面上看来,赤色工会与"黄色工会"是两个对立的问题,但究其实质却是一个问题。即如何同时保障中国共产党在政治意识形态与现实组织系统的独立性及客观存在性。如此看来,对待所谓"黄色工会"的问题不仅成为中国共产党在当时难以开展工人运动的最重要症结,而且更引发了不断的党内争斗甚至是分裂。而由于共产国际及中国共产党难以根据现实的形势突破意识形态的禁锢,因此,中国共产党陷入了越反对"黄色工会",越难建立赤色工会,越难与工人群众建立联系的怪圈中。现实与意识形态的冲突不仅在某种程度上加剧了中国共产党内部的分歧甚至分裂,而且反映了城市革命与农村根据地建设之间的"内在矛盾"。

当然,中国共产党在主观上树立"黄色工会"这个敌人,并且不断强化赤色工会的存在,究其根源是要凸显其阶级及组织的存在。因为在当时的共产国际及中共中央看来,赤色工会的存在是中国共产党存在的重要体现,其存在是有相当的"合理性"的——工人群众"天然"有革命的需要。而"黄色工会"则是与赤色工会争夺群众中的最主要"敌

---

① 罗章龙:《亢斋文存·罗章龙回忆录》(中),美国溪流出版社2005年版,第487、493页。
② 朱佳木:《陈云年谱》(上卷),中央文献出版社2000年版,第121—122页。
③ 《中共中央为职工运动致同志的一封信》(1932年3月25日),中华全国总工会中国工人运动研究室《中国工运史料》1984年第25期。

人"。换言之,"黄色工会"所提倡的是要在国民党的体制及法律内争取工人权益的获得,这与赤色工会的革命政治理念是完全相背离的,是"改良"与"革命"之间不可调和的矛盾。

如果按照中共中央的这种思路来理解当时的工运政策就会看到:赤色工会的发展前提是消除"黄色工会"在工人中的影响。而如此就牵出另外一个问题,那就是赤色工会该当如何发展?如果赤色工会不公开,那么赤色工会只是一个秘密的小组织,中国共产党与赤色工会的理念就不会为工人群众所理解,更谈不上拥护了;但如果赤色工会公开,那么就意味着赤色工会随时有被破坏的可能。这样,中国共产党始终陷入了意识形态与现实状况难以契合的纠结中,而为了保证中国共产党及赤色工会的现实"存在"与独立性,缺乏斗争经验的中国共产党就不惜用极"左"的思想来反对一切所谓的"合法运动",并要求赤色工会利用一切可能的机会公开活动。对此,刘少奇曾作出较为贴切的分析:"本来在革命胜利时,容易犯'左'倾错误,在革命失败后的反动时期,容易犯右倾错误。然而在我们中国相反,胜利时犯右倾错误,失败时犯'左'倾错误。这中间有些不自然的故意做作,比如有些同志害怕犯右倾,故意要'左'一点。这不只是'下级同志'如此,'上级同志'也如此,我也常如此。反对'左'倾的话,故意不说,不敢说,对'左'倾故意不反对、不打击等。"[①]

此时的"左"倾还有一个更深层的原因,那就是对中国共产党在工人群众中的影响力及工人阶级意识过于乐观的估计。可以说,在国民革命期间尤其是后期,中国共产党曾经对工人运动中的"左"倾做出了部分纠正,但因为说服的不够,只能采取强迫的手段。"就不能不引起工人的反感,大大地丧失了工会与党的信仰。如是一方面工人不满意工会与党,另一方面国民党及其他的许多人又责备工会与党,反革命就更好活动与利用。工会与党更孤立,地位更困难"。"现在的问题,在于我们从'八七'会议以来,即不承认过去有'左'倾错误,批准过去一切的'左'倾错误,认为这些'左'的行动,是最革命的行动,不独不应纠

---

① 刘少奇:《我要提出工人运动中的一个问题》,中共中央文献研究室第二编研部《刘少奇自述》,国际文化出版公司2009年版,第53页。

正,还应大大发扬,而且谁要说过去有'左'倾错误,就是机会主义,就是对中国无产阶级不相信。"① 正因为有如此的思想,虽然,中国共产党承认一般群众的阶级意识不太坚强,② 但在其各种文件中,都主观认为中国共产党的斗争策略与工人群众的"天然"斗争性是一致的,即使是工人自发的运动亦被看作工人阶级意识复兴的重要标志。因此,中国共产党有必要领导工人群众的斗争,并随时将其转为政治斗争,从而实现无产阶级革命的胜利。这就可以解释为什么在国民党统治区域,当时的中共中央一再强调反对"黄色工会"、要求赤色工会公开以及不断发动飞行集会等"革命"行动的原因了。

中国共产党的以上认知构成了一个具有时代特征和鲜明"排他性"的政治理念,所谓的黄色工会问题亦与土地革命时期中国共产党"左"倾思想相因应。中国共产党在1927年至1937年工运工作上的挫折不是错在具体的黄色工会策略上,而是错在更为深入的认知层面。中国共产党眼中的黄色工会并不完全是一种客观的历史存在,其在更大程度上是一个具有浓厚意识形态色彩的概念。既如此,在学术研究中,用它来统称当时的"体制内工会",则似乎未必符合唯物史观的基本理念。如果说宏观上讨论仍然很难完全解释"黄色工会"的问题,那么对上海邮务工会,这一被中共党史专家称作典型"黄色工会"的重新审视可以更好回答有关问题。

第二节 上海邮务工会——典型"黄色工会"的再研究

国共第一次合作失败以后,上海邮务工会便成为"黄色工会"的典型,不仅多次出现在中国共产党的各种文件中,而且也成为党史专家研究"黄色工会"的一个范例。当然,随着工运史研究的深入,对"黄色

---

① 刘少奇:《关于大革命中工人运动的历史教训》,中共中央文献研究室第二编研部《刘少奇自述》,国际文化出版公司2009年版,第46—47页。

② 《全国职工运动目前的总任务》,中华全国总工会干部学校工会建设教研室、图书资料室《中国工人运动史参考资料》(一),中华全国总工会干部学校1980年版,第325页。

工会"的问题也有所创新。在一些文章中就认为在1928年崛起的包括上海邮务工会在内的"七大工会"只是一个"中间性的工会团体"。① 饶景英基本同意上述的判断，并进一步发展称：到1929年6月，上海第七届邮务工会之后，"工会执监委员基本上都是国民党员。国民党扶植起来的黄色工会头子陆京士，便从第七届起，完全夺取了上海邮务工会的领导权"。至此，上海邮务工会成为中国典型的"黄色工会"。其特性为以国民党为政治靠山；运用帮会组织强化邮务工会的统治；与邮政当局互相勾结，在政治上反共，在经济上施小惠。这些都表明中国的"黄色工会"与西方的"黄色工会"是有所不同的，因此，前者是后者的"变种"，"在中国是为数极少的"。② 而在刘明逵、唐玉良主编的《中国工人运动史》中亦称邮务工会与西方资本主义国家黄色工会不大相同，"它与资方关系不很密切，而与党派和政府关系密切，同时又与封建帮会紧密勾结，具有很浓厚的封建性，是有中国特色的黄色工会的典型"。③

这样看来，邮务工会之所以被称为典型的"黄色工会"，除具有"改良主义"的一般共性外，另具有了"党化"及"帮会化"的特性了。在某种程度上讲，学术界以"黄色工会"为基点构建工运史的研究模式，但这样的研究路径会产生很多的疑问："改良主义""党化"及"帮会化"等特性是否可以成为界定"黄色工会"的标准？正如前文所讲，"黄色工会"有着明确的存在时间，那么其产生与消失的到底是名词还是历史存在？回答这些问题的关键就是要对"黄色工会"的特征进行再认识，被中国共产党认为是"黄色工会"典型的邮务工会仍然是很好的样本。因此，对其特性的重新梳理将有助于理解"黄色工会"所涉及的基本问题。

"改良主义"是"黄色工会"的基本特征，其表象就是"劳资合作"。在中国共产党的话语体系下，"劳资合作"是国民党欺骗、压制工人，袒护资本家的重要口号与手段。孙中山是"劳资合作"的积极倡导

---

① 郑庆声：《论一九二八年上海的"七大工会"》，《史林》1991年第4期；沈以行：《工运史鸣辨录》，第142页。

② 饶景英：《关于"上海邮务工会"——中国"黄色工会"的一个剖析》，《史林》1988年第2期。

③ 刘明逵、唐玉良：《中国工人运动史》（第四卷），广东人民出版社1998年版，第92页。

者，在他看来，"社会之所以有进化，是由于社会上大多数的经济利益相调和，不是由于社会上大多的经济利益有冲突"。① 这无疑是国民党人"劳资合作"的理论基础。虽然，鉴于与苏俄的"合作"，国民党提出了"扶助农工"的政策，并在实际中尽可能向劳工利益倾斜。但随着政治形势的变化，国民党开始重新调整劳工政策。1928年10月，国民党中执会针对因不满邮政当局行政措置而举行的邮务工会罢工发表了"告全国工会及工人书"，内称：中国工人所受剥削大多来自帝国主义资本，"至于本国，则尚无何种强大之资本家，足以压迫我工人"。因此，要想彻底解决苦痛，就得全国上下共同努力"增加生产"，提升国家实力，"使农民得所增益，失业者得所归宿，而一切流亡废疾者，应有救死扶伤之望"。② 此公告继承了孙中山有关中国社会只存在大贫、小贫，阶级斗争只会妨碍中国发展的认知，也是国民党转变劳工政策的关键性文件之一。

其实，从国民党"劳资合作"的政策与实践来看，它并不是要绝对袒护资方，压制劳方。③ 只是希望能在二者之间找到一个最佳"平衡点"，促成社会的协力、共同发展。然而，本就是"一厢情愿"的政治理念，并没能使各地的罢工数量有明显减少，我们仅以上海为例，列表如下④：

年份	全年罢工总次数	每月平均罢工次数
1922	29	2.42
1923	14	1.16
1924	16	1.33

---

① 孙中山：《民生主义》，《三民主义》，岳麓书社2000年版，第180页。
② 《中执会告诫全国工会及工人》（续），《申报》1928年10月19日，第8版。
③ 此点可参见王奇生《工人、资本家与国民党——20世纪30年代一例劳资纠纷的个案分析》，《历史研究》2001年第5期；徐思彦《合作与冲突：劳资纠纷中的资本家阶级》，《安徽史学》2007年第6期。
④ 1922—1932年的数字根据《最近上海罢工原因之分析》，Y4—1—25，上海市档案馆；1933—1936年的数字转引自叶梅蓝《南京国民政府时期的上海劳工运动（1927—1936）》（硕士学位论文），台湾"国立政治大学历史研究所"1992年版，第112页。

续表

年份	全年罢工总次数	每月平均罢工次数
1925	75	6.25
1926	257	21.42
1927	117	9.75
1928	118	9.76
1929	108	9.00
1930	87	7.25
1931	122	10.17
1932	82	6.83
1933	88	7.33
1934	73	6.08
1935	94	7.83
1936	128	10.67

如果以1927年为界限，1925年罢工次数陡然增加，翌年达到最高峰。但这两年的罢工很多与"五卅运动"及国民革命军北伐有关，多是政治性、民族性的。而南京国民政府建立后的数年中，沪上罢工次数可谓居高不下，即使最低点的1934年，也基本与1925年持平。虽然，历年罢工的次数与当时经济形势、社会环境有很大关系，但必须承认，这与社会对国民党"劳资合作"的认同度不高也有很大关联。无怪乎时人抱怨，虽然一直提倡"劳资合作"，但"那一天报上没有劳资纠纷的事件，那一天没有罢工歇业的事情"[1]。

其实，"劳资合作"能够实现的基本条件之一是劳资双方能够处于一个相对的平等地位，但南京国民政府建立后，却通过法律条文不仅禁止国家行政、交通、军事工业、国营产业、教育事业、公用事业各机关之职员或雇员组织工会，而且更不允许有纵向的全国性工会组织。[2] 这无疑

---

[1] 《发展工商业与劳资协调》，《申报》1931年9月14日，第14版。
[2] 《第七十八次国务会议》，《申报》1930年6月1日，第10版。

弱化了劳方的力量，很多工人由于工会的"不合法"，丧失了集体谈判等权利，因此，一旦有劳资纠纷，其结果往往是跳过"协商"的过程，而以最激烈的罢工出现，这无疑销蚀了"劳资合作"实现的可能性。

对于国民党的"劳资合作"，典型的"黄色工会"——邮务工会并没有表现出太多的热情，反而对围绕此政策所制定的法律、法规颇有微词。1930年，针对即将颁行的《工会法》中禁止成立总工会一事，邮务工会率沪上180余工会向国民党中执会公开请愿，陈述总工会建立之必要。① 为了达到目的，邮务工会核心人物亦是国民党人的陆京士甚至组织了"上海特别市各工会代表晋京请愿团"赴南京向有关部门当面陈请。② 沪上工界的呼声并未改变国民党的既定政策，1930年5月30日，随着国民政府国务会议公布了《工会法施行法》，不仅总工会一事难以实现，各地及各级邮务工会亦成为"非法"组织。这对于邮务工会而言，无疑是重大打击，因此，在此后数年间，邮务工会的中心任务之一就是恳请国民党废止现行《工会法》及相关劳动法规，从而确立邮务工会及总工会的"合法性"。③

一个长期被称作典型"黄色工会"的组织处境如此"尴尬"，其原因不仅牵涉到国民党对工运的总体政策，而且更由于邮务工会对邮政制度的主张使国民党对其并不十分信任，或者是对有关领导者能否完全按照国民党意志来控制工会产生了怀疑。

如果说邮务工会在对待国民党及南京国民政府时还有所忌惮的话，那么它与邮政当局的关系则可以用"不睦"来形容。正如前文所言，从1925年邮务公会成立之后，其与邮政当局的关系就很难融洽。在"邮权收回"之前，邮务公会成为收回邮权运动的主要力量，并因此与当时把持中华邮政的"客卿"交恶。南京国民政府成立后，其意图将中华邮政的经济与行政制度纳入到国家官僚行政体系之内，这被邮务工会认为是破坏了邮政"独立"地位，因此，在随后的多次激烈冲突中，保持邮政

---

① 《一百八十余工会呈中央文》，《申报》1930年3月1日，第14版。
② 《全沪工人代表请愿成立总工会》，《申报》1930年3月3日，第13版。
③ 《昨日南北市两总工会成立》，《申报》1931年12月20日，第17版；《各地邮工请颁特种工会法》，《申报》1932年1月1日，第23版；《各工会呈》，《申报》1934年2月20日，第12版；《全国邮务总工会明日常会》，《申报》1936年5月23日，第11版。

固有的、独立的经济与行政制度成为邮务工会的主要诉求之一。而由此所引发的邮务工会与中华邮政官僚之间的矛盾更为显著，无论是刘书藩、林实还是黄乃枢都成为邮务工会指责甚至反对的对象。

刘书藩上台伊始便与邮务工会不睦，直至其主张成立邮储总局后，更为邮务工会所不齿，在邮务工会眼里，刘书藩就是一个植党营私、排除异己、献媚洋人、小人得志，大权独揽，意图破坏邮制的阴谋家。① 邮务工会反对邮储分立及与刘书藩的矛盾直接导致了工会与政府间关系的恶化。② 为此，交通部曾欲意改组邮务工会，为邮储总局的成立扫清最主要障碍，此策的始作俑者被认为就是刘书藩，因此遭到邮务工会的激烈反对，而刘书藩也不得不向交通部提出辞职。③

接任刘书藩的林实在邮务工会眼里不仅是一个缺乏邮政经验及办事能力的人，"则邮政前途赖乎林氏者殊渺乎其微"，而且也是邮政制度崩坏的直接推手。④ 最为恶劣的是，在其贪污行为败露之后，林实竟然以"诈死"逃脱了罪责，这更为邮务工会所不齿。在1932年"巩固邮基运动"中，林实"死而复生"并担任邮政司司长就成为邮务工会指责中华邮政官僚化的明证了。⑤

而黄乃枢之上台本就是国民党内部派系争夺的产物，其就职之后便意图破坏"巩固邮基运动"。随后，邮务工会指责其在出洋考察、裁撤邮员等问题上有中饱私囊及不符邮规之处。直至1933年9月，汉口邮政当局拒绝承认工会有代表工人之权利，乃发生"汉口邮潮"。黄乃枢"不因势利导，而一意高压，为前途蕴育危机"。这些都成为邮务工会与黄乃枢交恶的重要原因，因此，在12月间，陈铭枢等人在福建成立反蒋政府，邮务工会借机向黄乃枢发难，致电交通部、中央党部及行政监察院，称其"勾结叛逆，破坏局会，糜费经济，侵吞公款，挤人容私"。⑥ 其后，

---

① 《邮务同人昨晚招待报界》，《申报》1930年9月4日，第13版。
② 《反对另设储金汇业总局运动之经过》，《上海邮工》1930年第3卷第4、5、6期合刊。
③ 《刘书藩辞本兼各职》，《民国日报》（上海）1930年9月4日，第1张第3版。
④ 《林实辞职后之去思》，《上海邮工》1930年第3卷第4、5、6期合刊。
⑤ 《谈谈暮年晚景的黄乃枢》，《全国邮务职工总会半月刊》1933年第2卷第2期。
⑥ 《本会对汉口邮潮之表示》，《上海邮工》1933年第6卷第2期；《呈控邮政总局局长黄乃枢文件一束》，《邮政总局局长黄乃枢被控事件》，《上海邮工》1934年第6卷第4期。

黄乃枢不得不辞去邮政总局局长的职务，改任北平邮政管理局局长，而邮务工会的指控也随之不了了之。①

这些对行政当局的颉颃都是在邮务工会成为典型"黄色工会"之后发生的。由此看来，工会与行政当局在有关邮政制度等方面存在着激烈冲突，因此，二者之间的"合作"是有限的。当然，不可否认的是邮务工会在与行政当局的冲突中，所要"打倒"的不是一切的邮政当局，而是"打倒现在代表一切腐恶的邮政当局"。②换言之，邮务工会的行为是在承认国民党统治的前提下进行的，这应该就是中国共产党称其为"典型黄色工会"的重要原因了。

这样的态势诠释了邮务工会与邮政当局关系的重要一面，而鉴于邮政事务的特殊性，后者就是实际上的资方，作为劳方代表的前者对后者的颉颃可以看作劳资冲突的体现。如果将双方的关系置于当时的历史情境中会发现，包括邮务工会在内的国民党统治区域内的工会大多会在表面上遵从"劳资合作"的政策，这不仅是为了顺应国民党及国民政府"建设"的需要，更是为了工会自身的发展，因为不如此，工会就很难生存甚至发展下去。但在现实中，"无论资本家阶级及国民政府如何强调劳资合作主义，劳资双方既为不同利益群体，即使没有共产党的阶级斗争鼓动，冲突与矛盾也在所难免"。③进一步而言，当时的国民政府虽然倡导"劳资合作"，但其对国民革命时期的劳工运动一直心存忌惮，不仅担心工人组织会再次"尾大不掉"，更怀疑工人运动受到中国共产党操控。④因此在政策、法规上逐步挤压工会的生存、发展空间，这加剧了工会与政府之间关系的紧张，另外，资方也时常对国民政府的有关施政表达不满，这不仅使国民政府经常会陷入"里外不是"的尴尬，而且更令"劳资合作"在实践中大打折扣。

然而，三方之间的关系并不是如此简单，在其相互纠葛的同时还有相互妥协与合作。对于劳资双方而言，其发展不仅依靠自身的因素，而

---

① 《交通部邮政总局训令第八五九——一五六二九号》，北京市档案馆，J10—1—178。
② 雷：《国民党分内的事》，《上海邮工》1930 年第 3 卷第 4、5、6 期合刊。
③ 徐思彦：《合作与冲突：劳资纠纷中的资本家阶级》，《安徽史学》2007 年第 6 期。
④ 《将来之农工问题》，（天津）《大公报》1928 年 1 月 11 日，第 1 版。

且还受制于政府层面的诸多因子。反过来讲，相关政策的实效性也需要体现在劳资双方的支持与响应，即使是劳资双方也是有着紧密的依存度。这就意味着"劳资合作"不过是正常经济生活的常态，是一种经济行为，但在相当长时间里，"劳资合作"被"政治化"了，并被贴上了"改良主义"的标签。然而，即使是"改良主义"也不应该将其与"革命"完全对立，即使是中国共产党也意识到这一点。

随着中国共产党革命根据地的巩固与不断扩大，在苏区组织赤色工会成为体现中国共产党无产阶级性质的重要指标。但在中国共产党阶级斗争的理念下，苏区内的资产阶级往往采取歇业、逃出苏区等方法来避免遭受更大损失，这样，苏区赤色工会的发展出现了两个困难，一为组织起来的赤色工会大多为带有很强烈的"行会色彩"的组织，工会的领导权多由店东或者雇主把持。二为大量失业人员的存在。而为了解决这样的问题，消除苏区内资本家的恐惧，在1930年前后，有许多苏区都规定未经苏维埃政府同意，禁止工人罢工。[①] 甚至在苏区中流行着"在苏区以内无须阶级斗争"的理论。[②] 虽然，上述做法遭到共产国际及中共中央的批判，但由于资方的不合作或者是大量的逃出苏区，加之地方党暗中的抵制，因此，在苏区却始终没有能够有效建立产业性、阶级性的新型工会。而中共中央所强调的无产阶级领导在许多地方都难以实现，甚至加剧了工农、工会与党部之间的矛盾。因此，在当时的党校学生的统计材料中，95%以上的学员认为"工人斗争情绪不如农民"。[③] 对于这样的观感是可以理解的，在苏区中，农民可以通过"分田"获得生产资料而维持生活，但工人则不同，由于当时许多党部对工人采取不分田的政策，因此工人必须通过出卖劳动力来换取生活资料，然而当资本家不存在时，出卖劳动力的渠道被堵塞了，因此，工人很难积极响应困难时期的阶级

[①] 《中华全国总工会对于苏维埃区域工会工作计划大纲》（1930年12月），中华全国总工会中国职工运动史研究室《中国工会历史文献》（第3册），工人出版社1982年版，第285—292页。

[②] 《赤色职工国际第五次大会对中国问题的决议——中国革命职工运动的任务》（1930年），中华全国总工会中国职工运动史研究室《中国工会历史文献》（第3册），工人出版社1982年版，第283页。

[③] 邓颖超：《实际为巩固与加强无产阶级领导权而斗争的检讨》，《斗争》1933年第1期。

斗争了。

  显然，一味强调阶级斗争在劳资关系中的作用并不能解决苏区的经济建设问题，因此，当时中共中央主要负责人博古称：在加强无产阶级的领导权的同时，"进行有系统的经济建设，限制资本主义的剥削，已造成在经济生活中的非资本主义形式发展的前提和优势，准备革命生长到社会主义革命与社会主义的建设"。① 由此看来，中共中央开始有意识地减弱了阶级斗争在劳资关系中的"破坏力"。而对于在苏区内工人罢工、无限制要求增加工资等行为进行了纠正，称如此行为"会要走到完全消灭私人资本企业，动摇工人与农民的联合，给反革命地主富农以煽动农民的机会，对于工人阶级全体长久的利益是违背的"。因此，在苏维埃政权下进行总罢工是错误的，会造成社会及红军供给的困难，是不明白苏维埃政权下与国民党政权下罢工性质的区别，是代表一部分工人中的行会思想与工团主义思想的过"左"错误。②

  虽然，在土地革命时期，中共中央在苏区的劳资关系上仍然强调阶级斗争的重要性，但在具体的困难中，不得不采取变通的方式，其中主要表现就是保障劳资双方的合法权益，通过对资方"剥削"的限制来提高劳方的利益，而与此同时，也纠正劳方过"左"的行为，以保障资方的权益。

  如此看来，无论是国民党还是中国共产党，但其身份发生变化后，都会有意识调整劳资之间关系。换言之，在正常的经济生活中，劳资合作本应是一种常态化的行为，而且其更多地表现为一种经济范畴，但在"革命史"范式下，劳资合作被"泛政治化"了，并被贴上了"改良主义"的标签。然而，即使是"改良主义"也不应该将其与"革命"完全对立。"改良并非是坏事，一个社会，能够通过改良，不断革故鼎新，避免于暴力革命伴生的对社会的巨大冲击和破坏，推动社会生产和历史的有序发展，自然是好事。"③

---

  ① 博古：《论目前阶段上苏维埃政权的经济政策》，《斗争》1933年第8期。
  ② 《中华全国总工会给赤色职工国际报告——中国苏维埃区域工会工作概况》（1934年3月1日），中华全国总工会中国职工运动史研究室《中国工会历史文献》（第3册），工人出版社1982年版，第627—628页。
  ③ 杨天石：《论国民党的社会改良主义》，《中国文化》2008年第1期。

由此而言，"劳资合作""改良主义"都是"革命范式"下的产物，都是将劳资乃至阶级关系定义为不可调和的"斗争关系"。但事实上，无论是劳资关系还是阶级关系都是有两面的，即斗争性与调和性。这一点是包括中国共产党在内的政治力量都认识到的，因此，在一定程度上，斗争与调和并不完全是由劳资双方或者是阶级对立的双方所能够选择的，而更多的是由主导的政治力量作出的判断。

在确定邮务工会"黄色工会"的性质中，饶景英还认为邮政工人大多出身于知识分子，容易接受改良主义思想。而其中的代表人物，诸如陆京士等人"都具有聪明才智，能脱颖而出，他们的经济、政治地位，又决定其具有相当的政治欲望，这与西方'白领阶层'有相似之处。西方资产阶级从熟练工人和白领阶层中培养工人贵族去组织黄色工会，操纵工人运动。"国民党及邮政当局也从邮局内部的邮务生群体中物色和培养黄色领袖，"这同西方黄色工会的形成也有类似的地方"。

这也就是说，"黄色工会"是与会员的知识结构有关，知识结构及从事的工种越高的工人越可能成为"工人贵族"，而"工人贵族"又是"黄色工会"产生的重要组织及领导基础，这样"工人贵族"成为"黄色工会"的重要面相了。但事实上，"工人贵族"的存在及认定问题一直是有争论的。钱乘旦就指出："工人贵族的概念是由列宁首先提出的，列宁的意思是英国和西欧的工人运动已经被工会上层领导引向歧途，这些工人上层或工会领导者实际上已经背叛了工人阶级的利益，成为变质的'工人贵族'。"因此，"工人贵族是一个马克思主义范畴内部的问题"，基本上是一个学术问题，不存在现实政治斗争的意义。其主要目标是讨论"工人贵族"是否存在。[1] 既然在"黄色工会"发源地的西欧对"工人贵族"的存在已充满了质疑，那么简单将其套用来定义中国的所谓"黄色工会"就有些不恰当了。

而就邮务工会而言，正如前文所言，邮务生只能算作邮局中的中低

---

[1] 钱乘旦等：《论题：英国"工人贵族"与工会运动的历史考察》，《历史教学问题》2004年第4期。

层雇员,虽然该群体在邮局中所占比重仅为20%左右,①但其势力却不容小觑。这主要是因为,邮务生群体虽在邮局的班次内属于职员,但其薪金及待遇却与邮务员以上班次的职员相差甚远,因而与下级差役有共同的经济诉求。而且邮务员的知识结构使其又能够在团结下级员役上发挥重要作用。因此,邮务生群体不仅成为邮务工会中的中坚力量,而且随着国家政治势力"侵入"邮政体系,以邮务员为主体的邮务职工会渐与邮务工会合作,"对邮政或国家社会方面的重大问题,无不相互研讨,共策进行"。②

当然,将邮务工会领导者定义为"工人贵族"的同时,邮务工会的"党化"也是界定其"黄色工会"的一个重要指标。此处所指的"党化"就是指邮务工会领导者大多为国民党员,这些工会领导者通过其与党部的联系包办了工会事务。

其实,工会本应属于社会、经济团体,但由于中国的特殊情况,因此,中国的工会自产生以来就具有相对较强的政治色彩。然而,我们在审视工会的性质时,不仅需要统计工会成员尤其是工会领导者成为某一政党党员的数量,而且更需要去探讨这些工会党员对政党理念的认同程度。

1924年,孙中山重新解释了三民主义,并结合当时革命的需要,订立了《工会条例》,确定了"扶助农工"的政策。在孙中山看来,"扶助农工"就是要引导工农从单纯的经济斗争转入到政治斗争中去。"国家最大的问题就是政治,如果政治不良,在国家里头无论什么问题都不能解决。"那么如何引导呢?就是不仅要有"真为大义去替工人出力"的领袖,③还要工人能够担负国家的大责任,服从和奉行三民主义,赞助国民革命,以此来解决中国的政治问题,从而使工人团体成为全国人的指导,

---

① 中共上海市邮电管理局委员会:《上海邮政职工运动史》,中共党史出版社1999年版,第21页。
② 沈云龙:《刘承汉先生访问纪录》,"中央研究院"近代史研究所1997年版,第65页。
③ 《民权主义》(第一讲)、(第三讲),广东社会科学院历史研究所、中国社会科学院近代史所中华民国史研究室、中山大学历史系孙中山研究室《孙中山全集》(第9卷),中华书局1986年版,第252—255、297—298页。

"作国民的先锋，在最前的阵线上去奋斗。"① 国民党对工会的扶植促成工人运动的高涨，同时也成为工人响应国民革命的重要原因。

根据以上的原则，1925年，国民党第二次全国代表大会中，专门阐述了党与工会的关系，其称："党为政治目的相同的组织，工会为经济目的相同的组织。党对于工会，在政治上立于指导地位，但不使工会失其独立性；工会中之党员，应做成工会之中心。其组织与党的组织不应混合，其经济尤须划分；党之政策可以影响于工会之政策，但不能使工会全无政策，失却民众之主张地位。"②

从上述言论及国民党在此一阶段的劳工实践来看，孙中山"扶助农工"政策中的党与工会并非是一个绝对服从与被服从的关系。"扶助农工"也不是要将三民主义强行植入工会组织之中，而是通过宣传、赞助使工会组织能够自由、自主接受三民主义的思想，从而使其成为国民党的基础，努力参加国民革命，推翻恶的政治势力，建立以工农为基干的新政权，并最终解决工农的经济诉求。换言之，孙中山是将工会与政党置于相对平等的地位，以期通过双方的相互扶植共同完成政治与经济的革命。可以说，在国民革命时期，国民党基本上是执行了这样的政策，其对工会组织更多是指导而非管理，工会在某种程度上是一个"独立"的组织，有相对宽松的自由发展空间。③

正如前文所言，随着南京国民政府的建立，国民党曾先后试图通过由国民党党、政、军等人员组成的工统会、工整会等组织直接控制上海的工人运动，但由于得不到工人的认可，再加上国民党派系争夺，损害了工人的利益，从而引发了工人团体的反对。邮务工会等七个工会借机自发组成的松散组织联盟以沪工界代表的姿态不仅积极参与到各业的劳资调解中，更将共同维护劳工利益，反对国民党限制民众运动发展作为

---

① 《在广州市工人代表会的演说》（1924年5月1日），广东社会科学院历史研究所、中国社会科学院近代史所中华民国史研究室、中山大学历史系孙中山研究室《孙中山全集》（第10卷），中华书局1986年版，第149—150页。
② 《工人运动决议案》，中国国民党浙江省党务委员会宣传部《中国国民党第一第二次全国代表大会宣言及决议案》，本部刊印，出版时间不详，第83页。
③ 此点可参见中国国民党中央执行委员会工人部《国民政府与工人》，本部印行，出版时间不详，第12页。

其基本诉求之一。"七大工会"的崛起凸显了当时上海工人对国民党劳工政策甚至是对该党现行主义的不满。至少在邮工眼里,之所以拥护国民政府反对北洋军阀,"无非是希望国民党的三民主义,尊重民权的三民主义,提倡民众运动的三民主义。扩张民气的三民主义,可以早日实现而已"。进一步而言"我们对于国内的任何政党,都没有拥护和仇视的成见,只要这政党,能够使得民众有实在利益的,我们就去拥护它、扶助它,去作它的先锋,为它们去奋斗,为它们去流血,就是牺牲了性命,也算不了一回事;否则,就竭我们的全力,和它反抗,去消灭它们势力的伸张"。① 然而,当时的国民党的法律已然不能保障工人的权益,"党纲敌不过司令部一纸命令,革了几年的命,仍旧官厅庇护资方,而胁迫工人"。因此,此时读起孙中山的遗训时,倍感心伤了。② 邮工甚至认为这些措置都玷污了国民党与民众的良好历史,而为了挽救国民党,现在是由民众领导党,使国民党成为一个真正革命党的时候了。③ 而要实现这样的诉求,就必须谋求工人自身的解放,"只有握定自己的意识,团结自己的队伍,运用自己的力量去奋斗,不要存依赖任何政治势力的心"。④ 邮工观感无疑反映了当时工人对国民党的某种"失望",而这样的情绪强化了邮工对国民党的"离心力",从而使国民党直接控制邮务工会的努力以失败而告终。此后很长一段时间,邮务工会基本都采取反对工会参与政治的主张。

然而,1928年邮务罢工的结束事实上宣告了这种政治"中立"政策的失败,这使一些工会领导者意识到,工人虽需要工会的保护,"但是要在工会里长久地干下去,看来,不参加国民党还不行"。⑤ 这种"无奈"似乎预示着工会中国民党党员数量的大增,然而,现实却很不乐观。到1933年,上海97家工会中,有63家工会没有国民党党员,其他34家工会中,共有国民党党员354名,其中邮务工会就有100人,但也只占到邮

---

① 俊夫:《民气》,《上海邮工》1928年第1卷第2期。
② 痛心:《读遗嘱的今昔之感》《法律党纲于工人何有》,《上海邮工》1928年第1卷第1期。
③ 人中:《民众起来领导国民党》,《上海邮工》1928年第1卷第1期。
④ 君木:《只有这一条路》,《上海邮工》1928年第1卷第1期。
⑤ 陆象贤等:《朱学范传》,团结出版社2005年版,第28页。

工总人数的2.8%。①

虽然，工会领导层国民党党员数量的增加在一定程度上能够反映国民党对邮务工会影响力的增强，但却不能完全认为国民党的理念就此成了工会的核心精神。即使是在陆京士完全控制的第七届邮务工会，其制定的"本会理想中的计划"中，仍然有一条就是要改变工会的性质由政治团体转为经济组织。可以说，这样的理念既是工会试图避免重蹈卷入国共纷争危险的某种宣言，同时也是工会发展的一种路径。② 当然，组织的发展却遇到了现实法律的限制，由此凸显出邮务工会与国民党之间在某些问题上的分歧。

实际上，邮务工会等工会组织所要强调的便是有关法律及政策违背了国民革命时期孙中山所确定的劳工政策与法律。因此，虽然邮务工会一直未能得到当时法律的承认，但其始终认为孙中山所订立的"工会条例"是其存在的依据。③ 而陆京士等人在成立上海市总工会受阻后发表的宣言中也宣称：总工会的设置是根据1924年孙中山所厘定的各界民众团体组织规条，而此组织的成立不仅配合国民政府完成了国民革命，而且更有利于训政的完成。然而，国民党却禁止此类组织的存在，"全市工人惶惶骇告，本市工人，于过去革命历史上之成绩如何，姑存而不论。我先总理宏远硕大之遗教，则何能违反？"④ 与此同时，在邮筹总会的宣传方案中，更明确地提出其宣传口号之一就是"实现总理的农工政策"。⑤

显然，以上问题所表现的就是邮务工会与国民党在劳工理念及实践上的话语逻辑差异。在邮务工会看来，它所拥护的三民主义是国民革命时期以"扶助农工"为主要面相的三民主义。然而，随着南京国民政府的成立，党与工会的关系发生了变化。由国民革命时期的相对平等、独立的并行发展变成了领导与被领导的关系。正如1928年邮务罢工结束之

---

① 转引自叶梅蓝《南京国民政府时期的上海劳工运动（1927—1936）》（硕士学位论文），台湾"国立政治大学历史研究所"1992年版，第173页。
② 《本会理想中的计划》，《上海邮工》1930年第3卷第4、5、6期合刊。
③ 《本会第八届执监委员会就职宣言》，《上海邮工》1930年第4卷第1、2、3期合刊。
④ 《全沪工人代表请愿成立总工会》，《申报》1930年3月3日，第13版。
⑤ 《中华全国邮务总工会筹备委员会通令第六号》（1930年3月18日），《上海邮工》1930年第3卷第4、5、6期合刊。

后，中国国民党中央执行委员会的《告邮务工友》中所称："我国工人之出路，惟有以救国救民为目的，遵从本党之领导，在三民主义之坦途上一直向前奋斗，始有光明辉煌之一日。"① 而要完成国民党对民众组织的领导，就需要以国民党为主体对其进行训练，即"教民"。蒋介石就称："我们要用民，一定先要教民。我们先不去教他，他一定不能为我们所用。用民必先苦心孤诣地教民，好像我们训练军队一样。"② 此处所谓的"教民"，"实际上是一个改造民众思想或是重新塑造民众意识的问题。"③ 然而，这一过程的实现是将民众置于被动、从属的地位为前提的，这与孙中山的民众思想已有明显的差异。而邮务工会所希望的则是以一种相对平等、独立的身份接受三民主义，而非强制性地灌输。因此，在当时的邮务工会中，相信国民党的当然不少，但对共产党保持好感亦有相当数量。只不过由于国民党的高压，"所以邮工们纵然对于这一主义有相当的好感，但恐怖的心理也存在很深"。④ 这意味着邮务工会与国民党之间的关系远非想象中的那么紧密。

不仅如此，南京国民政府始终对过往民众运动所带来的"消极"心有余悸，其认为中国工农群众智识不高，容易受人蛊惑，国民党断不能任其发展，而应领导其步入"正轨"。⑤ 因此，当国民党伸向邮务等工会的"触角"受到了抵制，对于后者的"不羁"，国民党先是通过限制各级邮务工会的法律地位来彰显其影响力，甚至是在同为特种工会的铁路及海员等工会成立之后，邮务工会仍然不能享有相同待遇。⑥ 无怪乎邮务工会"抱怨"："中央对海员、铁路等工会，或指派专员，或年贴巨款，扶掖之、奖励之，更设特别党部领导之。"而邮务工会却连最基本的法律地位都得不到承认。⑦ 双方的嫌隙不断扩大，国民党只能改变策略。一方面

---

① 《告邮务工友》，《中央党务月刊》1928 年第 5 期。
② 张其昀：《先总统蒋公全集》，中国文化大学出版部 1984 年版，第 806 页。
③ 庹平：《蒋介石研究》，团结出版社 2001 年版，第 122 页。
④ 朱邦兴等：《上海产业与上海职工》，上海人民出版社 1984 年版，第 472 页。
⑤ 张其昀：《先总统蒋公全集》，中国文化大学出版部 1984 年版，第 806 页。
⑥ 《全邮总会晋京请愿》，《申报》1930 年 4 月 22 日，第 14 版。
⑦ 周公今：《中华邮工运动之展望》，《中华邮工》第 3 卷第 2、3 期合刊，1937 年 4 月，第 33 页。

通过"奖赏"工会领导者的方法来获取其变相的支持①；另一方面则在邮筹总会举行的历次代表大会上，都会派代表参加并"训词"，表扬邮务工会的工作。②

基于以上的论述，对于邮务工会与国民党的关系可以用若即若离来形容，双方无论是理念上还是具体问题上都存在不小的差异，某种程度上凸显的恰是"党化"的乏力。我们如果无视这样的历史客观，在主观上对邮务工会进行"脸谱化"定性，那么就很难真正认识当时工会的实际样貌。

除了"劳资合作""党化"以外，邮务工会还具有"帮会化"的特征。对于此点我们仍然需要避免"预设"或"后见之明"。"我们在理解历史现象时，一定要把它放在历史环境中去，否则就很难理解它为什么是那样，从而难免做出主观的臆断。"③

正如此前专章所提到的，随着中国近代城市化的发展，社会下层向城市流动的数量级不断增强，帮会的力量也随之膨胀。作为当时中国最大的工业城市——上海，自然成为工人聚集与帮会丛生之所了。朱学范就称：上海市入帮的工人可能比邮政工人入帮会的比例还要大，如果加上与帮会联系紧密的兄弟会、姐妹会、关帝会等，以及地方帮口的人数，那么帮会工人在沪市工人中的比例更高。④ 而在1927年3月日本人橘朴在与一帮会首领谈话时，此人夸口说：上海劳工中至少有八成是站在青帮一边的，如果青帮真与总工会打的话，不用说总工会，就是其他所有的"左"倾势力，都不堪一击。⑤ 虽然，没有准确的数据可以统计入帮工人的比例，但可以肯定的是，在许多产业中，帮会工人的比例要远高于工会党员的比例。如此看来，工会的"帮会化"在某种程度上反映了工

---

① 陆京士等人的升迁道路就是明证。此点可参见吴开先《痛悼故友陆京士兄》，《传记文学》第44卷第4期，1984年4月，第65—66页；陆象贤等《朱学范传》，团结出版社2005年版，第33页。
② 朱学范：《我的工运生涯》，福建人民出版社1991年版，第44页。
③ 钱乘旦等：《论题：英国"工人贵族"与工会运动的历史考察》，《历史教学问题》2004年第4期。
④ 朱学范：《上海工人运动与帮会二三事》，中国人民政治协商会议上海市委员会文史资料工作委员会《旧上海的帮会》，上海人民出版社1986年版，第4页。
⑤ ［日］三谷孝：《秘密结社与中国革命》，中国社会科学出版社2002年版，第35页。

会对"党化"的抵制。

事实上，看待工会的"帮会化"应该将其置于中国社会的历史传统中去。正如苏智良在分析上海与纽约移民所产生的不同心理状态时称：当移民来到城市之后，都丧失了传统社会中以血缘为纽带的社会组织。面对生存压力，必然产生一种自发的、寻求帮助和协作的心理。但由于资本主义的发展，纽约移民的思想已有了民主与公民意识的存在，"公众的平等观念使强迫式命令和无条件的服从无兜售的市场，公民的社会义务观念取代了狭隘的家庭责任感。因此，在这种社会心理基础上产生的是民主性质的自发性团体"。而上海的移民却不然，"长期的的封建制度统治使移民不可能产生出民主与公民意识，他们中最普遍的心理便是梁山泊式的兄弟互助观念。在这种心理基础上，就产生了传统的、保守的，乃至破坏性的手段抗衡社会动荡，以求得自己生存和发展的移民社会组织——帮。"①

虽然，中外移民团体的组织形态有所差异，但其最基本的关注点都是移民如何生存或者是更好地生存下去。这也就是说，西方民主与中国"帮"只是中西方移民在面对同样境遇变化之下所采取的不同手段罢了，其要解决的核心问题是移民的社会经济压力。在现实的压力中，工人往往会率先以传统的方式来维系群体的团结，并从中体现其基本的意识。汤普森在《英国工人阶级的形成》中就以英国非国教传统、人民中各种模糊观念形成的一种"关于天生权利"传统以及18世纪"下层民众"中若有若无的传统作为了分析英国工人阶级形成的主要思路。② 这样的分析理路向我们提供了重要的方法与思路，即任何一个新生事物，绝不是凭空而生的，在其产生与发展过程中肯定会有传统的影子。移民是中国近代工人最主要来源，这也就意味着后者同样会把帮会作为一种传统的纽带来维系群体的团结，并从中体现基本的意识。就此而言，中国工会产生在帮会与工人所构成的"互生"模式下，是传统因素对新环境的一种反应与发展。换言之，新生事物是传统因素对新环境的一种发展与继承，

---

① 苏智良、陈丽菲：《近代上海黑社会研究》，浙江人民出版社1991年版，第20—21页。
② 此点可参见［英］E. P. 汤普森《英国工人阶级的形成》（上），钱乘旦等译，凤凰出版传媒集团、译林出版社2001年版。

在很多时候，新旧之间并不存在本质的"对立"与冲突。

如果我们以这样的思路去审视邮务工会的"帮会化"，就会发现其在"帮会化"之下仍然酝酿着民主的意识。正如前文所言，在1925年邮务公会成立后便建立起以小组为基本单位，全体会员大会为最高权力机关的组织系统。1929年，邮务工会的组织章程进行了修改，将全体会员大会为本会最高权力机关、干部执行委员会由全体会员大会或支部会员联席会选举产生的规定，改为由分部全体会员推选代表，每30人产生代表，代表大会为工会最高权力机关，选举产生工会执监委员。[①] 虽然，工会的领导层由直接选举改为了间接选举，这带来了提前内定等不良现象。[②] 但邮务工会却始终保持了会务公开的制度，因此，每一次的会议记录都会在报纸或者内部期刊中发布，以保障会员的知情权。

当然，由于当时政治环境的恶劣，使许多会员都不愿意过多地参与到工会建设中。不可避免地造成了少数领导者把持会务的现象。但这样的情景却并非是工会领导者一手造成的。就一般会员而言，"不是信仰工会是万能的主宰，便是怀疑工会的一切措置"。前者希望工会能够包办一切，但现实却使得工会会员的一切要求不可能完全实现。而后者可能造成一种消极主义的泛滥。更为严重的是，有许多会员放弃了监督工会的责任。[③] "邮工对于工会应有深刻的信仰同雄厚的团结，来拥护工会、督责工会"，会员要认清自己主人翁的地位，"去注意工会的健全，改进会务，巩固邮基。"[④] 为了健全组织，1933年，邮总会决定以一年为期，制定了巩固会基的工作纲领，其中第一条便是健全组织，其要点为：委员努力工作以身作则；照章完成分部、小组之组织及照章定期开会；总会组织部对于各地组织加以严密之考勤。[⑤] 1948年，邮务工会进一步将其发展为民主集权制，"在民主原则之下，必须保持邮工团结一致之精神"。

---

① 中共上海市邮电管理局委员会：《上海邮政职工运动史》，中共党史出版社1999年版，第87页。
② 是非：《几个疑点》，《全国邮务职工总会半月刊》1932年第1卷第5期。
③ 子诚：《工会前途的展望》，《上海邮工》1932年第5卷第1期。
④ 《邮工对于工会应有的态度》，《上海邮工》1932年第5卷第1期。
⑤ 《全国邮务总会执行委员会第二次常会第二次正式会议记录》，《上海邮工》1933年第5卷第4期。

而所谓的民主集权制，就是要保障"邮务工会会员无男女、阶级、宗教、种族、党派之分，在工会内一律平等；邮务工会会员暨理监事享有人民基本之自由，工会不得侵害；邮务工会会员之个人信仰及活动不能牵涉工会之活动"①。可以说，邮务工会之所以能够成为当时工会之"翘楚"与其组织的相对健全有相当关联。"一个团体的成功，不是侥幸的、偶然的，而是逐渐地艰辛培植出来的产物；也不是少数领袖的功绩，乃是全体分子的共同努力的结晶。"而其中的关键是由于邮务工会的会员大都为知识分子，具有了公民的意识。②

不过，以一定的民主对抗国民党的专制是有条件的，其中条件之一便是工会经济的独立。邮务工会一直采取按照会员薪金征收一定比例会费的方法，为了保证会费征收的透明、正常进行，邮务工会要求邮政当局充当会费征收的中介，也就是在每月发放薪金时，由邮政当局按比例扣除会费，再交于工会作为办公经费。在邮务工会眼里，"经费是工会的命脉，会费乃是工会经费的主要来源，缴纳会费不仅是会员应尽的义务，也是支持工会的经济力量。"③虽然，在会费的征收中有强制的性质，但这却在事实上保持了邮务工会相对的"独立地位"。

如果孤立地去看待邮务工会，确实会发现其具有某种"改良主义""党化""帮会化"等特性。但如果将其放在大的历史背景下去审视，则所谓的特性实际上是一种共性。在国民党倡导"劳资合作"的情景之下，一切阶级斗争的思想及行动都会被扼杀，而工会要想在国民党统治之下获得存在的可能，就必须在名义上保持与国民党的一致性，并尽可能得到统治力量的支持。而当这一切受到了现实的阻碍时，工会往往又会去寻求传统力量的帮助，因此，"帮会化"成为当时工会中普遍的现象。而这些因素的存在都是与当时的现实与历史传统有关的。

判断一个历史客体的性质，如果过多地以政治的标准来衡量，很容

---

① 顾锡章注释：《邮工运动纲领浅释》，邮务工会全国联合会研究处出版1948年版，第2页。

② 陶百川：《邮务工会的成功——在十一届执监委员就职典礼时演讲》，《上海邮工》1933年第6卷第2期。

③ 顾锡章注释：《邮工运动纲领浅释》，邮务工会全国联合会研究处出版1948年版，第27页。

易使历史真实被政治需要所掩盖。邮务工会归根结底是一个具有时代特征与中国传统特色的社会团体。它所表现出的矛盾性是与当时中国社会的特性相吻合的，因此，在审视其特性时，一定要将其置于历史传统与现实处境中去，尽量避免政治因子对其的"脸谱化"，从而还原历史客体的本相。

小　结

国共第一次合作失败之后，国共之间意识形态的争夺进一步深入到社会的各个层面。大量接近中国共产党的工会或者是被动地接受了国民党的"改组"，或者是主动地接受国民党的领导。不管是出于如何的考虑，但基本的事实就是很多工会在国共争斗中并没有响应中国共产党的号召，也没有能够体现出无产阶级的革命性。这当然可以解释为白色恐怖所造成的政治恐慌削弱了工人的革命性，但从另一方面也可以解释为当时的工人阶级在很多时候没有独立的政治意识，因此，其政治热情及觉悟往往受到了环境及鼓噪者的影响。换言之，中国的工人阶级在当时是依附于政治势力的，政治启蒙还很不完善的一种社会力量，其主要诉求仍然是经济的而非政治的。这也就是说，在当时的中国，向民众描绘美好的未来图景是不够的，要真正实现民众对政治力量的认同，首先就需要满足民众最起码的生存需要。只有这样，才能通过维系与民众的关系，最终获得民众在政治上的认可。

然而，在一个社会发展不发达及无产阶级的政治意识尚未完全建立的中国，当时的共产国际及中共中央将政治认同作为判断工会性质的唯一标准，忽视工会会员为改善其经济条件而作出的某种"政治妥协"的现实原因。这就使得大量的主张经济改良的工会被认定为"黄色工会"。而如何认识及对待"黄色工会"的问题也成为土地革命时期中国共产党制定工运政策的关键问题。

随着中国共产党城市工作的不断受阻以及农村根据地的不断扩大，中共中央为了体现其无产阶级的性质及无产阶级的存在，在对"黄色工会"的批判与斗争愈演愈烈的同时，赤色工会的公开活动不仅成为与"黄色工会"争夺群众的主要方式，而且更是体现无产阶级力量的重要手段了。而由此造成的消极影响便是赤色工会的"党组织化"与地方党部对从事赤色工会活动的某种抵触。

应该承认的是，在土地革命时期，共产国际及中共中央在对待"黄色工会"的问题上"失"多于"得"。而究其原因，就是主观上忽视了中国无产阶级的发展过程，过于乐观地估计了其斗争觉悟，从而在某种程度上用远大的政治理想来替代无产阶级现实的经济要求。

这样的一种政治阐释也应用到了具体的范例中，无论是革命的当时还是革命后的当下，邮务工会都被定义为典型的、为数很少的"黄色工会"。而邮务工会也被政治有选择性地剥离出"改良主义""党化"及"帮会化"等特质，将其与西方"黄色工会"的概念一一对应。但如果仅以一些历史片段来判断邮务工会的性质，那么就很难解释倡导劳资合作的邮务工会为何会不断与"资方"的邮政当局发生激烈的冲突？以国民党为政治靠山的邮务工会为何长期未能得到法律上的承认？为何邮务工会在1928年之后才出现了"帮会化"的倾向，而帮会作为封建、落后的象征为何能在具有一定民主内涵的邮务工会中存在并发展？

因此，我们有必要将邮务工会置于当时的历史背景中，从中可以看出，邮务工会不过是当时中国社会、政治的一个缩影，是转型期下充满矛盾的集合体。它不像传统行会那样，通过劳资混合的方式建立一种封闭的组织模式，而是具有一定开放性、扩张性的劳工组织。然而，邮务工会与当时中国所有的工会组织一样，并没有完成阶级意识从"自在"到"自觉"的过程。这就意味着，在其发展过程中，其面相是多样的，甚至是相互冲突的。既需要政治力量的扶持，但又对政治力量的侵入表示担忧甚至是厌恶；既响应劳资合作，但又对资方的行为表示不满，并以行动来维护劳方的利益；既需要用民主来宣扬工会的进步性，但又不得不用帮会来维系内部的团结。

无论是从宏观的角度，还是着眼于微观，"黄色工会"都只是一个"政治、历史名词"，而不是一个真正意义上的"历史存在"。

结　　语

1927—1937年中国的劳资关系所表现出的面相是复杂的，之所以复杂不是因为劳资关系本身复杂，而是因为劳资关系的主体复杂。也就是说，要想对当时的劳资关系有一个清醒、客观的认识，首先必须厘清劳资主体尤其是工会的诸多问题。

在当时的中国，劳资关系为何能够蕴含如此丰富与杂乱的信息，这当然与彼时的历史背景有关，同时也是微观历史客体特殊历史进程的反映。正如中国共产党工运专家刘宁一所言："中国工会与欧洲的工会有个不同的地方，就是历史传统不同。欧洲是先有工会，后有共产党；而中国是先有共产党，在共产党的领导下建立了真正的阶级工会。"[1] 虽然，此言仍然是将阶级性作为工会的重要表征，但其中凸显的确是工会与政党的关系问题。可以说，在西方，工会首先是作为一个维护会员经济利益的经济团体，而后再随着西欧社会民主、自由、平等思想的萌兴，工会的政治意识勃兴，并以此为基础建立了维护工人利益的政党。换言之，从工会到政党的过程是一个阶级意识从自发到自觉的过程。然而，中国工会的建立却始终是在政党的影响下实现的。政党将其政治理念与实践强行灌输到工会中，而在民族意识强烈的国民革命时期，这确实带来了工人运动的高潮。但在此间，无产阶级的利益往往又被民族利益所掩盖，而无产阶级的阶级意识也混同于中国各阶级的意识之中了。

随着南京国民政府的建立，国民党在从"革命党"向"执政党"的转型过程中，希望自己能够保持"革命党"的精神，继续领导民众完成"除旧布新"。但与此同时，作为执政党，国民党要想巩固其地位，就必

---

[1] 刘宁一：《历史回忆》，人民日报出版社1996年版，第156页。

须在各种势力之间建立某种平衡,以免受制于特定的阶级。①而所谓的各种势力,实际上是包括旧势力在内的。这样,一方面,国民党标榜"革命",希望继续得到民众的支持与拥护;另一方面,国民党又不得不对新旧势力妥协,以求得社会的稳定。而无论是"除旧布新"还是要协调各方的关系,都需要有坚强的组织为后盾,但此却是国民党所缺乏的,也正因如此,国民党始终在利益选择的过程中摇摆不定。

正是由于国民党的这种特质,使得国民党原本希望通过组织替代来完成对工会直接控制的愿望最终落空了。因此,国民党不得不改变策略,一方面,在工会中寻找代理人,尽可能使工会领袖"官僚化";另一方面则极力压制工会的组织发展。但由此带来的后果便是工会成为国民党派系争夺的"试验场"、国民党与民众的关系渐行渐远、国民党的"革命性"受到广泛的质疑,等等。国民党组织系统的羸弱与混乱是造成这一系列问题的最重要原因,也就是说,国民党不是不想在组织上控制工会,而是没有能力去完全控制。当然,与组织控制相比,更为困难的是如何使工会接受国民党的执政理念。众所周知,国民党内部对"三民主义"有着不同的理解,这就意味着国民党向工会灌输的是一个混乱的,甚至是相互矛盾的"主义"。

如果不将当时的劳资关系置于这样一个特殊历史环境下去理解,那么就不能解释工会对政治势力的依附、工会对传统势力的接近、工会在政治环境变化中的摇摆性等问题了。可以说,正是由于工会没有经历独立意识的成长过程,所以内部基础的薄弱,进而外力对工会有所侵蚀。而在此过程中,无论是国民党还是共产党都面临着一个同样的问题,即很难以自己的政治理念来统领工会。虽然,中国共产党的阶级斗争比国民党的阶级调和更具有吸引力,但在缺乏阶级意识的充分培养之下,工人阶级所表现出的斗争热情往往会被政治高压所抹杀。尤其是当国民党成为执政党后,它往往把劳方作为劳资关系的"破坏者",并时刻担心着工会会被"激进势力"所利用。因此,在政策、法律及具体实践中对劳方设置了种种障碍。

---

① 此点可参见[法]古斯塔夫·勒庞《革命心理学》,佟德志、刘训练译,吉林人民出版社2004年版,第10页。

当然，对于国共双方而言，对于以工人为主体的无产阶级是有不同的态度的，国民党认为工人是一群智识薄弱的、容易被利用的群体，因此，国民党作为"全民党"，有必要负起领导的责任，使其接受国民党的意旨。但与此相反的是中国共产党认为无产阶级具有天然的斗争性，其政治意识已足以成为中国革命的领导者。虽然，二者对无产阶级的认识有一定差距，但是都将自己扮演成与无产阶级乃至中华民族有共同利益诉求的政治力量。但事实上，在当时的中国，"各个阶级都有本阶级特殊的利益，任何一个政党都不可能真正代表一种超阶级的全民利益"。[①] 工会作为一个经济的小群体，必然有自己独特的利益诉求，甚至可能会与国家整体利益相背离。如果政府一味地强调高压，只会使矛盾超出劳资关系的经济范畴，使其不得不借助于体制之外的解决方式。正因如此，虽然当时的工会没有能够形成"独立"的政治意识，但工会仍然希望能够"独立"于政治之外存在。而为了增强自身的力量，工会又不得不求助传统的力量——帮会。帮会正是利用无产阶级内部没有高度凝聚力这一事实而介入到工会组织中来的。[②]

当然，邮务工会与邮政当局甚至是国民政府之间的劳资关系就更为繁杂了。邮务工会不仅需要关心会员的经济利益，同时还有如何保障邮政"超然"地位以及邮务工会的地位、身份等问题。而这些问题的提出及解决过程却绝非单纯的经济范畴，而更多地体现为政治问题。因为，在党国体制内的劳资关系所表现出的不仅有意识形态的争夺，而且还会牵涉到国民党内部派系斗争、帮会问题以及国民党劳工政策的变化等。

邮务工会的诸多特性正是在这样的历史境遇下表现出来的，虽然它对政治势力及帮会势力有所依附，但却仍然是具有相当独立性。而正是这种独立性，使其在邮务工人中乃至整个工人中具有强大的"向心力"。当然，邮务工人或者邮务工会的诉求在当时背景下会被"异化"，邮务工会与邮政当局的劳资关系会被"政治化"，但此却是历史大背景下的普遍

[①] 王奇生：《党员、党权与党争（1924—1949年中国国民党的组织形态）》，上海书店出版社2003年版，第361页。

[②] ［澳］布莱恩·马丁：《上海青帮》，上海三联书店2002年版，周育民等译，"前言"，第5页。

现象。

　　在如此大势之下，我们有必要进一步追问，政府当如何处置劳资关系，并有效地将包括工人运动在内的民众运动引入"正轨"？如果对比北京政府和南京国民政府时期的劳资关系乃至民众运动，会发现以下现象：南京国民政府对待民众运动的态度远要比北京政府更为严厉，而中国共产党对民众的鼓噪也并未消减，然而前者治下的民众虽称不上是政府的"同盟者"但也绝不是"反叛者"。其中原因可以解释为："最容易让群众运动滋长的环境，就是一个相当自由但缺乏舒缓失意感机制的社会。"① 就是说，对于政府而言，要想将民众运动纳入其可控的范围之内，要不成为一个专制的政府，要不成为一个可以容纳民众要求的政府。而对于一个现代政府，压制民众的需求远要比向民众提供正常的申诉渠道更容易诱发"革命"的发生。

　　事实上，劳资关系的前提就是如何处理劳资双方法律地位的问题。也就是说，在当今社会中，劳资关系更多地表现为一种集体关系，政府应当充分尊重工会的主体地位与主体意识，并在"体制内"赋予工会一定的权利，使其成为"独立"解决劳资关系的中间力量，而不是由政府来充当劳资调解的当事方。只有这样，才会尽可能地使劳资矛盾在体制内寻求解决的方式，才能使工会成为劳资纠纷中的"缓冲剂"。反之，如果，工会没有能力"代表"工人来表达诉求，那么，一旦政府在解决矛盾时，被认为有偏袒资方的举动，那么，劳资矛盾就可能演化成工人与政府的直接对抗。与此同时，应当承认党派与工会是两个完全不同的组织系统，它们的差异性不仅表现在组织构成上，而且更表现在组织的终极诉求上。因此，如何避免工会的"政党化"既是一个"历史问题"，同时也是一个"现实问题"。我们从历史的经验中可以看到，工会的"政党化"不仅不是解决劳资矛盾的最佳方式，而且还会使劳资关系变得更加复杂。因此，在工会中"去政党化"应该是现代劳资关系发展的合理路径。

　　不仅历史研究的客体需要"去政治化"，而且历史研究本身更应当

---

① ［美］埃里克·霍弗：《狂热分子：码头工人哲学家的沉思录》，梁永安译，广西师范大学出版社2008年版，第54页。

"去政治化"。可以说，正是由于历史研究中的政治思维惯性，致使很长一段时间内，对南京国民政府时期劳资关系的探究往往局限在工人运动的范畴内，用政治话语来解释一切问题，用政治标准来判断一切历史事物的性质，"黄色工会"的问题就是由此产生的。而事实上，工人运动与劳资关系并非是简单地包含与被包含的关系，二者之间既有相关性，又有差异性。工人运动往往是被贴上政治标签的，而劳资关系归根结底是一种经济关系，虽然，在大的政治历史背景下，它不可避免地会受到政治的影响。这也就是说，在劳资关系的研究中，需要对其所处的政治环境、政治关系有所关照，但并不能因此让政治意识形态左右对相关问题的研判。

参考文献

一 档案

《照录呈交通部文第三零九号》（1929 年），山西省档案馆，B37—1—167。

《交通部邮政总局通饬第四零四号》（1930 年），山西省档案馆，B37—01—38。

《山西邮区二等邮局及以下各局员工人数薪给调查表》（1935 年），山西省档案馆，B51—01—140。

《特种考试邮政人员考试条例》（1935 年），山西省档案馆，B37—01—315。

《山西邮政管理局通令第三六四八号》（1935 年），山西省档案馆，B37—01—315。

《山西邮政管理局通令第三六七一号》（1935 年），山西省档案馆，B37—01—315。

《山西邮政管理局通令第三六七七号》（1935 年），山西省档案馆，B37—01—315。

《山西邮政管理局通令第三九零六号》（1936 年），山西省档案馆，B37—01—350。

《山西邮政管理局通令第三九一八号》（1936 年），山西省档案馆，B37—01—350。

《山西邮政管理局通令第七五三号》（1937 年），山西省档案馆，B37—01—327。

《告邮务工人书》（1928 年 10 月 8 日），上海市档案馆，D6—8—52。

《上海市政总工会》(1928年10月11日)，上海市档案馆，D6—8—453。
《告邮务工人书》(1928年10月14日)，上海市档案馆，D6—8—453。
《邮政储金汇业总局通令第二一三号》(1933年)，上海市档案馆，Q71—2—1733。
《裁撤驿站设邮局》(1910—1911)，中国第二历史档案馆，137—1832。
《上海邮务工会紧急通告》《上海邮务管理局第八六九号呈文之附件》《上海邮区有关邮务工会事项呈文》中国第二历史档案馆，137—506。
《为上海邮务工会会员自本年五月罢工后发生内部争执谨将一切经过情形呈请鉴核由》《为呈报上海邮务工会改组派员工被拘后经过纠纷各情形请赐鉴察由》《上海邮区有关邮务工会事项呈文》，中国第二历史档案馆，137—506。
《交通部邮政总局公函第一九一号》(1937年)，中国第二历史档案馆，137—1082。
《巡警部档案》，中国第一历史档案馆，1501—239。
《照录国民政府行政院交通部训令第一九七三号》，天津市档案馆，W2—1—449。
《照录呈交通部文第二百六十六号》，天津市档案馆，W2—1—308。
《照录咨各省长文》，天津市档案馆，W2—1—308。
《河北第三六六——五三六号呈附件》，天津市档案馆，W2—550。
《储金第二——五三六号》，天津市档案馆，W2—550。
《交通部邮政储金汇业总局训令第二——七九号》，天津市档案馆，W2—550。
《邮政储金汇业总局经过概况》(1931年)，北京市档案馆，J65—3—648。
《邮政储金汇业总局经过概况》，北京市档案馆，J10—1—1477。
《北平邮管局抄呈北平邮务工会提倡邮务公款应存国立各银行以抗拒帝国主义经济侵略、充裕我国金融的呈文及总局指令》，北京市档案馆，J10—1—28。
《北平邮政管理局通令第二五二五号》，北京市档案馆，J10—1—142。
《交通部邮政总局训令第八五九——一五六二九号》，北京市档案馆，J10—1—178。

《陈群电蒋中正》（1927年7月15日），《蒋中正总统文物》，台北"国史馆"，002090300013045。

《熊式辉电朱绍良关于工会一节》（1928年3月1日），《蒋中正总统文物》，台北"国史馆"，002090300012244。

《阎锡山电白崇禧陈调元杨杰张荫梧等》（1928年8月13日），《蒋中正总统文物》，台北"国史馆"，002090101009079。

《潘公展电陈立夫请转蒋中正裁示》（1928年10月3日），《蒋中正总统文物》，台北"国史馆"，002090300013116。

《熊式辉电蒋中正》（1928年10月4日），《蒋中正总统文物》，台北"国史馆"，002090300013081。

《蒋中正电嘱何应钦回沪指挥各机关应付邮务罢工风潮》（1928年10月4日），《蒋中正总统文物》，台北"国史馆"，002010100015054。

《蒋中正电何应钦上海邮务罢工风潮恐愈扩大请星夜回沪指挥震摄》（1928年10月4日），《蒋中正总统文物》，台北"国史馆"，002090300013121。

《蒋中正电周致远及陈立夫等》（1928年10月4日），《蒋中正总统文物》，台北"国史馆"，002060100014004。

《陈希曾电蒋中正》（1928年10月16日），《蒋中正总统文物》，台北"国史馆"，002090300013109。

《某人电蒋中正》（1928年10月5日），《蒋中正总统文物》，台北"国史馆"，002090300013084。

《张群电何成濬》（1929年5月11日），《蒋中正总统文物》，台北"国史馆"，002090300012047。

《陈群电蒋中正邮务工会召集各界代表会因人数不多和平解散》（1929年5月29日），《蒋中正总统文物》，台北"国史馆"，002090300013148。

《陈希曾电蒋中正邮务工会明日起总罢工》，《蒋中正总统文物》，台北"国史馆"，002090300013150。

《蒋中正电杜月笙设法调解沪市邮工罢工风潮与吴铁城妥商协助解决》（1932年5月25日），《蒋中正总统文物》，台北"国史馆"，002070100025048。

《俞飞鹏电蒋中正有朱家骅调长交通之讯如成事实个人进退当如何》

（1932年10月16日），《蒋中正总统文物》，台北"国史馆"，002080200059129。

《蒋中正电朱家骅有关交通部事可信托俞飞鹏》，《蒋中正总统文物》，台北"国史馆"，002010200073009。

《朱家骅电蒋中正当与俞飞鹏同心协力共谋交通部务之进展》（1932年11月13日），《蒋中正总统文物》，台北"国史馆"，002080200062101。

《朱家骅电蒋中正拟约张道藩任交部政次钧意如何》，《蒋中正总统文物》，台北"国史馆"，00208020006307。

《俞飞鹏函蒋中正详呈储汇局业务情形并请将储汇局归并以挽邮政危机》，《蒋中正总统文物》，台北"国史馆"，002080200062045。

《蒋中正电熊式辉委陆京士朱学范为行营参议月支三百元托吴醒亚转交》，《蒋中正总统文物》，台北"国史馆"，002070200055048。

《朱家骅电蒋中正邮务工潮业已复员》（1934年9月7日），《蒋中正总统文物》，台北"国史馆"，002080200177134。

《汪兆铭电蒋中正上海邮政工会酝酿罢工》，《蒋中正总统文物》，台北"国史馆"，00208020000178028。

《江汉清电蒋中正南京邮务工会准备响应沪邮工怠工并于八日赴南京市党部请愿》（1934年9月8日），《蒋中正总统文物》，台北"国史馆"，002080200177124。

《朱家骅电询蒋中正应如何处理邮务职工会与邮务工会坚持派员出席邮政会议》，《蒋中正总统文物》，台北"国史馆"，002080200177133。

《汪兆铭电蒋中正此次上海市党部尚能合作邮政怠工风潮已趋和缓》（1934年9月8日），《蒋中正总统文物》，台北"国史馆"，002080200178020。

《汪兆铭电蒋中正》（1934年9月8日），《蒋中正总统文物》，台北"国史馆"，002080200441050。

《朱家骅等电蒋中正》（1934年9月15日），《蒋中正总统文物》，台北"国史馆"，002080200436152。

二 报刊

《大公报》（天津版影印）。

《大公报》（长沙版影印）。

《申报》（影印）。

《盛京时报》（影印）。

《民国日报》（影印）。

《中央日报》（影印）。

《时事新报》。

《京报》。

《世界日报》。

《益世报》。

《商报》。

《大晚报》。

三　期刊

《东方杂志》第 8 卷第 10 号，1912 年 4 月；第 25 卷第 19 号，1928 年 10 月；第 26 卷第 7 号，1929 年 4 月。

《现代邮政》第 2 卷第 2 期，1948 年 4 月；第 2 卷第 4 期，1948 年 8 月。

《交通杂志》第 1 卷第 1 期，1932 年 10 月；第 1 卷第 2 期，1932 年 11 月；第 1 卷第 5 期，1933 年 2 月；第 1 卷第 9 期，1933 年 7 月；第 1 卷第 11 期，1933 年 9 月。

《交通丛报》第 131 期，1930 年 9 月。

《新青年》第 5 卷第 5 号，1918 年 10 月；第 7 卷第 6 号，1920 年 5 月；第 8 卷第 4 号，1920 年 12 月。

《中国工人》第 7 期，1929 年 3 月。

《生活周刊》第 7 卷第 22 期，1932 年 5 月。

《国闻周报》第 9 卷第 4 期，1932 年 1 月。

《上海邮工》第 1 卷第 1 期，1928 年 7 月；第 1 卷第 2 期，1928 年 8 月；第 1 卷第 3 期，1928 年 9 月；第 3 卷第 4、5、6 期合刊，1930 年 4 月；第 4 卷第 1、2、3 期合刊，1930 年 12 月；第 5 卷第 1 期，1932 年 9 月；第 5 卷第 2、3 期合刊，1933 年 4 月；第 5 卷第 4 期，1933 年 5 月；第 6 卷第 1 期，1933 年 10 月；第 6 卷第 4 期，1934 年 1 月；第 6 卷第 5、6 期合刊，1934 年 5 月；第 7 卷第 1、2 期合刊，1934 年 7 月；

第 7 卷第 3、4 期合刊，1934 年 10 月。

《天津邮工》第 7 卷第 6 期，1934 年 4 月；第 7 卷第 11 期，1934 年 8 月；第 7 卷第 1、2 期合刊，1935 年 1 月。

《浙江邮务同人联合会月刊》第 2 卷第 11 期，1933 年 11 月；第 2 卷第 12 期，1933 年 12 月；第 3 卷第 1 期，1934 年 1 月。

《浙江邮工》第 3 卷第 2、3 期合刊，1934 年 3 月；第 3 卷第 5 期，1934 年 5 月；第 3 卷第 6 期，1934 年 6 月；第 3 卷第 7、8 期合刊，1934 年 8 月；第 3 卷第 9 期，1934 年 9 月；第 4 卷第 1 期，1935 年 1 月。

《中华邮工》第 1 卷第 1 期，1935 年 3 月；第 1 卷第 2、3 期合刊，1935 年 5 月；第 1 卷第 4 期，1935 年 6 月；第 1 卷第 5、6 期合刊，1935 年 8 月；第 1 卷第 7 期，1935 年 9 月；第 1 卷第 8 期，1935 年 10 月；第 2 卷第 1、2、3 期合刊，1936 年 3 月；第 2 卷第 4 期，1936 年 4 月；第 2 卷第 5 期，1936 年 5 月；第 2 卷第 6、7 期合刊，1936 年 7 月；第 2 卷第 9、10 期合刊，1936 年 10 月；第 3 卷第 1 期，1937 年 2 月；第 3 卷第 2、3 期合刊，1937 年 4 月；第 3 卷第 4 期，1937 年 5 月。

《全国邮务职工总会半月刊》第 1 卷第 1 期，1932 年 5 月；第 1 卷第 2 期，1932 年 6 月；第 1 卷第 3 期，1932 年 6 月；第 1 卷第 5 期，1932 年 7 月；第 1 卷第 6 期，1932 年 8 月；第 1 卷第 7 期，1932 年 8 月；第 1 卷第 8 期，1932 年 9 月；第 1 卷第 9 期，1932 年 9 月；第 1 卷第 10、11 期合刊，1932 年 10 月；第 1 卷第 12 期，1932 年 11 月；第 2 卷第 2 期，1933 年 1 月；第 3 卷第 1、2 期合刊，1934 年 10 月。

《广东行政周刊》第 1 期，1927 年 1 月。

《上海党声》第 1 卷第 3 期，1935 年 1 月。

《现代中国》1928 年第 1 卷第 1 期。

《中央党务月刊》第 1 期，1928 年 8 月；第 2 期，1928 年 9 月；第 3 期，1928 年 10 月；第 4 期，1928 年 11 月；第 5 期，1928 年 12 月，第 6 期，1929 年 1 月；第 7 期，1929 年 2 月。

《三民主义月刊》第 2 卷第 4 期，1933 年 10 月；第 3 卷第 6 期，1934 年 12 月。

《民众运动月刊》第 1 卷第 1 期，1932 年 8 月；第 1 卷第 3 期，1932 年 10 月；第 1 卷第 4 期，1932 年 11 月；第 1 卷第 5 期，1932 年 12 月；

第 1 卷第 6 期，1933 年 1 月。

《中国工运史料》第 12 期，1980 年 9 月；第 13 期，1980 年 2 月；第 20 期，1982 年 11 月；第 23 期，1983 年 12 月；第 25 期，1984 年 4 月；第 27 期，1985 年 12 月。

《传记文学》第 8 卷第 3 期，1966 年 3 月；第 11 卷第 3 期，1967 年 9 月；第 44 卷第 4 期，1984 年 4 月；第 12 卷第 1 期，1968 年 1 月；第 12 卷第 2 期，1968 年 2 月。

金应熙：《从"四·一二"到"九·一八"的上海工人运动》，《中山大学学报》1957 年第 2 期。

胡绳武：《民初会党问题》，《民国档案》1985 年第 1 期。

黄鉴晖：《民信局兴亡简史》，《浙江学刊》1986 年第 6 期。

饶景英：《关于"上海邮务工会"——中国"黄色工会"的一个剖析》，《史林》1988 年第 2 期。

汪洋：《略论关于"黄色工会"的两种策略》，《辽宁大学学报》1989 年第 2 期。

中国第二历史档案馆：《邮政总局关于"九一八"事变后处理东北邮务经过密呈稿》，《民国档案》1990 年第 3 期。

傅贵九：《徐世昌与近代中国邮政》，《学术月刊》1990 年第 11 期。

中国第一历史档案馆：《清末正式创办邮政官局的两件史料》，《历史档案》1991 年第 2 期。

周育民：《辛亥革命与游民社会》，《上海师范大学学报》1991 年第 3 期。

中国第一历史档案馆：《清末在华邮政洋员名录》，《历史档案》1991 年第 4 期。

郑庆声：《论一九二八年上海的"七大工会"》，《史林》1991 年第 4 期。

徐思彦：《20 世纪 20 年代劳资纠纷问题初探》，《历史研究》1992 年第 5 期。

重庆档案馆：《三十三年来中国邮政之变迁》，《档案史料与研究》1993 年第 1 期。

张振鹍：《论不平等条约——兼析〈中外旧约章汇编〉》，《近代史研究》1993 年第 2 期。

陈卫民：《解放前的帮会与上海工人运动》，《史林》1993 年第 2 期。

饶景英：《三十年代上海的帮会与工会》，《史林》1993年第3期。

齐锡生：《国民党的性质》（上），中国社会科学院近代史研究所《国外中国近代史研究》编辑部：《国外中国近代史研究》第26辑，中国社会科学出版社1994年版。

田宏懋：《1928—1937年国民党派系政治阐释》，中国社会科学院近代史研究所《国外中国近代史研究》编辑部：《国外中国近代史研究》第24辑，中国社会科学出版社1994年版。

张雄：《重视历史转折论研究》，《哲学动态》1995年第3期。

刘勇：《试述无政府主义对中国现代工人运动的积极作用》，《党史研究与教学》1996年第2期。

黄福才：《试论近代海关邮政与民信局的关系》，《中国社会经济史研究》1996年第3期。

杨新明：《近代中国邮权的丧失与收回》，《求索》1997年第2期。

饶东辉：《民国北京政府的劳动立法初探》，《近代史研究》1998年第1期。

丁进军：《晚清中国与万国邮联交往述略》，《历史档案》1998年第3期。

易伟新：《晚清国家邮政局创办原因初探》，《益阳师专学报》1999年第2期。

蒋耘：《民国时期邮政储金业概述》，《民国档案》1999年第3期。

中国第一历史档案馆：《清末各地开设文报局史料》，《历史档案》1999年第2期。

朱英：《论清末民初社会对国家的回应与制衡》，《开放时代》1999年第2期。

中国第二历史档案馆：《清末民初中国参加万国邮联档案史料选》，《民国档案》1999年第3期。

中国第一历史档案馆：《光宣年间中国参加第六届万国邮联活动史料》，《历史档案》1999年第3期。

罗志田：《西方的分裂：国际风云与五四前后中国思想的演变》，《中国社会科学》1999年第3期。

罗志田：《五代式的民国——一个忧国知识分子对北伐前数年政治格局的即时观察》，《近代史研究》1999年第4期。

黎霞：《工部书信馆与近代上海邮政（1843—1897）》，《档案与史学》2000年第1期。

王建华、江宏卫：《略论赫德与晚清中国国家邮政》，《苏州大学学报》（哲学社会科学版）2000年第1期。

邓亦武：《北京政府的文化政策与新文化运动》，《民国春秋》2000年第2期。

易伟新：《略论晚清"客邮"》，《益阳师专学报》2000年第2期。

王永玺：《浅析行帮、会党与中国工会活动——也评六卷本〈中国工人运动史〉与此有关部分》，《工会理论与实践》2000年第3期。

岳谦厚：《近代外交失败与民国职业外交家勃兴》，《山西师范大学学报》2000年第3期。

方汉奇：《中国新闻传播事业一百年》，《国际新闻界》2000年第6期。

王庆德：《民国年间中国邮政简易寿险述论》，《历史档案》2001年第1期。

陈九如：《刘铭传与近代台湾邮电》，《史学月刊》2001年第4期。

王奇生：《工人、资本家与国民党——20世纪30年代一例劳资纠纷的个案分析》，《历史研究》2001年第5期。

樊清：《古邮驿的衰落与近代邮政的兴办》，《河北师范大学学报》（哲学社会科学版）2002年第1期。

顾健娣：《杜月笙与上海工运》，《安庆师范学院学报》（社会科学版）2002年第1期。

杨新平、刘茜：《一卷中国近代邮政起源档案》，《中国档案》2002年第5期。

蒋耘：《民国时期西部的邮路建设》，《民国档案》2003年第1期。

王大庆、焦建国：《劳资关系的理论与西方发达国家的实践》，《经济研究参考》2003年第51期。

戴一峰：《网络化企业与嵌入性：近代侨批局的制度建构（1850s—1940s）》，《中国社会经济史研究》2003年第1期。

姚琦：《海关与中国近代邮政的创办史》，《上海电力学院学报》2003年第4期。

刘文鹏：《清代驿传体系的近代转型》，《清史研究》2003年第4期。

徐海波：《关于"国家"理论的几个问题——国家、意识形态与控制》，《江汉论坛》2003年第4期。

陈光：《1926—1931年上海缫丝业劳资关系述评》，《探索与争鸣》2003年第12期。

陈刚：《近代中国邮政述略》，《历史档案》2004年第1期。

中国第二历史档案馆：《北伐期间南北邮政交涉史料一组》，《民国档案》2004年第4期。

钱乘旦：《论题：英国"工人贵族"与工会运动的历史考察》，《历史教学问题》2004年第4期。

王奇生：《"革命"与"反革命"——一九二〇年代中国三大政党的党际互动》，《历史研究》2004年第5期。

罗志田：《帝国主义在中国：文化视野下条约体系的演进》，《中国社会科学》2004年第5期。

冯筱才：《劳资冲突与"四·一二"前后江浙地区的党商关系》，《史林》2005年第1期。

赵延东：《如何测量社会资本：一个经验研究综述》，《国外社会科学》2005年第2期。

焦建华：《制度创新与文化传统：试析近代批信局的经营制度》，《中国社会经济史研究》2005年第3期。

靳环宇：《也谈近代中国的公共领域：以上海为例——与许纪霖先生商榷》，《学海》2005年第3期。

苏全有：《邮传部与清末邮政事业的近代化》，《重庆邮电学院学报》（社会科学版）2005年第4期。

焦建华：《近代批信局特色探源——以福建为例》，《福建论坛》（人文社会科学版）2005年第5期。

魏文享：《雇主团体与劳资关系——近代工商同业公会与劳资纠纷的处理》，《安徽史学》2005年第5期。

徐勇：《"回归国家"与现代国家的构建》，《世纪中国》2005年第7期。

朱英：《论清末民初社会与国家的发展演变》，《历史教学》2006年第1期。

易伟新：《晚清的邮权统一政策述论》，《重庆邮电学院学报》（社会科学版）2006 年第 1 期。

苏全有：《论邮传部与地方督抚的关系》，《历史档案》2006 年第 1 期。

李虎：《中国近代海关的洋员录用制度（1854—1911 年）》，《历史教学》2006 年第 1 期。

衣明玉：《上海工人三次武装起义与上海青帮》，《兰台世界》2006 年第 2 期。

许纪霖：《重建社会重心：近代中国的"知识人社会"》，《学术月刊》2006 年第 11 期。

焦建华：《竞争与垄断：近代中国邮政业研究》，《学术月刊》2007 年第 1 期。

霍新宾：《"无情鸡"事件：国民革命后期劳资纠纷的实证考察》，《近代史研究》2007 年第 1 期。

蒋清宏：《中国近代海关行政制度研究（1854—1869 年）》，《人文杂志》2007 年第 1 期。

彭立军：《从"思变"到"变思"——论近代中国公共领域的嬗变》，《华侨大学学报》2007 年第 2 期。

杨奎松：《武汉国民党的"联共"和"分共"》，《近代史研究》2007 年第 3 期。

刘兵、商军：《哈贝马斯论公共领域政治功能的实现》，《山东大学学报》（哲学社会科学版）2007 年第 3 期。

凌彦：《民国邮政与民间信局的关系析论》，《中山大学学报》（社会科学版）2007 年第 3 期。

徐思彦：《合作与冲突：劳资纠纷中的资本家阶级》，《安徽史学》2007 年第 6 期。

王奇生：《中政会与国民党最高权力的轮替（1924—1927）》，《历史研究》2008 年第 3 期。

范彬：《现代化视角下的近代中国邮政述略》，《重庆邮电大学学报》（社会科学版）2008 年第 5 期。

王海：《浅析中国国民党与二十世纪二十年代初期的工人运动的关系》，《福建党史月刊》2008 年第 8 期。

吴索雄：《国家建构的社会逻辑：从权力结构的均衡考察——兼论哈贝马

斯的交往权力对社会权力的制约》,《浙江社会科学》2008 年第 12 期。

田彤:《目的与结果两歧：从劳资合作到阶级斗争（1927—1937）》,《学术月刊》2009 年第 9 期。

杨可:《"正名"和"做事":以码头工人为例看民国时期工会与旧式工人团体的关系——一个历史社会学的视角》,《广东社会科学》2010 年第 1 期。

田彤:《民国时期劳资关系史研究的回顾与思考》,《历史研究》2011 年第 1 期。

周楠:《1929 年〈工会法〉实施后工会组织概况》,《劳动保障世界》（理论版）2013 年第 8 期。

巴杰:《中共与二十世纪二三十年代的店员运动》,《中共党史研究》2014 年第 7 期。

田彤、赖厚盛:《群体与阶级:20 世纪二三十年代武汉纱厂工人——兼论近代中国工人阶级的形成》,《学术月刊》2014 年第 10 期。

曹春婷、邵雍:《南京国民政府时期青帮头面人物的阶层分析——以〈近代家里知闻录〉为中心》,《江西师范大学学报》（哲学社会科学版）2014 年第 2 期。

霍新宾:《行会理念、阶级意识与党派政治:国民革命时期广州劳资关系变动》,《历史研究》2015 年第 1 期。

闻翔:《劳工问题与社会治理:民国社会学的视角》,《学术研究》2015 年第 4 期。

四 论著及资料汇编

《清文献通考》卷三七四。

《清文献通考》卷三七六。

刘锦藻:《清朝续文献通考》卷一。

刘锦藻:《清朝续文献通考》卷三七七。

《皇朝政典类纂》卷四百五十一。

故宫博物院:《筹办夷务始末（咸丰朝）》卷十三，影印本。

贾士毅:《民国财政史》，商务印书馆 1918 年版。

杨德森:《中国海关制度沿革》，商务印书馆 1925 年版。

邵元冲:《工会条例释义》,民智书局 1925 年版。

三民公司:《劳资冲突问题》,三民公司 1927 年版。

中央军事政治学院政治部:《清党运动》,本部 1927 年印制。

王清彬:《第一次中国劳动年鉴》,社会调查部 1928 年版。

张静庐:《中国的新闻纸》,上海光华书局 1928 年版。

马寅初:《马寅初演讲集》(4),商务印书馆 1928 年版。

高廷梓:《调剂劳资纠纷办法》,国立中山大学出版社 1928 年版。

胡颖之:《劳资仲裁规程》,大东书局 1929 年版。

陈达:《中国劳工问题》,商务印书馆 1929 年版。

王金绂:《中国经济地理》(上),文化学社 1929 年版。

交通部交通史编纂委员会:《交通史·邮政编·叙略》,委员会 1930 年版。

交通铁道部交通史编纂委员会:《交通史邮政编》(第一册),民智书局 1930 年版。

交通铁道部交通史编纂委员会:《交通史邮政编》(第三册),民智书局 1930 年版。

交通铁道部交通史编纂委员会:《交通史邮政编》(第四册),民智书局 1930 年版。

张廷灏:《中国国民党的劳工政策的研究》,大东书局 1930 年版。

中国国民党中央执委会宣传部:《中国国民党第一、二、三次全国代表大会汇刊》,本部 1931 年印制。

中央民众运动指导委员会工人科:《中国国民党之工人运动今昔观》,三民印务局 1934 年版。

中国国民党民众运动指导委员会:《上海工人运动史》,本会印制 1935 年版。

陈公博:《四年从政录》,商务印书馆 1936 年版。

梁启超:《饮冰室合集·文集之四》,中华书局 1936 年版。

秦孝仪:《十年来之中国经济建设(1927—1937)》,南京扶轮日报社 1937 年版。

罗运炎:《中国劳工立法》,中华书局 1938 年版。

楼祖诒:《中国邮驿发达史》,中华书局 1940 年版。

朱子爽：《国民党劳工政策》，国民图书出版社 1941 年版。

马超俊：《中国劳工运动史》（上），商务印书馆 1942 年版。

顾锡章注释：《邮工运动纲领浅释》，邮务工会全国联合会研究处 1948 年版。

邓中夏：《中国职工运动简史》，人民出版社 1953 年版。

戈公振：《中国报学史》，生活·读书·新知三联书店 1955 年版。

王铁崖：《中外旧约章汇编》（第一册），生活·读书·新知三联书店 1957 年版。

[美] 威罗贝：《外人在华特权和利益》，生活·读书·新知三联书店 1957 年版。

荣孟源：《辛亥革命资料丛刊》（第 2 册），上海人民出版社 1957 年版。

邹容：《革命军》，中华书局 1958 年版。

对外贸易部海关总署研究室：《中国海关与邮政》，科学出版社 1961 年版。

《中国劳工运动史》编纂委员会：《中国劳工运动史》，中国劳工福利出版社 1966 年版。

刘承汉：《从邮谈往》，台北广文书局 1969 年版。

翦伯赞等：《戊戌变法》（一），上海人民出版社 1972 年版。

[日] 高柳松一郎：《中国关税制度论》，台湾文海出版社 1976 年版。

吴玉章：《吴玉章回忆录》，中国青年出版社 1978 年版。

傅斯年：《傅斯年全集》（第五册），联经出版事业公司 1980 年版。

吴汝纶：《李文忠公（鸿章）全集》，台湾文海出版社 1980 年版。

李宗仁：《李宗仁回忆录》，广西人民出版社 1980 年版。

中国社会科学院近代史研究所翻译室：《共产国际有关中国革命的文献资料》（1919—1928）（第 1 辑），中国社会科学出版社 1981 年版。

中华全国总工会中国职工运动史研究室：《中国工会历史文献》，工人出版社 1981 年版。

上海社会科学院历史研究所：《五卅运动史料》，上海人民出版社 1981 年版。

[苏] 达林：《中国回忆录 1921—1927》，中国社会科学出版社 1981 年版。

蒋永敬：《民国胡展堂先生汉民年谱》，台湾商务印书馆 1981 年版。

中央档案馆：《中共中央政治报告选辑（一九二二——一九二六）》，中共中央党校出版社1981年版。

冯自由：《革命逸事》（第3集），中华书局出版社1981年版。

《马克思恩格斯全集》（第49卷），人民出版社1982年版。

中共中央文献编辑委员会：《刘少奇选集》（上卷），人民出版社1981年版。

王开节、何纵炎：《邮政六十周年纪念刊》，文海出版社1982年版。

杨树藩：《中国文官制度史》，黎明文化事业股份有限公司1982年版。

包惠僧：《包惠僧回忆录》，人民出版社1983年版。

方志钦：《梁启超诗文选》，广东人民出版社1983年版。

雷禄庆：《李鸿章新传》，文海出版社1983年版。

顾维钧：《顾维钧回忆录》（第一册），中华书局1983年版。

恽代英：《恽代英文集》（下册），人民出版社1984年版。

中国社会科学院近代史研究所《近代史资料》编辑室：《秘籍录存》，中国社会科学出版社1984年版。

《毛泽东书信选集》，人民出版社1984年版。

朱邦兴等：《上海产业与上海职工》，上海人民出版社1984年版。

陈绍闻：《中国近代经济文选》，上海人民出版社1984年版。

陈独秀：《陈独秀文章选编》（下），生活·读书·新知三联书店1984年版。

张其昀：《先总统蒋公全集》，台湾中国文化大学出版部1984年版。

《抗战前十年国家建设史研讨会论文集（1928—1937）》（上册），"中央"研究院近代史研究所1984年版。

中华全国总工会中国工人运动史研究室：《中国工会历次全国代表大会文献》，工人出版社1984年版。

中国人民大学中共党史系、中国近现代政治思想史教研室：《国民党改组派资料选辑》，中国人民大学出版社1984年版。

中山大学历史系孙中山研究室、广东社会科学院历史研究所、中国社会科学院近代史所中华民国史研究室：《孙中山全集》（第7卷），中华书局1985年版。

荣孟源：《中国国民党历次代表大会及中央全会资料》（上），光明日报出版社1985年版。

中华全国总工会：《中共中央关于工人运动文件选编》（上），档案出版社1985年版。

龚祥瑞：《文官制度》，人民出版社1985年版。

徐雪筠等：《上海近代经济发展概况——〈海关十年报告〉译编》，上海社会科学院出版社1985年版。

中国人民政治协商会议上海市委员会文史资料工作委员会：《旧上海的帮会》，上海人民出版社1986年版。

强剑衷：《刺汪内幕》，吉林文史出版社1986年版。

唐文权：《雷铁厓集》，华中师范大学出版社1986年版。

中山大学历史系孙中山研究室、广东社会科学院历史研究所、中国社会科学院近代史所中华民国史研究室：《孙中山全集》（第9卷），中华书局1986年版。

李维汉：《回忆与研究》（上），中共党史资料出版社1986年版。

刘广生：《中国古代邮驿史》，人民邮电出版社1986年版。

丁守和：《辛亥革命时期期刊介绍》（第3册），人民出版社1986年版。

王彦威、王亮：《清季外交史料》（卷一三一），台湾文海出版社1987年版。

梁漱溟：《中国文化要义》，香港三联书店1987年版。

陈独秀：《陈独秀书信集》，新华出版社1987年版。

张仲礼：《中国近代经济史论著选译》，上海社会科学院出版社1987年版。

沈以行：《工运史鸣辨录》，上海社会科学院出版社1987年版。

瞿秋白：《瞿秋白文集·政治理论篇》，人民出版社1987年版。

[美]帕克斯·M.小科尔布：《江浙财阀与国民政府（一九二七——一九三七年）》，蔡静仪、李瑧译，南开大学出版社1987年版。

朱慧夫：《中国工运之父——马超俊传》，台北近代中国出版社1988年版。

程道德：《中华民国外交史资料选编（1911—1919）》，北京大学出版社1988年版。

夏东元：《郑观应集》（下册），上海人民出版社1988年版。

北京市邮政局史志办公室:《北京邮政史料》,北京燕山出版社1988年版。

郑游:《中国古代的邮驿与邮政》,人民出版社1988年版。

覃光广等:《文化学辞典》,中央民族学院出版社1988年版。

中央党校中国历史教研室:《历史制度文化》,中国青年出版社1988年版。

中国集邮出版社:《清末天津海关邮政档案选编》,中国集邮出版社1988年版。

[美]罗兹曼:《中国的现代化》,江苏人民出版社1988年版。

仇润喜:《天津邮政史料》(第一辑),北京航空学院出版社1988年版。

仇润喜:《天津邮政史料》(第二辑),北京航空航天大学出版社1989年版。

李超纲:《中国古代官吏制度浅论》,劳动人事出版社1989年版。

李铁:《中国文官制度》,中国政法大学出版社1989年版。

中央档案馆:《中共中央文件选集》,中共中央党校出版社1989年版。

[德]哈贝马斯:《交往与社会进化》,张博树译,重庆出版社1989年版。

上海市档案馆:《上海工会联合会》,档案出版社1989年版。

常凯:《中国工运史辞典》,劳动人事出版社1990年版。

朱学范:《朱学范文集》,团结出版社1990年版。

邵元冲:《邵元冲日记》,上海人民出版社1990年版。

刘联珂:《中国帮会三百年革命史》,河北人民出版社1990年版。

仇润喜:《天津邮政史料》(第三辑),北京航空航天大学出版社1990年版。

谢彬:《中国邮电航空史》,周谷城《民国丛书》第三编(35),上海书店1991年版。

广西文史研究馆:《黄绍竑回忆录》,广西人民出版社1991年版。

上海市档案馆:《五卅运动》(第2辑),上海人民出版社1991年版。

苏智良、陈丽菲:《近代上海黑社会研究》,浙江人民出版社1991年版。

朱学范:《我的工运生涯》,福建人民出版社1991年版。

《简明不列颠百科全书》编委会编译:《简明不列颠百科全书》(第11卷),中国大百科全书出版社1991年版。

吴泽霖：《人类学辞典》，上海辞书出版社1991年版。

［日］我妻荣：《新法律学词典》，董璠舆等译，中国政法大学出版社1991年版。

张樑任：《中国邮政》，周谷城《民国丛书》第二编（40），上海书店1991年版。

楼祖诒：《中国邮驿发达史》，周谷城《民国丛书》第三编（35），上海书店1991年版。

沈以行：《上海工人运动史》，辽宁人民出版社1991年版。

中国第二历史档案馆：《中华民国史档案资料汇编》第3辑，江苏古籍出版社1991年版。

毛泽东：《毛泽东选集》（第1卷），人民出版社1991年版。

沈以行等：《上海工人运动史》，辽宁人民出版社1991年版。

［法］托克维尔：《旧制度与大革命》，冯棠译，商务印书馆1992年版。

王永玺：《中国工会史》，中共党史出版社1992年版。

尚世昌：《中国国民党与中国劳工运动——以建党至清党为主要范围》，台北幼狮文化事业公司1992年版。

［美］易劳逸：《流产的革命——1927—1937年国民党统治下的中国》，陈谦平、陈红民等译，中国青年出版社1992年版。

中国第二历史档案馆：《冯玉祥日记》，江苏古籍出版社1992年版。

［英］魏尔特：《赫德与中国海关》（上），陆琢成等译，厦门大学出版社1993年版。

苏玉堂：《中外人事制度方略全书》，中国人事出版社1993年版。

［法］佩雷菲特：《停滞的帝国——两个世界的撞击》，王国卿、毛凤支译，生活·读书·新知三联书店1993年版。

罗荣渠：《现代化新论》，北京大学出版社1993年版。

苏玉堂：《中外人事制度方略全书》，中国人事出版社1993年版。

《大美百科全书》编委会编：《大美百科全书》（第22卷），外文出版社1994年版。

［美］费正清：《剑桥中华民国史》（上、下卷），刘敬坤译，中国社会科学出版社1994年版。

中国第二历史档案馆：《中华民国史档案资料汇编》第五辑，江苏古籍出版社1994年版。

［美］布赖恩·克罗泽：《蒋介石传》，封长虹译，内蒙古人民出版社1995年版。

程栋等：《旧中国大博览》（下卷），科普出版社1995年版。

《马克思恩格斯选集》（第一卷），人民出版社1995年版。

李勇、张仲田：《蒋介石年谱》，中央党史出版社1995年版。

张翊：《中华邮政史》，台北东大图书公司1996年版。

黄惠贤：《中国俸禄制度史》，武汉大学出版社1996年版。

［美］杜赞奇：《文化、权力与国家》，王福明译，江苏人民出版社1996年版。

刘宁一：《历史回忆》，人民日报出版社1996年版。

《上海工运志》编纂委员会：《上海工运志》，上海社会科学院出版社1997年版。

天津编译中心：《顾维钧回忆录缩编》，中华书局1997年版。

沈云龙：《刘承汉先生访问录》，"中央研究院"近代史研究所1997年版。

郑一奇、杨清华：《近世邮风》，民主与建设出版社1997年版。

陈铭枢：《陈铭枢回忆录》，中国文史出版社1997年版。

马楚坚：《中国古代的邮驿》，商务印书馆1997年版。

袁益明：《中国当代妇女百科知识全书》，光明日报出版社1997年版。

丁幼泉：《劳资关系概论》，中华企业管理发展中心1977年版。

张国焘：《我的回忆》，东方出版社1998年版。

费孝通：《乡土中国生育制度》，北京大学出版社1998年版。

中国第二历史档案馆：《政府公报》，上海书店1998年版。

周晓虹：《传统与变迁：江浙农民的社会心理及其近代以来的嬗变》，生活·读书·新知三联书店1998年版。

刘明逵、唐玉良：《中国工人运动史》（全6卷），广东人民出版社1998年版。

黄瑚：《中国近代新闻法制史论》，复旦大学出版社1999年版。

中共上海市邮电管理局委员会：《上海邮政职工运动史》，中共党史出版社1999年版。

［德］哈贝马斯：《公共领域的结构转型》，曹卫东译，学林出版社1999

年版。

邹鲁：《回顾录》，岳麓书社2000年版。

中国第二历史档案馆：《中国国民党中央执行委员会常务委员会会议录》，广西师范大学出版社2000年版。

朱佳木：《陈云年谱》（上），中央文献出版社2000年版。

[美] 霍塞：《出卖上海滩》，越裔译，上海书店出版社2000年版。

[美] 费正清：《伟大的中国革命》，刘尊棋译，世界知识出版社2000年版。

修晓波：《邮政史话》，社会科学文献出版社2000年版。

孙中山：《三民主义》，岳麓书社2000年版。

谢振民编著：《中华民国立法史》（下册），中国政法大学出版社2000年版。

梁玉魁：《早期中国工人运动史》，吉林科学技术出版社2000年版。

杨奎松：《走近真实——中国革命的透视》，湖北教育出版社2001年版。

庹平：《蒋介石研究》，团结出版社2001年版。

[英] E. P. 汤普森：《英国工人阶级的形成》（上），钱乘旦等译，凤凰出版传媒集团、译林出版社2001年版。

王子壮：《王子壮日记》，"中央研究院"近代史研究所2001年版。

岳谦厚：《顾维钧外交思想研究》，人民出版社2001年版。

陶鹤山：《市民群体与制度创新——对中国现代化主体的研究》，南京大学出版社2001年版。

[美] 裴宜理：《上海罢工：中国工人政治研究》，刘平译，江苏人民出版社2001年版。

杨天石：《蒋氏密档与蒋介石真相》，社会科学文献出版社2002年版。

王行福：《通向话语民主之路——与哈贝马斯对话》，四川人民出版社2002年版。

[日] 三谷孝：《秘密结社与中国革命》，李恩民译，中国社会科学出版社2002年版。

[德] 哈贝马斯：《哈贝马斯在华讲演集》，中国社会科学院哲学研究所编译，人民出版社2002年版。

李剑农：《中国近百年政治史》，复旦大学出版社2002年版。

聂宝璋、朱荫贵：《中国近代航运史资料（1895—1927）》（第二辑），中国社会科学出版社2002年版。

[澳]布莱恩·马丁：《上海青帮》，周育民等译，上海三联书店2002年版。

邵雍：《中国秘密社会》（第六卷），福建人民出版社2002年版。

王奇生：《党员、党权与党争》，上海书店出版社2003年版。

黄宗智：《中国研究的范式问题讨论》，社会科学文献出版社2003年版。

（清）李燧、李宏龄：《晋游日记·同舟忠告·山西票商成败记》，山西经济出版社2003年版。

邵雍：《中国秘密社会——民国帮会》，福建人民出版社2003年版。

中共中央文献编辑委员会：《刘少奇选集》（上卷），人民出版社2004年版。

郑超麟：《郑超麟回忆录》（上），东方出版社2004年版。

王凡西：《双山回忆录》，东方出版中心2004年版。

朱兴文：《权利冲突论》，中国法制出版社2004年版。

陈公博：《苦笑录》，东方出版社2004年版。

王子今：《邮传万里——驿站与邮递》，长春出版社2004年版。

[法]古斯塔夫·勒庞：《乌合之众——大众心理学研究》，冯克利译，中央编译出版社2004年版。

[美]张信：《二十世纪初期中国社会之演变——国家与河南地方精英》（1900—1937），岳谦厚、张玮译，中华书局2004年版。

[美]西德尼·塔罗：《运动中的力量——社会运动与斗争政治》，吴庆宏译，凤凰出版传媒集团、译林出版社2005年版。

[法]加布里埃尔·塔尔德：《传播与社会影响》，何道宽译，中国人民大学出版社2005年版。

李文海：《民国时期社会调查丛编：城市（劳工）生活卷》（上），福建教育出版社2005年版。

罗章龙：《亢斋文存·罗章龙回忆录》，美国溪流出版社2005年版。

韩红：《交往的合理化与现代性的重建》，人民出版社2005年版。

饶传平：《网络法律制度·前沿与热点专题研究》，人民法院出版社2005年版。

［美］沃尔特·李普曼：《公众舆论》，阎克文译，上海世纪出版集团2005年版。

全国图书馆文献缩微复制中心：《中国近代邮政史料》，全国图书馆文献缩微复制中心2005年版。

苏全有：《清末邮传部研究》，中华书局2005年版。

［英］丹尼斯·麦奎尔：《受众分析》，刘燕南等译，中国人民大学出版社2006年版。

汪耀华：《民国书业经营规章》，上海书店出版社2006年版。

［英］方德万：《中国的民族主义和战争（1925—1945）》，胡允恒译，生活·读书·新知三联书店2007年版。

［美］曼瑟尔·奥尔森：《集体行动的逻辑》，陈郁等译，上海三联书店、上海人民出版社2007年版。

中共中央马克思恩格斯列宁斯大林著作编译局：《马克思恩格斯全集》（第48卷），人民出版社2007年版。

张秀章：《蒋介石日记揭秘》（上册），团结出版社2007年版。

［美］魏斐德：《间谍王：戴笠与中国特工》，梁禾译，凤凰出版传媒集团、江苏人民出版社2007年版。

［英］理查德·海曼：《劳资关系——一种马克思主义的分析框架》，黑启明译，中国劳动社会保障出版社2008年版。

中共中央文献研究室第二编研部：《刘少奇自述》，国际文化出版公司2009年版。

郭廷以：《马超俊傅秉常口述自传》，中国大百科全书出版社2009年版。

中共中央文献研究室第二编研部：《刘少奇自述》，文化出版公司2009年版。

［意］狄亚哥·甘贝塔：《解码黑社会》，任羽中等译，华夏出版社2011年版。

［美］艾米莉·洪尼格：《姐妹们与陌生人：上海棉纱厂女工，1919—1949》，韩慈译，江苏人民出版社2011年版。

［美］詹姆斯·C.斯科特：《弱者的武器》，郑广怀等译，译林出版社2011年版。

忻平：《历史记忆与近代城市社会生活》，上海大学出版社2012年版。

［美］贝弗里·J. 西尔弗：《劳工的力量：1870年以来的工人运动与全球化》，张璐译，社会科学文献出版社2012年版。

［英］保罗·威利斯：《学做工：工人阶级子弟为何继承父业》，秘舒、凌旻华译，译林出版社2013年版。

陈周旺、汪仕凯：《工人政治》，复旦大学出版社2013年版。

［美］约翰·W. 巴赫：《劳动关系：寻求平衡》，于桂兰等译，机械工业出版社2013年版。

邱少晖：《二十世纪中国工会法变迁研究》，中国政法大学出版社2013年版。

上海社会科学院"中国现代史"创新型学科团队、上海社会科学院历史研究所现代史研究室：《上海工人运动历史资料》（全五册），上海书店出版社2016年版。

后　　记

对上海邮务工会的兴趣来源于读博士期间，因为博士论文关注了中国近代邮政制度中所隐含的国家控制与社会交往的因应关系，所以不可避免地涉及到上海邮务工会的内容。在阅读史料时，由于中华邮政的国有性质，使上海邮务工会所展现出的劳资关系与过往的相关研究有相当差异。更让人感到扑朔迷离的是，上述问题的历史呈现不仅与当时的政局有着密切关联，而且还牵涉到帮会与工人、工会与工人、政党与工会等诸多问题。如此复杂的个体以及由此延伸出的更为复杂的历史面相让我很是兴奋，因为我一直认为只有"有人"的历史才能凸显出历史的生动与鲜活。

从 2009 年开始正式涉足上海邮务工会这一课题，到现在已近十个年头，无论是在中国社会科学院近代史所博士后流动站工作，还是在香港中文大学作访问学者，似乎工作的重心都围绕着这个问题展开，虽不敢说废寝忘食，但也可说是全身心投入。在本书即将完稿付梓之际，既有轻松之感，自己的研究终于可以告一段落了，同时又有些怅然若失，不仅是感到此项研究还有许多未尽之处，更有对未来研究的彷徨。

本书的完稿不仅凝结了自己的心血，同时也寄托了诸位先贤的期许，作为晚学有必要在此一一鸣谢，他们分别是近代史所的闻黎明、曾业英、于化民、黄道炫、雷颐、周斌，北京大学王奇生、山西大学岳谦厚、香港中文大学郑会欣等诸先生。

如果说诸位先生的师恩之重重于泰山的话，那么在数十年的求学过程中还应该感谢父母大人的悉心照料，血浓于水的舐犊之情常使我感激涕零，难以为报。此外，妻子无微不至的关怀与体谅成为我学习的坚强后盾，一对初萌儿女的可爱亦是我前行的动力。

有道是感悟来自于生活，学海无边苦、乐坐舟是一种体味，而学会感恩则更应是一种常态。虽寥寥数语难尽我感激之情，仅以此献给所有关心、爱护、帮助过我的良师、至亲与益友。